浙江省普通本科高校"十四五"重点教材

新商科大数据系列精品教材

CROSS-BORDER E-COMMERCE DATA ANALYSIS

跨境电商数据分析

邹益民　王丹丹　蹇　洁◎主　编

张歌凌　金荣华　陈晔婷◎副主编

ZHEJIANG UNIVERSITY PRESS

浙江大学出版社

·杭州·

前　言

　　党的二十大报告指出："加快实施创新驱动发展战略"，"加强企业主导的产学研深度融合，强化目标导向，提高科技成果转化和产业化水平。强化企业科技创新主体地位，发挥科技型骨干企业引领支撑作用，营造有利于科技型中小微企业成长的良好环境，推动创新链产业链资金链人才链深度融合"。①

　　在经济全球化与区域经济一体化的共同作用下，国际(地区间)贸易特别是跨境电商俨然已经成为我国经济新的增长点。大数据时代的到来，使得大数据分析在优化产品结构、改善业务流程、促进信息共享、实现行业企业间数据交换、提高生产效率及加快创新进程等方面发挥着越来越重要的作用。同时，大数据与跨境电商的融合发展是近两年跨境电商领域的研究重点。目前，大数据已经在跨境电商选品、决策、制定精准营销方案的过程中得到了广泛的应用。在高速发展的互联网信息时代，跨境电商数据分析和可视化是跨境电商企业进行境外营销管理不可或缺的环节，只有科学准确地从大量数据中获取高价值的信息，才能使其更好地发挥作用，服务于社会发展。在这种背景下，跨境电商专业的教学内容与课程体系做出重大调整就成为一种必然。随着技术的发展，社会对跨境电商高技能人才的需求巨大，对能及时反映跨境电商新技术、新方法、新标准的教材的需求日益迫切。本教材贯彻落实《国家中长期教育改革和发展规划纲要(2010—2020 年)》文件精神，全面提升教材质量，充分发挥教材在人才培养中的基础性作用，采用理论与案例相结合的方式，全方位地介绍了跨境电商数据分析的理论策略和实操过程，从而帮助读者快速了解跨境电商数据分析的相关知识，全面掌握跨境电商数据分析的技能。同时，利用多个技术工具，深入挖掘跨境电商数据背后的市场规律与逻辑，从而提升学生相关的决策能力与水平。

　　本教材一共包括 12 章，力图展示当前实践中跨境电商数据分析的主要内容、常用的方法与算法。第一章为"绪论"，主要阐述跨境电商数据分析的相关概念、一般分析流程、重要性，以及数据分析常用的方法与指标。第二章为"跨境电商行业市场规模与趋势分析"，基于一组护肤品行业数据，利用回归分析法及对比分析法分别进行交易金额的预测，并对市场规模与趋势加以分析。第三章为"跨境电商数据化选品"，基于某跨境电商平台一组女装市场数据，从爆款商品、热销价格段两个角度进行选品可视化分析，为商家提供选品思路。第四章为"境外客户画像分析"，基于 180 天的客户消费记录数据，利用 RFM

---

①　高举中国特色社会主义伟大旗帜 为全面建设社会主义现代化国家而团结奋斗：在中国共产党第二十次全国代表大会上的报告[N].人民日报，2022-10-26(01).

模型分析境外客户画像,对客户价值进行分类,从而制定精准的营销策略,提高店铺的复购率。第五章为"境外消费者舆情分析",基于某款口腔冲洗器的商品评价数据,借助文本分析法分析境外消费者舆情,从而快速高效地识别消费者需求,为卖家提供有效建议。第六章为"跨境电商关联营销",基于某跨境电商超市 7985 条销售数据,利用关联分析的 FP-Growth 算法对销售记录进行关联营销分析,挖掘消费者购物时的购物篮偏好。第七章为"跨境电商精准营销",基于某跨境电商公司的历史销售数据,运用决策树算法对客户人群特征数据进行分析,实现精准营销策略的制定。第八章为"供应商评估与选择",基于某跨境电商企业的一组相关物料属性数据,利用决策树算法评估供应商的供货能力,为商家提供选择方案。第九章为"库存预测与动态管理",基于某跨境电商企业的一组销售数据,利用回归算法预测商品销量,做好库存的动态管理。第十章为"跨境电商物流管理",基于某跨境电商企业的一组物流订单数据,运用 ARIMA 模型,预测电商物流订单数量,节约公司在各环节的流通时间及成本。第十一章为"跨境电商数据分析报告",基于某跨境电商平台一组女鞋类目商品及客户评价数据,运用可视化分析对该行业进行整体的分析与解读。第十二章为"跨境电商伦理",在数字化背景下,跨境电商存在一定的伦理问题,如虚假商品信息充斥市场、知识产权问题突出、主体隐私难保护、跨境支付结算风险等,针对这类贸易安全风险问题,有关政府部门、行业、个人都要承担起各自相应的责任,为预防伦理道德问题的产生做出贡献。

作为跨境电商专业的核心课程教材,本教材在编排思路、内容设计、示范案例选择与软件操作过程等 4 个方面具有以下特色与创新之处。

第一,整体统一,各章独立。12 章为一个有机整体,阐述跨境电商数据分析的核心内容、常用方法与实操方法,每一章从一个具体的问题出发,引出相关的理论与算法,最终通过软件操作来演示解决一个案例所提出的问题的详细过程。

第二,理论与实践紧密结合。第二章至第十一章中的每一章都以特定的实践现象或问题为主线,通俗易懂地介绍相关理论知识、方法与算法,运用实操软件图文并茂地展现问题解决的过程。本教材中的案例、数据均取材于真实的商业世界,章节的最后列出了实训作业,做到实训与实战相统一。

第三,思政为基,案例主导。我们认真贯彻党的教育方针,坚守为党育人、为国育才的初心和使命,落实立德树人的根本任务,主动将思政元素融入教材之中,特别是第一章与最后一章,立足我国国情,提出了有益于跨境电商发展、规避贸易风险的措施。第二章至第十一章每一章的案例均立足我国跨境电商行业发展的重要环节,通过实训数据引导学习者根据应用场景进行自主、灵活的实验设计,培养复合型跨境电商人才。

受水平之限,本教材或有疏漏之处,我们真诚期待有识之士提出宝贵的意见,以使之不断完善,更好地满足教学的需要! 在编写教材的过程中,我们参考了大量的文献,在此也向所有参考文献作者表示诚挚的感谢!

编者

2023 年 6 月

目 录
CONTENTS

第一章

绪　论

1. 了解跨境电商数据分析的含义。
2. 了解跨境电商数据分析的重要性。
3. 掌握跨境电商数据分析的流程。
4. 掌握跨境电商数据分析常用的方法与指标。

学习重点

1. 跨境电商数据分析的架构。
2. 跨境电商数据分析的流程。

学习难点

1. 跨境电商数据分析的方法。
2. 跨境电商数据分析的指标。

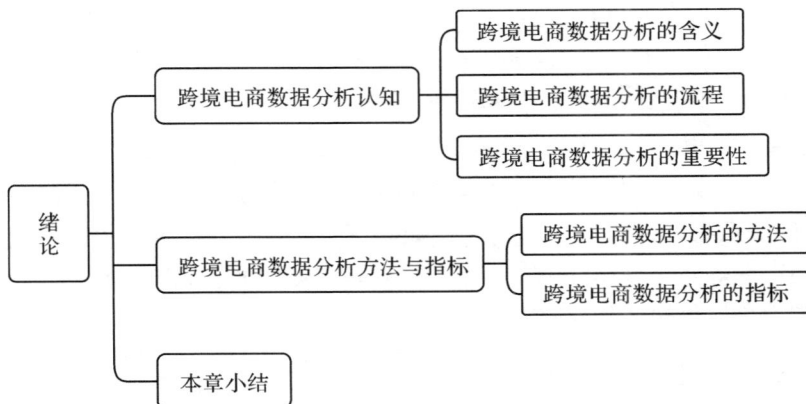

第一节　跨境电商数据分析认知

一、跨境电商数据分析的含义

(一)跨境电商数据分析的概念

跨境电商数据分析是指运用简单有效的统计分析方法和恰当的分析工具对跨境电商平台或网站上获取的电商数据进行分析,目的是把看似杂乱无章的数据中的信息进行集中、萃取和提炼,以找出研究对象的内在规律,挖掘数据的内在价值。例如,速卖通卖家通过对平台大量的客户数据进行分析来研究客户的喜好和购买习惯,及时且全面地了解客户的需求及想法,做到"比客户更了解客户自己"。因此,商家通过数据分析,可以更好地为管理者的业务决策提供科学的参考依据。

(二)跨境电商数据分析的作用

数据分析与企业进行的跨境电商活动密切相关。在很多情况下,决策者需要对平台所产生的电商数据进行分析并对经营结果进行评估,根据数据分析的结论为企业进行跨境电商活动的决策提供支撑。跨境电商数据分析的作用主要体现在以下3个方面。

1. 诊断作用

能够帮助跨境电商企业或者跨境电商经营者评估经营绩效,找到经营中出现问题的症结及解决方案。比如对商品的销量进行分析,如果客户的下单件数高,但是支付率低,说明客户对商品存在疑虑,商家应及时优化商品主图及详情页的设置,并且需要客服人员及时与客户进行沟通,提高支付转化率。

2. 预测作用

预测是对未来趋势的一种把握,决策者若能通过数据分析预测市场变化的趋势就可以帮助企业制订运营计划。例如,商家可以通过商品的评论数据来预测客户的购买喜好,从而做出精准的营销内容,提升产品的销量。

3. 辅助运营作用

在跨境电商企业中,数据是企业决策的重要依据。客户在平台上的任何一个操作都会留下大量的信息数据,例如,客户的基本属性(年龄、学历、地址等)及兴趣偏好(网站停留时间、点击次数等)。分析客户的访问行为数据可以帮助企业判断客户的需求、期望和痛点,进而推出个性化的产品或服务。

二、跨境电商数据分析的流程

跨境电商数据分析的大致流程可包含以下8个部分,如图1-1所示。

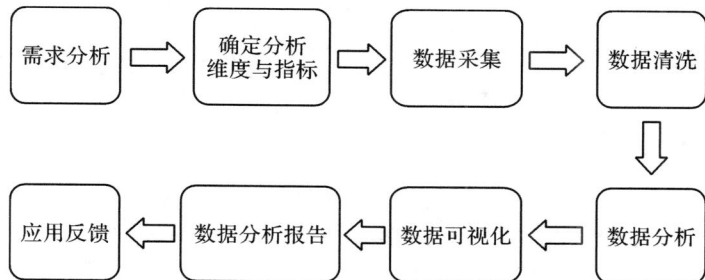

图 1-1　跨境电商数据分析流程

（一）需求分析

需求分析又包括收集需求、分析需求、明确需求 3 个部分。一般来说,跨境电商日常运营过程中的需求主要来源于运营部门在日常经营中发现的问题。分析需求需要一套清晰的逻辑思路,这里推荐按照 5W2H 分析法的指导理论进行分析[即 what(是什么)、who(谁)、where(何处)、when(何时)、why(为什么要做)、how(怎么做)、how much(多少)],如图 1-2 所示。该分析法的特点就是思路清晰,简单明了,有助于分析人员理清思路,避免盲目性;同样也有助于全面分析问题,避免在流程设计中遗漏项目。

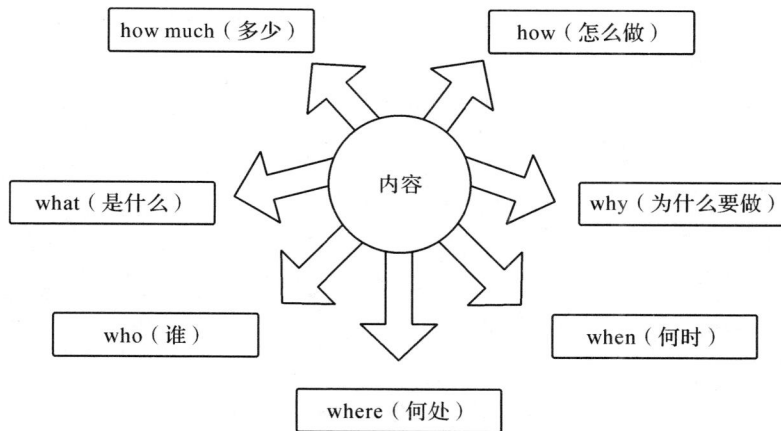

图 1-2　5W2H 分析法

例如,现在想分析店铺的人群画像,就可以采用 5W2H 分析法进行。具体分析内容如下。

(1)what——我们为用户提供了什么? 是否满足了顾客的需要?

(2)who——买家是什么样的人? 其性别、年龄、消费水平、工作职务如何?

(3)where——顾客分布在哪里? 各国(地区)的市场规模如何?

(4)when——买家什么时候买? 多久买一次? 他们最佳的购物时间是什么时候?

(5)why——造成这个结果的原因是什么? 为什么这个地方卖得好,那个地方卖得差?

(6)how——顾客喜欢直接下单还是先加入购物车? 怎么根据客户特点做针对性的

营销?

(7)how much——买家的消费水平如何？喜欢什么质量水平的产品？购买数量如何？

(二)确定分析维度与指标

分析了需求之后,其实就是进一步明确了数据分析的目标及要解决这个问题或者要达到这个目标需要用到哪些数据,即明确了分析的维度与指标。

维度是指对象或现象的特征,如性别、地域、时间等。时间是最常用的特殊维度之一,通过前后时间的比较,就可以知道事情的进展情况。比如,店铺浏览量环比上个星期增长20%,同比上个月同期增长30%。这是一种时间比较,也称纵向比较。另一种比较是横向比较。比如,不同卖家的粉丝数、销量的比较,不同公司之间的比较,不同部门之间的比较,这些都是同一水平单位之间的比较。

指标是用来测量某事物发展程度的单位或方法。如浏览量、粉丝数、销量、转化率、好评率、重复购买率和退换货率等。电子商务领域一般都是通过几个关键指标来衡量商铺经营情况好坏的。指标的计算应在一定的时间、地点、范围等前提条件下进行,即应注意统计口径和范围。在定义了分析的维度和指标之后,我们可以继续收集相关数据。

(三)数据采集

原始数据是研究者拿到的一手或者二手资源。数据采集既可以从现有、可用的无尽数据中搜集提取你想要的二手数据,也可以通过问卷调查、采访、沟通等方式获得一手资料。以任何方式获取数据的过程都可以称为数据采集。在进行数据分析之前,需要保证数据的完整性、真实性和正确性,这对于后续的研究工作十分重要。

(四)数据清洗

采集的数据一般不可直接使用,可能会有一部分"脏数据",如果不处理它们将会影响分析的结果,所以我们在整理前需检查数据,发现"脏数据"就必须进行清洗和预处理。数据清洗是指将获得的数据预处理成标准格式以便进一步分析的过程。需要进行数据清洗的数据包括非标准格式的数据、不符合业务逻辑的数据两大类。非标准格式的数据,如文本格式的日期、文本格式的数字、字段中的冗余空格符号、重复数据等。在零售业中,有许多数据不遵循业务逻辑。例如,商家的刷单行为或虚假的会员购买记录等。

数据清洗的质量直接决定了分析的结果。数据清洗的主要方法有分类、排序、制作表格、查异常值、查大数、看趋势等。可以使用 Excel 中的分列、删除重复的值、透视表、图表、函数和其他功能来协助清洗,当然也可以使用编程语言如 Python 等,或者是其他商务智能软件。

(五)数据分析

数据分析是以业务逻辑为基础,采用较简单、有效的分析方法和较合理的分析工具进行数据处理的过程。数据分析不仅仅是对数据进行简单的统计描述,更重要的是在数据中发现问题的本质,然后对其中出现问题的来源进行归纳和总结。没有业务逻辑的数据分析毫无意义,数据分析师熟悉业务并具有业务背景才能发挥数据的使用价值。分析方法可以简单有效,实用则为最高准则,本教材将详细说明一些常用的数据分析方法。掌握工具的熟练程度决定了分析的高度。对于数据分析师而言,不是掌握越多数据分析工具越好,而是既能熟练地运用数据分析工具,又能对业务有深入的了解,这样的均衡发展对数据分析师来说才是最有意义的。会数据分析的人很多,懂业务的人也很多,但同时懂数据分析又懂业务的人却很少,这就需要进一步培养兼具这两种能力的复合型人才。

常用的数据分析方法有以下几种。

1. 趋势分析

趋势分析法是将实际结果与不同时期报表中同类指标的历史数据进行比较来确定变化趋势和变化规律的一种分析方法。该方法包括同比和环比两种类型。同比以一个周期为基数,将所有其他周期与该周期的基数进行比较;而环比则以前一个周期为基数,将后一个周期的数据与前一个周期的基数进行比较。

2. 对比分析

该方法通过对两个相关指标的数据进行比较,定量地反映研究对象的规模、水平、速度和协调性。在对比分析中,选择一个合适的比较标准是关键步骤,据此可以做出客观的评价,否则可能导致错误的结论。

3. 关联分析

如果两个或多个事物相互关联,那么其中一个事物可以被其他事物预测,此为关联分析方法,其目的是挖掘数据之间的隐藏关系。

4. 因果分析

因果分析是确定一种现象发生变化的原因,主要是解决“为什么”的问题。因果分析是在研究对象的先行情况中,把作为它的原因的现象和不作为原因的其他现象区分开来;或者在研究对象的后行情况中,把作为它的结果的现象与其他的现象区分开来。

(六)数据可视化

数据可视化主要以简单的视觉吸引力的方式呈现分析结果,通常使用文本、表格、图表和信息图表等方式。Word、Excel、PPT 等可用作数据可视化的演示工具。现在社会已经进入了快速阅读的时代,一个好的视觉图表可以将分析结果直观地展现出来,让人一目了然。传达最准确信息的简单方法就是让图表自己说话,这就是数据可视化的作用。

在数据可视化过程中,有以下几点需要注意。

第一,数据图表的主要作用是传达信息,不要过度追求图表的美观而忽视了它原本的作用。很多人喜欢将图表制作得花里胡哨,或者在 PPT 中设置各种动画效果,这些其实都会分散浏览者的注意力,使其分不清主次。

第二,当信息量大的时候,一张图表可能装不下所有需要表达的信息,为了使图表一目了然,应尽可能地分板块演示。

第三,注意图表展示的条理性,图表展示应结合数据可视化的业务逻辑,而不是随意呈现。

(七)数据分析报告

分析报告是数据分析的结果呈现,可以用 Word、Excel、PPT 等作为报告的载体。写一份数据分析报告就像写一篇论文。一篇论文有3个要素:论点、论据和论证。一份数据分析报告必须有一个清晰的论点、一个严谨的论证过程和一个令人信服的论据。在编写分析报告之前,要确定给谁做分析报告,报告对象不同意味着报告呈现的重点就不一样。所以在写数据分析报告之前,一定要注意仔细审题。

写数据分析报告的注意事项如下。

(1)写报告时不要试图面面俱到,把所有内容都介绍一遍。把握影响关键业务的重点问题,才能更好地凸显数据分析报告的价值所在。

(2)报告切忌写成记叙文,而应是包括论点、论据、论证的议论文,在议论文中应合理地展现有理有据的观点,需注意的是同一主题下不应有太多论点,建议最多不超过3个。论点应清晰明了,不冗余,不要写成流水账。

(3)报告必须合乎逻辑。一是要注意报告各部分内容之间的逻辑,二是要注意某部分内容内在的逻辑。前者可以利用业务逻辑串联起来,而后者一般遵循发现—解释—解决问题的逻辑。

(4)数据分析报告尽量以图表的方式呈现,这样显得更有说服力和可读性。

(5)对于数据分析报告得出的结论要据实言明,发挥数据分析的功能。

(6)报告中必须注明数据的出处、数据单位的含义、特殊指标的计算方法等,尽量减少使用或不使用专业性很强的术语。

(八)应用反馈

将数据分析报告的结果应用到运营中才是数据化运营的最终目的。做数据分析报告是为了在数据分析的过程中及时发现问题与机会,为数据化运营提供新思路。具体的应用应该建立反馈机制,将发现的问题、机会等细分为业务单位,通过控制变量、数据指标检测、合理判断趋势等手段了解各部分的业务改进情况。

三、跨境电商数据分析的重要性

跨境电商企业不仅需要关注其产品的整体数据,还需要关注各类数据所反映的问题,数据分析为企业的业务发展指明了方向。电商企业需要分析的数据类型有很多,包括跨境电商市场数据,某个行业的整体数据、流量数据、平台运营数据、商品数据、评论数据、广告投放效果数据等。最终这些数据可能只反映了业务账户中的数字,但若不留存这些信息,业务账户中的数据可能会变得越来越少,或者增长越来越慢,直至失去账户存在的意义。

跨境电商数据分析的意义在于找出问题产生的根源,最后通过实践解决存在的问题。通过对以往数据的分析,总结出网络营销的发展趋势,为网络营销决策提供科学的依据。据说世界主要的商业巨头正在进入"开放数据"的蓝海。例如,沃尔玛已经拥有超过2000TB的数据,其数据量相当于200多个美国国会图书馆的藏书。其中很大一部分是客户信息和消费记录。通过数据分析,企业可以掌握客户的消费习惯,优化现金和库存,扩大销售。数据已成为各行各业企业决策的重要依据。

跨境电商数据分析可以分享在线活动的成效,监控促销的投入和产出,发现客户服务、营销等领域的问题,预测未来市场趋势,并帮助改进电商平台运营等。数据分析可应用于产品的整个生命周期,从市场调查到售后服务,大大提高了产品服务的有效性。例如,世界工厂网站有关于产品排行榜的数据,客户在该网站的访问行为数据提供了产品排名、购买排名和企业排名,通过对用户行为数据的分析,就能知晓用户的需求、痛点及期望,从各方的态度和投资趋势不难看出一个企业的发展水平。从上述例子可以看出,数据分析对于企业乃至行业的发展至关重要,对跨境电商行业的发展更为关键。

第二节　跨境电商数据分析方法与指标

一、跨境电商数据分析的方法

数据分析法是在分析中所采用的具体分析方法,主要从微观的角度来指导如何进行数据分析。常用的数据分析法如下。

(一)对比分析法

对比分析法是对客观事物进行比较,了解事物的本质和规律,并对其做出正确评价的方法。对比分析法通常用来对两个相互关联的指标数据进行比较,定量地说明研究对象的规模、水平、质量、事物的进展情况及各种关系的协调性。对比分析法要选择合适的对比标准才有意义。选择的标准恰当才能做出客观的评价,选择的标准不恰当则会产生错误的结论。对比分析法的维度有很多,常见的维度如下。

1.时间维度

时间维度将不同的时间指标值作为时间标准,根据用于比较的不同时间标准,可以得出同比和环比数据。

同比是指当前的数据与去年同期的数据进行比较得出的相关数据。这些数据通常会降低季节性变化的影响,例如今年第一季度与去年同期相比的变化。

环比是指将当前的数据和前一时期的数据进行比较分析,以显示现象分阶段发展的情况,如今年第三季度和第二季度的比较、6月和5月的比较等。

2.空间维度

空间维度是以不同的空间指标数据为比较标准的,比如同行业中同水平企业的比较、企业中同级部门的比较,或者竞争对手之间的比较等。

3.计划目标标准维度

计划目标标准维度是指实际完成情况与目标、计划进度的比较。这种比较在实际应用中非常常见,如公司当前季度业绩与目标业绩的比较、实际销售与原计划销售情况的比较等。

4.经验与理论标准维度

经验标准来源于大量的历史数据,而理论标准则来源于已知的理论推理,如恩格尔系数等。

（二）拆分法

拆分法是最常用的分析方法之一,在许多领域应用非常广泛。杜邦分析法就是拆分法的经典应用。拆分法将某个问题拆解成若干个子问题,通过研究该若干子问题从而找到问题的症结并加以解决。比如在研究销售业绩下降的原因时,可以将销售业绩问题拆分成访客数、转化率和客单价这3个子问题,通过分析这3个子问题从而解决销售业绩问题。可再进一步拆分访客数,将访客数分为付费访客数和免费访客数,对问题的原因进一步加以剖析,直到找到问题的根源,如图1-3所示。

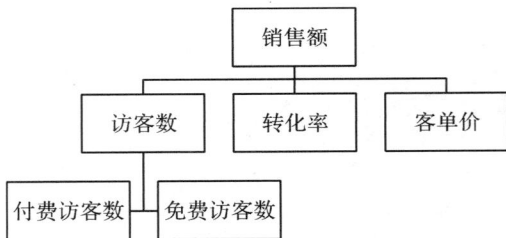

图 1-3　拆分法的应用

拆分法可分为完全拆分法和重点拆分法。

完全拆分法,也称等额拆分法,是将父问题100％进行拆解,拆解出来的子问题的和或者集合(算法)可100％解释父问题。如"销售额＝访客数×转化率×客单价",等式两边完全相等。

重点拆分法,也称非等额拆分法,即只拆分出问题的重点,子问题只解释了父问题的80％左右。如"做好网店＝点击率＋转化率＋退款率",确实要做好一家网店只要做好点击率、转化率和退款率这3个指标就够了,但做网店运营不完全是这3个环节。抓住重要环节才是关键,当问题变得复杂时,就需要采用重点拆分法。

（三）分组分析法

分组分析法来源于统计学,用于发现事物的相同或类似特征,是非常重要的分析方法。分析时可以按类型、结构、时间阶段等维度进行分组,观察分组后的数据特征,从特征中洞察信息。

分组的目的是便于对比,把总体中具有不同性质的对象区分开,把性质相同的对象合并在一起,保持各组内对象属性的一致性、组与组之间对象属性的差异性,以便进一步运用各种数据分析方法来解构内在的数量关系。因此,分组分析法必须与对比分析法结合运用。比如,某商家想要了解客户购买数量的情况,通过分组分析法,用销量作为指标,购买数量作为组,来展现客户的购买数量情况。

（四）结构分析法

结构分析方法是指将构成整体的各个部分与整体相比较的一种分析方法,这里一般把构成整体的各个部分称为结构。比如一家综合性的跨境电商企业,它在3个不同的平台上部署业务,则整个企业的业绩就由这3个不同平台的业绩构成。一般解读总体数据较难,倘若能够知道总体的结构,就能更容易解读整体数据背后的原因,这就是结构分析

法的优点。例如店铺转化率就是一个典型的应用,其公式如下

$$店铺转化率＝(购买商品的人数/访客总数)×100\%$$

店铺的转化率是衡量店铺运营团队绩效的重要考核指标,也是反映产品核心竞争能力的指标。转化率高,说明产品的核心竞争能力强,客户需求量大,店铺运营状况好;转化率低,说明产品本身、产品的营销方式及店铺流量都存在一定的问题。

(五)平均分析法

平均分析法是在一定时间和地点的条件下,用计算平均值的方法来反映一定数量特征的总体水平。平均指标可以用于比较不同地区、不同部门、不同单位的同一现象,也可以用来比较不同时期的同一现象。平均分析法的主要作用如下。

(1)用平均指数比较不同地区、不同行业、不同类型单位的同一现象的差异,比用总指数对比更有说服力。

(2)用平均指数比较不同历史时期某些现象的变化,可以更好地解释其发展趋势和规律。平均测量包括算术平均数、调和平均数、几何平均数、众数和中位数,其中最常见的是算术平均数,即平均数。

算术平均数的计算方法如下

$$算术平均数＝总体各单位数值的总和/单位个数$$

算术平均数是一个非常重要的指标。它是一个综合指标,抽象出整体中每个单元的数量差异,但只能代表总体的一般水平,不能充分反映平均数背后每个单元的差异。

(六)矩阵关联分析法

矩阵关联分析法是以事物(如产品、服务等)的两个重要属性(指标)为分析基础,进行分类关联分析,进而解决问题的一种分析方法,也称矩阵分析法。

以属性 A 为横轴、属性 B 为纵轴,形成一个坐标系,其 4 个象限就分属不同的特征类型。拿电商行业举例,用浏览量和加购数两个维度构建一个直角坐标系,在这 4 个象限中,可以对事物的两个属性进行交叉分析。比如低浏览量和加购次数多的象限说明产品缺乏曝光,其购买潜力还是有的,这时店铺如果增加该产品的广告投入,就会获得销量的提高;浏览量高而加购次数少的象限表明店铺整体有很强的吸引力,但是顾客对该产品的兴趣低,店铺需要对产品的营销做出调整或者寻求转化率高的爆款来进行替代。

矩阵关联分析为决策者在解决问题和资源配置上提供了重要参考。这种方法可以通过先解决主要矛盾再解决次要矛盾的方式来提高工作效率,并将资源配置到最能产生绩效的部门、工作中,有利于管理决策者优化资源配置。矩阵关联分析法具有直观、清晰、易于使用等特点,因此被广泛应用于营销管理活动中,对营销管理起着引导、促进、提高的作用,在战略定位、市场定位、产品定位、用户细分、满意度研究等方面也发挥着较大的作用。

(七)聚类分析法

聚类分析法是指将一组物理对象或抽象对象分组为由相似对象组成的多个类的分析过程。数据聚类的目标是在类似的基础上收集数据进行分类。数据聚类是一种探索性的分析。在分类的过程中,研究人员不必事先给出分类标准,数据聚类可以根据样本数据,自动进行分类。聚类方法有很多种,其中 k-平均算法应用最为广泛,实现简单,聚类效果

好,因此得到了广泛的应用。k-平均算法可以用来聚类用户行为,如淘宝商城为用户提供购物频率、价格、浏览时间等数据聚类。在数据聚类中使用不同的方法,通常会得出不同的结论。不同的研究人员对同一组数据进行聚类,聚类的数量可能不尽相同。

聚类通常与分类一起讨论。聚类和分类的区别在于聚类所需的分类是未知的。聚类是将数据分类到不同类别的过程。因此,同一类中的对象有很多相似之处,而不同类中的对象有很多不同之处。

从实际应用的角度来看,聚类分析是数据挖掘的主要任务之一。而数据聚类可以作为一个独立的工具来获得数据的分布,观察每种类型数据的特征,集中在一个特定的集群进行进一步的分析。聚类分析也可以作为其他算法的预处理步骤,如分类和定性归纳算法。

(八)时间序列分析法

时间序列是按时间顺序排列的一组数字序列。时间序列分析法通过数理统计方法对相关数据序列进行处理,从而预测事物未来的发展趋势。例如,如果按年代顺序记录一个省的 GDP(gross domestic product,国内生产总值),我们可以形成一个时间序列,分析和观察这个时间序列,可以研究出它的变化和发展规律,以此来预测下一年的 GDP 趋势。时间序列分析法是定量预测方法之一。它的基本原理是:①认为事物发展具有连续性,用过去的数据推断事物的发展趋势;②为了避免事物发展出现特殊情况而预测将会产生的影响,因此对历史数据可以采用加权平均数的方法进行处理。该方法简便易行,但精度较低,它只适用于短期预测。时间序列通常由 4 个要素组成:趋势、季节变化、周期性波动和不规则波动。

1. 趋势

这是指一个时间序列在很长一段时间内持续向上或向下的运动。

2. 季节变化

这是指一年内时间序列的周期性波动。它受气候条件、生产条件、节假日或人们的风俗习惯等因素的影响。

3. 周期性波动

这是指时间序列长度的周期性变化。周期性变化可能会持续一段时间,但与趋势不同的是,它不是单一方向的连续运动,而是相同波动的交替循环。

4. 不规则波动

这是指除去趋势、季节性变化和周期性波动后,时间序列中的随机波动。不规则波动通常在时间序列中混合,使时间序列产生波状或振荡变化。

(九)回归分析法

回归分析法是一种统计方法,研究一个因变量与一个或多个独立变量之间的相互关系,它被广泛应用于各个领域。例如,在跨境电商领域,回归分析法可用来预测用户的复购行为,这时只要将与产生复购行为的相关因素,如用户最近半年的浏览情况、购买情况、点赞收藏、评论等信息数据输入回归算法模型中,就可以精准预测目标用户会不会产生复购行为。

回归分析工具是一个非常有用的预测工具,它可以用来预测和分析单变量线性或多变量线性问题,某些非线性的问题也可以通过转化为线性问题进行研究。一般回归分析包括以下 5 个步骤。

(1)根据预测对象,确定自变量和因变量。

(2)绘制散点图,确定回归模型类型。

(3)估计参数以建立回归模型。

(4)检验回归模型。

(5)利用回归模型进行预测。

线性回归也称为简单线性回归。

(十)相关分析法

相关分析法研究现象之间是否存在某种依存关系,并探讨现象的具体依存关系及其相关方向和相关程度。

相关性是一种非确定性关系,它是随机的,因为它受到多个因素的影响,并且总是在某个值的平均值附近波动。例如,如果用 X 和 Y 记录店铺的好评数与销量,显然 X 和 Y 之间有一定的联系,但是这种联系的强弱程度不是确切的,这就是相关性。

相关分析法是一种研究两个或多个随机变量之间关系强弱程度的方法。利用 Excel 数据库中的相关分析,可以求出变量之间的相关系数。

最常用的相关分析类型是线性相关关系,其中相关系数是用来反映变量指标之间线性关系强弱程度的参数,通常用 R 来表示。当 $-1 \leqslant R < 0$ 时,说明线性负相关;当 $R = 0$ 时,变量之间没有线性关系。在对企业销售情况进行分析时,往往采用相关分析法对各项指标进行分析,从中挖掘出与销售情况相关性较高的指标,如客户好评率与销售情况呈高度正相关,后续可以进一步优化对产品的评价。

二、跨境电商数据分析的指标

跨境电商数据分析的主要指标包括网站运营指标、经营环境指标、营销活动指标、客户价值指标和销售业绩指标。

(一)网站运营指标

网站运营指标主要用来衡量网站的整体运营状况,又可以细分为网站流量指标、商品类目指标和供应链指标。

1. 网站流量指标

流量指标主要从网站 SEO(search engine optimization,搜索引擎优化)、网站可用性、网站流量效率和顾客购买行为等方面进行考虑,用来描述网站访客的质量和数量,这是数据分析的基础。流量指标可以细分成流量数量指标、流量质量指标和流量转换指标。常见的访客数、浏览量、新增粉丝数等属于流量数量指标;跳失率、到达率、PV(page view,页面浏览量)/IP(internet protocol address,互联网协议地址,此处指独立 IP 数)属于流量质量指标;具体目标涉及的转化率是流量转化指标,如下单数、转化数、直接支付订单数等。

2.商品类目指标

跨境电商平台的跨境电商卖家的商品运营情况通过这类指标来衡量。比如店铺产品的结构占比、各个品类的成交额占比及商品的库存周转情况。不同的产品类目占比可以根据产品的大小、颜色、尺寸等特征进行细分。

3.供应链指标

供应链指标主要涉及跨境电商网站上商家产品库存设置及卖家的产品配送问题。主要考虑顾客从下单到签收货物的时长、物流配送时长、退换货订单处理时长、仓储成本、退换货成本。如出库率、订单处理耗时、及时出库率、发货准确率、相关退货率等。

(二)经营环境指标

跨境电商网站的经营环境指标可分为外部竞争环境指标和内部购物环境指标。外部竞争环境指标,如网站市场份额、市场扩张速度和网站排名等,这些数据指标通常是基于第三方研究公司报告的数据得来的。网站内部购物环境指标包括功能性指标和运营指标(这部分内容与流量指标一致),分析中常用的内部购物环境指标包括下单转化率、支付方式、配送方式、商品类目的多样性、购物车转化率等。

(三)营销活动指标

营销活动指标通常包括活动效果(收益和影响力)、活动成本和活动参与度(通常通过用户参与度、活动用户数量和客单价来衡量)。营销活动指标通常分为日常营销活动指标、广告投放指标和对外合作指标。日常营销活动指标和广告投放指标主要考虑新客户、订单数量、订单转化率、每次访问成本、每次转化收入及投资回报率等,对外合作指标则基于具体的合作目标。

(四)客户价值指标

客户价值是企业从客户购买中所获得的利益,价值通常包括历史价值(过去的消费)、潜在价值[主要来自用户行为,以 RFM(R 指 recency,最近一次消费;F 指 frequency,消费频率;M 指 monetary,消费金额)模型为主要衡量依据]和附加价值(主要来自用户忠诚度、口碑推广等)。客户价值指标分为总体客户价值指标和新老客户价值指标,这些指标分别从客户贡献和获取成本两个方面来衡量,如浏览量、获客成本及转化率等。

(五)销售业绩指标

销售业绩指标直接关系到企业的财务收入,因为其他数据指标可以根据销售业绩指标进行细化操作,由此可知对销售业绩指标的分析十分重要。电商领域的销售业绩指标主要分为两类:网站销售业绩指标和订单销售业绩指标。网站销售业绩指标主要集中在订单转化率方面,订单销售业绩指标主要集中在具体的毛利率、订单有效率、重复购买率及退换货率方面。当然,还有许多其他指标,如成交金额、客单价、总订单等。

本章小结

在数据时代,跨境电商企业的发展离不开大数据分析的支撑,数据分析为跨境电商企业运营提供了科学的解决方案。跟传统实体店不同,跨境电商企业在日常的交易活动中会产生海量的数据,数据分析为企业经营活动提供了有力的依据。通过分析我们可以了解顾客的需求、市场经营环境、对产品进行定位,进而通过合适的推销渠道,精准地满足顾客的需求或提供服务。数据分析有利于企业进行业务流程优化和调整,按照分析—实践—再分析—再实践的过程,就会大大提高跨境电商企业运营过程的效果和效率,为企业创造更大的商业价值。流量的获取对于跨境电商企业是十分重要的,数据分析是店铺精准引流的关键。例如,通过关键词可以为商家贴标签,以获取精准流量;通过数据分析可以了解平台类目流量分布情况、哪种流量的转化会更高,从而精准选品以吸引流量;通过数据分析优化商品详情页、主图等因素,可以增加流量的黏性;等等。

本章实训部分主要对跨境电商数据分析的含义和重要性进行了介绍,并详细描述了跨境电商数据分析的流程与方法。

> ▶ **拓展实训**

跨境电商数据分析

【实训目的】

巩固跨境电商数据分析的流程、方法与指标等相关知识;通过教师讲解与实际操作,了解跨境电商数据分析的重要意义,对跨境电商数据分析的概念有基本的认知。

【思考与练习】

1.通过对相关模块的学习,掌握跨境电商数据分析的概念及分析流程,思考跨境电商运营的哪些方面可以通过数据分析提高决策效率。

2.思考各跨境电商数据分析指标可能传递出的相关信息。

第二章

跨境电商行业市场规模与趋势分析

▶ 教学目标

1. 了解回归分析法的概念与工作原理。

2. 掌握利用回归分析模型进行交易金额预测的方法。

3. 掌握利用对比分析法对行业市场规模与趋势进行分析的方法。

▶ 学习重点、难点

学习重点

1. 大数据背景下的跨境电商行业市场规模与趋势分析。

2. 回归分析法的应用。

学习难点

1. 对比分析行业的市场规模及趋势。

2. 回归分析模型的构建。

▶ 思维导图

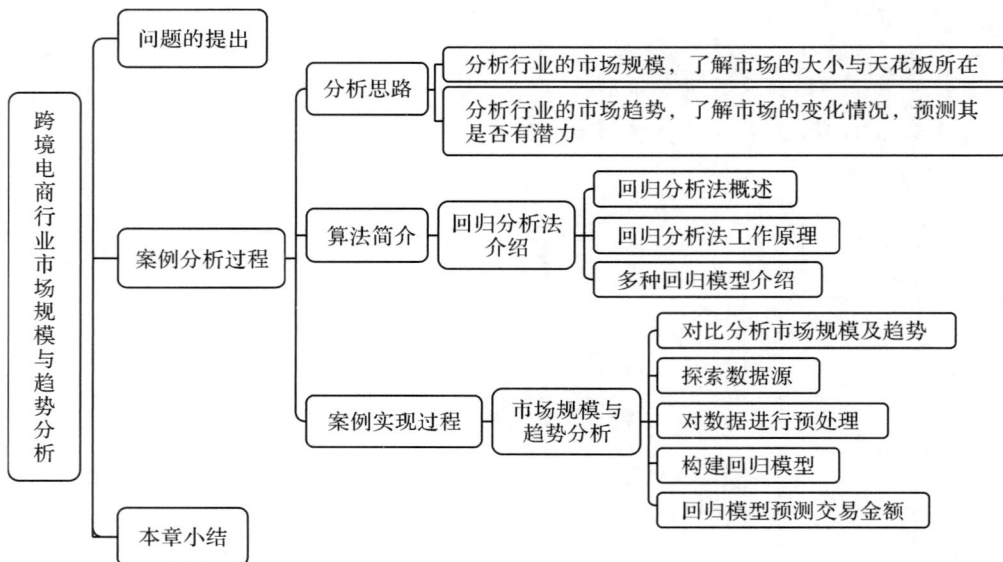

第一节　问题的提出

一、规模经济理论

规模经济理论是指企业的单位成本在一定时期内随着产品绝对数量的增加而减少，即经营规模的扩大可以降低平均成本，从而提高利润水平。规模经济理论是经济学的基本理论之一，也是现代企业理论研究的重要范畴。不同行业在经济特征、竞争环境、未来发展前景等方面存在显著差异。与此同时，一个行业的经济特征的变化受多个因素的影响，包括该行业的总需求和市场增长率，技术变革的速度，市场地理因素，劳动力与资本的供应，买家和卖家的数量和规模，产品与服务的竞争环境，规模经济对成本、分销渠道类型的影响等。行业之间的差异，亦反映在企业对价格、产品质量、性能特点、服务、营销方式、新产品创新等竞争因素的考虑程度的差异上。在某些行业，价格竞争占主导地位；在其他行业，竞争的核心可能是质量、产品性能，或品牌形象和声誉。

二、问题设计

美容健康类目一直都是跨境电商中的高潜力、高增长品类。据统计，2019 年，美国健康、个人护理和美容产品的线上销售额超过 530 亿美元，较 2018 年同比增长 18.6％，在所有产品类别中排名第二。近些年来，随着生活水平的提高，人们对于美和健康的追求只增不减，因此，全球美妆市场的份额也是居高不下。

对于跨境电商企业来说，合适的商品对拓展境外美容健康市场至关重要。产品会影响库存、运输成本、搜索引擎优化、营销、价格等各方面战略决策的制定。而护肤品作为美容健康类目下的一个子类目，对于其市场的研究也是许多商家非常关注的。

现某跨境电商公司预计在某跨境电商平台上开设一家店铺，涉及护肤品业务，公司需要选择合适的商品进行业务拓展，而市场分析是选品的基础，因此需要进行护肤品行业的市场分析，为公司的选品决策打下基础并提供数据支撑。

新手跨境电商商家对市场的认知是空白的。摆在眼前的问题是：该选择哪个市场？根据什么标准判断是否要进入该市场？而这就需要进行市场分析。市场分析可以帮助商家睁眼做生意，不再拍着脑袋做决定，可以提高决策成功的概率，降低商业风险。

行业的市场规模与趋势分析是选品的基础，如果市场选择错误，后续的选品、竞品选择、运营等一系列操作就会起到事倍功半的效果。例如，某商家在盲目决定进入饰品行业后后悔不已，原因在于他进入市场后发现该行业的头部店铺月销售额在 100 万元左右，而该规模对其而言太小，决策前进行市场分析的重要性不言而喻。

三、问题解决思路

企业对市场的选择一般可以从市场规模、市场趋势两个维度来考虑，通过这两个维度认清市场的宏观情况，做到对市场行情有基本的了解。通过市场规模分析探查市场的大小,能够了解行业天花板所在,以便根据自身实力选择与自身匹配的行业,既可避免自身实力大市场太小,导致所获利润太少,手中的一部分资金被闲置,未将现有资源最大化利用;又可避免自身实力弱市场太大,手中的资源甚至无法满足前期投入的需要,成为市场竞争的炮灰。

通过市场趋势的变化判断市场状态,如行业是停滞不前,甚至渐入衰败,还是在快速发展,处于上升的风口期。结合市场规模与市场趋势分析,能够初步了解市场的基本情况,在宏观层面上对市场有总体的认知,最终通过对比不同市场的市场规模与市场趋势,选择适合自身的市场。

第二节　回归分析法介绍

一、回归分析法概述

回归分析法指利用数据统计原理,对大量统计数据进行数学处理,确定因变量与某些自变量的相关关系,建立一个相关性较好的回归方程(函数表达式)并加以外推,用于预测今后因变量变化的分析方法。根据因变量和自变量的个数可分为一元回归分析和多元回归分析;根据因变量和自变量的函数表达式是线性还是非线性的可分为线性回归分析和非线性回归分析。回归分析法主要解决的问题有:①确定变量之间是否存在相关关系,若存在,则找出数学表达式;②根据一个或几个变量的值,预测或控制另一个或几个变量的值,且要估计这种控制或预测可以达到何种精确度。

二、回归分析法工作原理

(一)根据预测目标,确定自变量和因变量

确定了预测的具体目标,就确定了因变量。如果预测目标是房价,那么房价就是因变量。通过市场调研和数据分析,找出与预测目标相关的影响因素,这些影响预测目标的影响因素为自变量,从众多影响因素中遴选出主要影响因素来预测因变量。

(二)建立回归预测模型

根据自变量和因变量的历史统计数据,建立回归分析方程,即回归分析预测模型。

(三)进行相关分析

在进行回归分析之前首先要进行相关性分析,其目的是判断作为影响因素的自变量与作为预测对象的因变量之间的相关程度,根据相关系数大小建立的回归方程才有意义。

(四)检验回归预测模型,计算预测误差

回归预测模型能否用于实际预测,还得对模型的误差进行预测。误差越小,预测模型的准确性越高。

(五)计算并确定预测值

利用回归预测模型计算预测值,并对预测值进行综合分析,确定最后的预测值。

三、多种回归模型介绍

(一)线性回归模型

线性回归是指所有自变量对因变量的影响均呈线性关系,假设预测因变量取值 y,各影响因素为自变量 x_1、x_2,$\cdots$,x_n,则自变量和因变量间存在如下关系

$$y = a + b_1 x_1 + b_2 x_2 + \cdots + b_m x_n$$

式中表述的是 y 的估计值,如果想用这个公式来准确地表示每个个体的测量值,可假设在相应的独立变量的组合下,相应的个体因变量的测量值就在平均水平附近波动,即 y_i 可表示如下

$$y_i = y + e_i = a + b_1 x_{1i} + b_2 x_{2i} + \cdots + b_m x_{mi} + e_i$$

其中,e_i 为随机误差,假定遵循平均值为 0 的正态分布。对于每个个体来说,在知道了所有自变量的值之后,只能确定因变量的平均值,而无法确定个体在其附近的具体值。

(二)线性回归的衍生模型

线性回归模型的使用需要依据一定的前提条件,如线性相关、残差正态性等。然而,实际数据往往不能很好地满足上述假设,在这一点上,可以使用一些衍生模型来更好地拟合数据。

1. 曲线直线化

在线性回归中,自变量和因变量之间应该存在线性相关。当违反这个条件时,我们必须采取相应的措施,最简单和最常用的方法是把曲线分析转换成直线分析,其基本原理就是变换变量,用曲线方程变换成线性回归方程进行分析。

2. 加权最小二乘法处理方差不齐

标准的线性回归模型假设所研究的总体方差是恒定的,也就是说,因变量的变化不会随着自身预测值或其他自变量值的变化而变化。在一些研究问题中,由于变量的变化会随着某些指标的变化而发生明显的变化,如果能找到某些指标来预测变化的大小,就可以根据变化的大小对相应的数据赋予不同的权重,从而提高模型的精度,达到更好的预测效果。

3. 岭回归方法处理多重共线性

共线性是指各个变量之间存在很强的相关性,回归模型的参数估计因此会受到影响。除了利用自变量主成分分析来处理共线性问题外,岭回归是一种有偏差的估计回归方法,专门用于共线性数据分析。这种修正了的最小二乘法,通过放弃最小二乘法的无偏性,以失去部分信息和降低精度为代价,得到了效果较差但回归系数较好的回归方程。岭回归所得的残差标准差较最小二乘回归所得的残差大,但其对病态数据的容忍程度远高于最小二乘回归。

4. 最优尺度回归优化分类自变量建模

线性回归模型要求因变量是一个数值模型,但实际上,大量数据为分类数据。虽然标准的统计方法是使用虚拟变量来拟合,得出简化了的分析结果,但虚拟变量分析的操作比较麻烦,需要分析人员掌握丰富的统计学知识。最优尺度变换专门用于解决统计建模中分类变量的量化问题,其基本思路是根据你想要拟合的模型框架,为原分类变量的每个类别找到最佳的量化得分,然后使用模型中的量化得分代替原分类变量进行后续分析。

(三)路径分析与结构方程模型

多重线性回归通过一个方程建立模型,反映了自变量和因变量之间的直接影响,不能反映影响因素之间的间接关系。然而,变量之间的关系往往是复杂的,一个简单的多元回归方程可能不能准确地反映这种复杂关系。路径分析是多线性回归模型的扩展。其主要特点是在专业知识的基础上假定模型中各变量之间的具体关系,基于这种关系将其绘制成路径分析图。然后,根据相应的因变量分别拟合多个线性回归方程。也就是说,路径分析模型是由一组描述变量之间关系的线性方程组组成的,这些变量不仅包括直接变量,还包括间接变量和所有相关变量。与路径分析有一些联系,但分析作用更强的是结构方程模型(structural equation models,SEM)。结构方程模型是建立、估计和检验因果关系模型的一种方法。该模型包含可观测的显式变量和潜在的不可观测变量。结构方程模型可以代替多元回归、通径分析、因子分析、协方差分析等方法,明确分析个体指标对整体的作用和个体指标之间的关系。简而言之,与传统的回归分析不同,结构方程分析可以同时处理多个因变量,比较和评估不同的理论模型,并测试数据的吻合程度。

(四)非线性回归模型

线性回归模型及其衍生的模型可用于多数的分析应用中,但它们不适用于没有显式表达式的方程或一些更特殊的拟合方法。非线性回归是这些复杂问题的通用模型框架,它使用迭代方法来适应用户设置的各种复杂曲线模型,它还扩展了最小二乘残差的定义,为用户提供了非常强大的分析能力。非线性回归模式一般可表述如下

$$y_i = y + e_i = f(x, \theta) + e_i$$

其中,$f(x, \theta)$为期望函数,这种模型的结构和线性回归模型类似,但不一样的是期望函数 $f(x, \theta)$ 可能是任意形式,也可能该模型没有显式表达式。

由于期望函数所表达的并非直线关系,因此最小二乘估计的参数值可能无法通过非线性回归模型直接计算得出,此时需要将期望函数用泰勒级数进行展开,就可得出参数值的近似值。

(五)Logistic 回归模型

Logistic 回归模型是由多重线性回归模型的基本结构衍生而来的。在实际工作中,有时候会碰到因变量是分类变量的情况,比如满意与不满意、买还是不买等,须逐个研究该分类变量与一组自变量之间的关系。在此种情况下,如果对分类变量直接拟合回归模型,则实际上拟合的是因变量某个类别的发生概率,参照线性回归模型的结构,可以轻松得出下面这种形式的回归模型

$$p = a + \beta_1 X_1 + \cdots + \beta_m x_m$$

以上模型通常用来解释当各自变量发生变化时,因变量会发生怎样的变动的情况,用于满足变量之间分析的基本需求。但有时候预测概率值可能会超出 $0 \sim 1$ 的有效区间,或出现残差不服从二项分布等问题,为此,大卫·考克斯引入了 logit 变换,避免了上述问题的发生。logit 变换的计算公式是

$$\text{logit} P = \ln(P/(1-P))$$

通过变换,logit$P$ 的取值范围就变成实数区间 $(-\infty, +\infty)$,使得当自变量取任何值,

都能预测出具有实际意义的 P 值。对应的包含 P 个自变量的 Logistic 回归模型如下

$$\text{logit}(P) = \beta_0 + \beta_1 x_1 + \cdots + \beta_{px}$$

(六)有效性和注意事项

1.有效性

在进行回归分析预测时,首先要预测各个变量,当变量容易控制且能够预测时,回归方程也跟实际相贴合,此时回归预测的结果才有效。

2.注意事项

为使回归方程符合实际,首先应尽可能定性地对自变量的类型和个数做出判断,通过事物之间的联系定性判断回归方程属于哪种类型的可能性最大。其次,努力掌握更充分的高质量统计数据,运用恰当的统计学方法,利用数学工具和相关软件进行定量计算或改进定性判断。

第三节　市场规模与趋势分析

一、对比分析市场规模及趋势

(一)市场规模分析

市场规模也称市场容量,是指某个市场在统计期间的需求总价值。市场规模分析是对市场容量的分析和判断,市场规模决定了市场中企业(店铺)发展的天花板。一般而言,容量越大天花板越高,分析时可用市场容量和头部企业来确定市场天花板。

本章案例主要对护肤品行业市场进行分析,根据速卖通平台上美容健康类目中护肤品子类目的相关数据,从市场规模、增长趋势等方面对护肤品行业进行考察分析,以此协助公司管理层做出相应的运营决策。

图 2-1 所示的是美容健康类目下各子类目的交易金额图。其结果按照类目交易金额降序排列,类目方格面积越大,代表交易金额越高。对比美容健康类目下的其他子类目,护肤品的交易金额在美容健康市场中排名第一,其交易规模最大,而交易规模大则意味着市场需求旺盛。

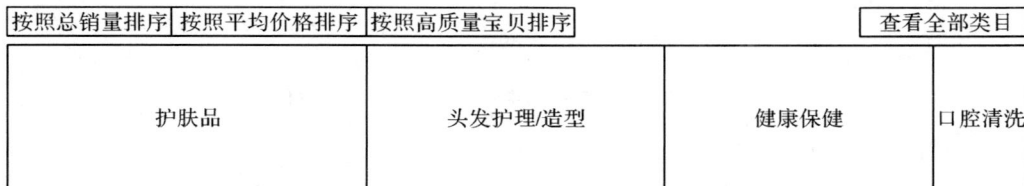

按照总销量排序	按照平均价格排序	按照高质量宝贝排序		查看全部类目
护肤品	头发护理/造型	健康保健	口腔清洗	

图 2-1　美容健康类目下各子类目交易金额示意

对于资金雄厚、追求高回报的商家而言,其适合选择市场规模大的类目,例如美容健康类目下的 TOP3 类目——护肤品、头发护理/造型与健康保健。

在了解了市场规模的基本情况后,需要了解市场的变化趋势。

(二)市场趋势分析

市场趋势分析是指根据历史数据掌握市场需求随时间变化的情况,从而估计和预测市场未来的趋势。市场趋势分析在市场分析中具有十分重要的地位,企业(店铺)都在探索如何能够准确地预测市场趋势。

市场趋势和企业的发展息息相关,发展趋势好的市场被称为增量市场,俗称朝阳产业;发展趋势差的市场被称为存量市场,俗称黄昏(夕阳)产业。而分析市场趋势就是辨别市场是高速发展还是停滞不前。判别的标准为:如果市场年交易金额增幅连续两年超过10%则判定为增量市场,反之则为存量市场。

对于具有实力的大企业或资金有限的个体商家而言,一般都倾向于选择增量市场。目标市场是增量市场意味着市场在快速发展,市场消费潜力有待挖掘,从增量中争取份额相对轻松,处在增量市场的产品或服务即所谓的"站在风口上的猪"。需要注意的是,对于增量市场也需要研究其行业背景,警惕"昙花效应"。而存量市场则意味着市场基本稳定,"蛋糕"不再扩大,甚至还会缩小,且"蛋糕"已被先入局的企业划分完毕,后入局的企业要从别人的口中抢"蛋糕"吃,竞争相比增量市场更为激烈。

图 2-2 为护肤品类目的月交易金额变化趋势图,通过纵向对比各月份护肤品类目的交易金额变化趋势,可发现 2020 年护肤品市场有明显的交易波动,4 月以来市场的成交金额整体处于上升趋势。其中 10 月成交金额相较于其他月份十分突出,可在后续细分的市场分析中探究其原因。

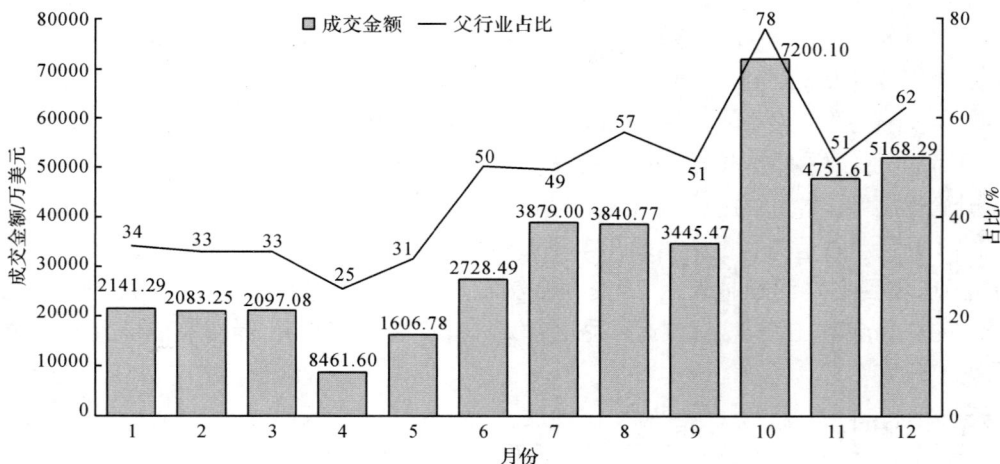

图 2-2　2020 年护肤品类目市场成交金额趋势

如果数据不足,就不能武断地判断市场是存量市场还是增量市场。待积累的数据更多后,可进行进一步的市场趋势判断。

根据以往的交易数据,可对市场未来趋势进行预测,以加强对市场的了解。线性回归分析常用来量化预测因变量与自变量之间的相互强度,当建立预测模型后,就可以用来预测目标值。此处可以利用线性回归模型来预测行业的销售额。

二、探索数据源

新建实验并保存,然后从左边数据源中拖拽"关系数据源"节点到中间"画布区",并在右边参数区数据源中选择"护肤品行业市场数据",如图 2-3 所示。

图 2-3　数据准备

运行"关系数据源"节点,运行成功之后,鼠标右键单击节点,选择查看输出,如图 2-4 所示,即可查看本数据源详细数据。数据源包含 3 个字段,15 条记录(此处截取部分数据),为护肤品行业 2020 年 1 月—2021 年 3 月的成交额数据,其中 2021 年 1 月—3 月的成交额暂时是未知的,需要我们进行预测。"ID"字段无实际含义,仅用于模型预测;而"Date"与"Payment"字段则为护肤品类目在该月份的交易金额,例如 2020 年 5 月,护肤品的月成交金额为 16067827 美元。

# ID	Aa Date	# Payment *
5.0	2020-05-01 00:00:00.0	16067827
6.0	2020-06-01 00:00:00.0	27284887
7.0	2020-07-01 00:00:00.0	38790035
8.0	2020-08-01 00:00:00.0	38407694
9.0	2020-09-01 00:00:00.0	34454696
10.0	2020-10-01 00:00:00.0	72001001
11.0	2020-11-01 00:00:00.0	47516132
12.0	2020-12-01 00:00:00.0	51682924
13.0	2021-01-01 00:00:00.0	0
14.0	2021-02-01 00:00:00.0	0
15.0	2021-03-01 00:00:00.0	0

图 2-4　查看详细数据

三、对数据进行预处理

该数据源中除"Date"字段为时间戳型数据外,其余字段类型均为数值型。通过观察可发现,最后一列"Payment"数据其数值比较大,这里采用科学记数法的形式展现,我们可以通过设置字段类型来使数字以正常数值形式呈现。

在左侧"数据预处理"模块下拖拽"元数据编辑"节点,使其与"关系数据源"节点相连接,并点击界面右侧"元数据设置"选项,将"Payment"字段的数据类型设置为"long",这样便能够以正常的数值形式进行显示。元数据设置如图 2-5 所示。

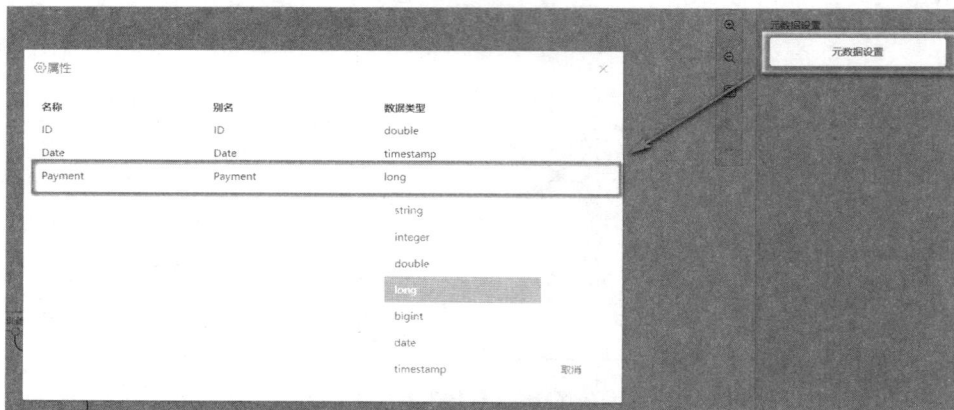

图 2-5 元数据设置

四、构建回归模型

使用线性回归模型,根据训练集的往月交易数据找出护肤品市场交易金额变化趋势的规律,并根据模型训练的结果预测市场成交金额。线性回归模型的参数保持默认设置即可。

拖拽"特征工程"模块下的"特征选择"节点到画布区,与前面的节点建立连接。根据案例实现思路,将"ID"字段选为特征列,并将"Payment"字段选为标签列。此处用于设置线性回归所需的两个变量,即自变量与因变量,如图 2-6 所示。

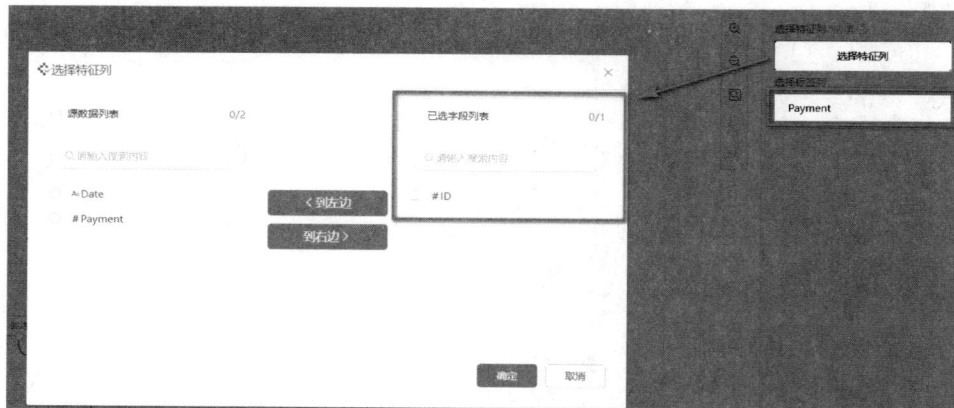

图 2-6 特征选择

拖拽"数据预处理"模块下的"行选择"节点到画布区,与前面的节点建立连接。通过如图 2-7 所示的条件,筛选出用于训练模型的数据,用训练得出的模型来预测 2021 年 1 月—3 月的交易金额。

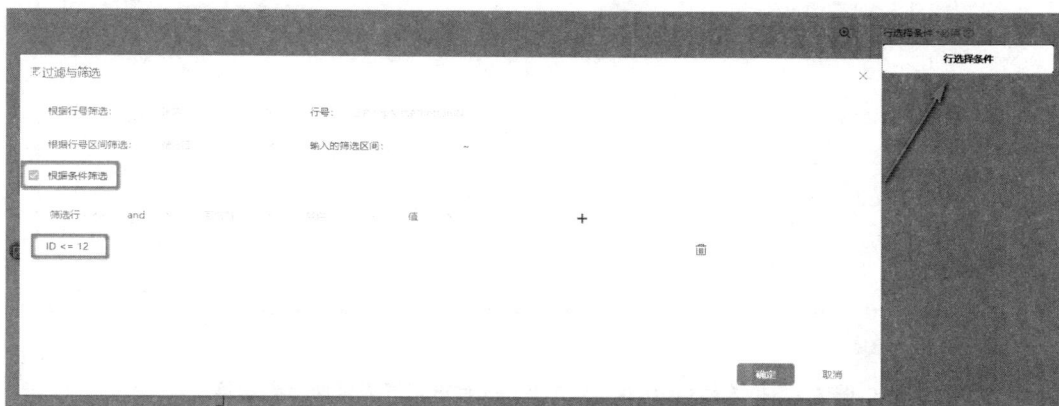

图 2-7　行选择条件

使用线性回归模型,根据训练集的往年交易数据找出护肤品市场交易金额变化趋势的规律,并根据模型训练的结果预测市场交易金额。在机器学习模块中,依次拖拽"线性回归""训练""预测"节点至画布区,并连接成如图 2-8 所示的工作流。线性回归模型的参数保持默认设置即可。

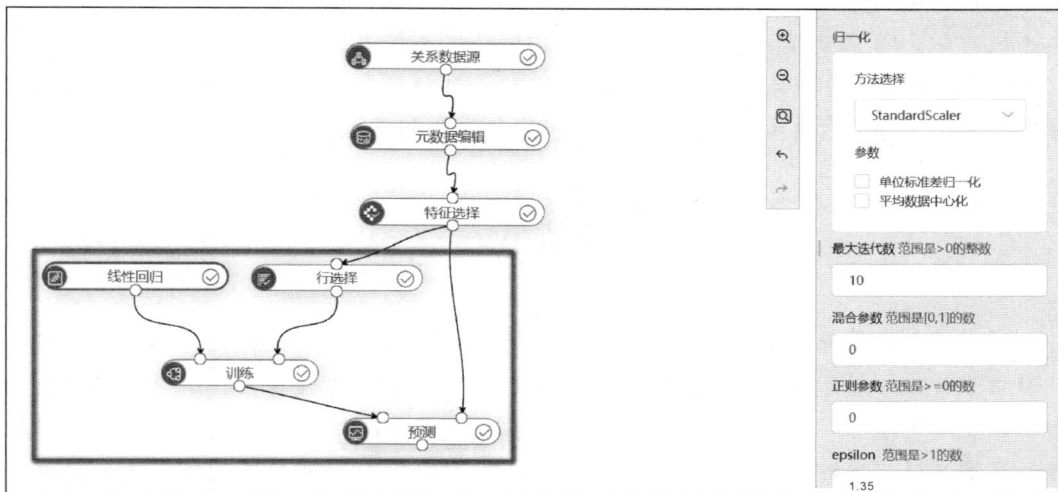

图 2-8　线性回归模型

五、回归模型预测交易金额

再次拖拽"元数据编辑"节点至画布区,并与"预测"节点相连接。点击"元数据设置",将"Prediction"列的数据类型设置为"long"。运行成功后查看输出,预测结果如图 2-9 所示,根据模型的预测,2021 年 1 月—3 月护肤品市场的交易金额分别为 59039290 美元、

63021193 美元和 67003097 美元。

当前显示 15 条 / 总共有 15 条数据　提示:点击单元格可查看超出的内容

Date	# Payment	Features	Features Normalized	# Prediction
20-05-01 00:00:00.0	16067827	[5.0]	[5.0]	27184064
20-06-01 00:00:00.0	27284887	[6.0]	[6.0]	31165967
20-07-01 00:00:00.0	38790035	[7.0]	[7.0]	35147871
20-08-01 00:00:00.0	38407694	[8.0]	[8.0]	39129774
20-09-01 00:00:00.0	34454696	[9.0]	[9.0]	43111677
20-10-01 00:00:00.0	72001001	[10.0]	[10.0]	47093580
20-11-01 00:00:00.0	47516132	[11.0]	[11.0]	51075484
20-12-01 00:00:00.0	51682924	[12.0]	[12.0]	55057387
21-01-01 00:00:00.0	0	[13.0]	[13.0]	59039290
21-02-01 00:00:00.0	0	[14.0]	[14.0]	63021193
21-03-01 00:00:00.0	0	[15.0]	[15.0]	67003097

注意：表头中◇表示特征列，*表示标签列　　表头真名　表头别名

图 2-9　护肤品类目 2021 年 1 月—3 月市场成交金额预测结果

对比市场 2020 年的成交金额与模型预测的结果，预计 2021 年 1 月—3 月护肤品市场仍将保持增长，考虑到护肤品类目为美容健康类目下的 TOP1 子类目，其市场绝对规模较大，而其仍能保持增长，可看出其市场潜力较好。在新进入的商家了解新行业时，线性回归模型的预测可以为其判断提供数据支撑，助其更好地了解宏观市场的基本情况。

需要指出的是，市场分析并不是对所有商家都是必需的，在自身对行业一无所知的情况下，市场分析可以很好地帮助商家了解市场，而商家若已在该行业摸爬滚打许多年，对该市场有充分的了解，则可自行衡量是否有市场分析的必要。

而对于有了解细分市场需求的商家而言，则可进一步从市场竞争度、市场客单价、市场搜索关键词等角度入手，细化市场，进行精准的定位与分析。

本章小结

商家进入市场前首要面对的关键问题就是如何对市场做出正确的判断，本章中用到的市场分析方法则可以帮助商家提高市场判断的概率，降低商业风险。通过对市场规模与市场趋势的分析，可以帮助商家从宏观层面上认识市场，了解市场容量的大小与变化趋势。市场规模是指某个市场在统计期间的需求总价值，市场趋势分析是根据市场需求与时间变化的关系来估计和预测市场未来的趋势。本章案例以护肤品行业市场分析为例，通过对比分析法与回归算法原理的运用，为企业提供市场规模的判断与市场趋势的预测。以下为案例的具体实现流程：①将数据导入，做好数据准备。数据源共包含 3 个字段，15 条记录，为护肤品行业 2020 年 1 月—2021 年 3 月的成交额数据，其中 2021 年 1 月—3 月的未知成交额为预测对象。②对数据进行预处理。由于有些数据字段数值较大而只能以科学记数法的记数方式呈现，需要通过“元数据设置”这一选项进行操作，将其转化为正常的数值形式进行显示。③开始构建回归模型。依据训练集中得出的护肤品市场交易额变

化趋势的规律和模型训练结果,结合机器学习模块中的节点操作可得出模型预测的护肤品市场的交易金额,其结果分别为 59039290 美元、63021193 美元和 67003097 美元。

对比市场 2020 年的成交金额与模型预测的结果,预计 2021 年 1 月—3 月护肤品市场仍将保持增长,考虑到护肤品类目为美容健康类目下的 TOP1 子类目,其市场绝对规模较大,而其仍能保持增长,可看出其市场潜力较好。因此对于即将进入相关市场行业的商家而言,在进入新行业之前,可以通过建立线性回归模型对市场行业的情况做出一个基本的预测,以此对市场行业情况有一个大致的判断。因此,在跨境电商数据分析中,对比分析法是一个比较常用的研究方法,可以从店铺内部的对比、与竞争对手的对比、不同时间的对比、业绩完成进度的对比等方面入手进行分析。

▶ 拓展实训

跨境电商行业市场规模与趋势分析

【实训目的】

巩固回归分析法、行业市场规模与趋势对比分析法的原理和流程;通过教师讲解与实际操作,掌握行业市场规模与趋势分析的方法,帮助企业进行管理。

【思考与练习】

1. 通过相关模块,掌握行业市场规模与趋势分析案例的操作与应用方法。
2. 列举一些回归分析法在其他领域的应用。

第三章

跨境电商数据化选品

教学目标

1.掌握数据可视化在数据化选品中的应用。

2.掌握可视化分析的基本概念和应用。

学习重点、难点

学习重点

1.跨境电商数据化选品的方法。

2.可视化分析的应用。

学习难点

1.自助仪表盘的创建。

2.选品数据可视化。

思维导图

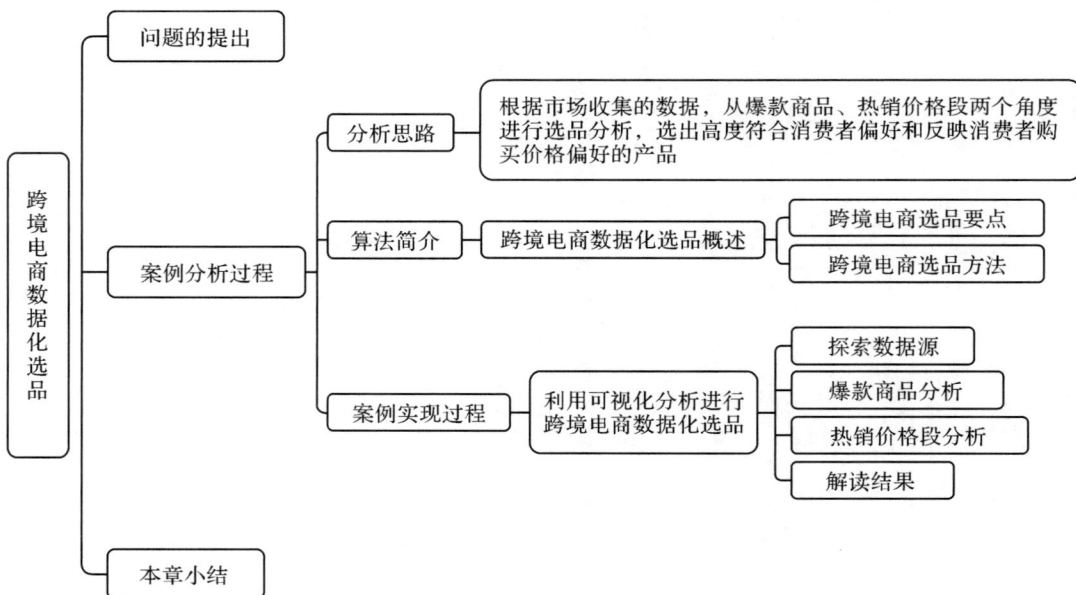

第一节　问题的提出

一、选品分析

随着全球化的推进,越来越多的电商从业者瞄准了跨境电商所带来的机遇。跨境电商的发展同样也刺激了中国制造业,越来越多物美价廉的产品远销境外。机遇往往伴随着挑战,面对如此复杂的境外市场,如何选择符合境外客户需求的产品成为跨境电商从业者首先要考虑的问题。选品要从市场供求关系出发,通俗地讲就是看目标市场需要什么,供应市场上有什么。比如榨菜这款产品,据统计,日韩是我国榨菜出口量最大的国家,为什么中国榨菜在日韩卖得这么好呢? 一是由于日韩两国的人民自古以来就有食用榨菜的传统;二是日韩两国国土面积小,制作榨菜的成本较高,而中国榨菜生产成本较低;三是中国榨菜企业可以将榨菜制成符合外国人喜欢的口味,因此能够迅速以低成本和个性化的优势占领境外市场。跨境电商选品成功的关键在于选品人员要找准供求关系,不仅要根据客户的需求生产或选择好的产品,还要根据已有的产品,选择有需求的目标市场。

二、问题设计

如今市场竞争愈发激烈,如何更好地拓展市场是每个卖家都需要学习的功课,而选品是电商运营工作的一个至关重要的环节。选一个"好"的产品,能够为店铺带来意想不到的收益,从而增强店铺的竞争力,并能够帮助卖家拓展更大的市场份额。在大多数情况下,经验尚浅的卖家通常靠自己的主观臆断选品,往往会事与愿违。本章以跨境电商平台女装市场选品为例,为该行业卖家提供选品思路,以下是常见的选品方法。

(一)市场跟随

可以观察市场热卖的爆款,根据自身企业情况采取爆款跟随策略。

(二)行业经验

根据多年专业领域经验,凭专业运营知识选品,但容易遇到竞争对手的打击。

(三)企业资源

根据企业自身供应链资源或客户资源选品,这种选品方式的好处在于前期不需要自己囤货,不占用仓储空间,是入门较好的选择。

(四)推广工具测款

使用推广工具测试所选商品是否受欢迎能够较好地为选品提供依据,但前期测款制图、设计详情页等工程量大,且需要一定的推广成本;后期如果仅依靠付费运营模式也会让企业倍感吃力。

(五)日常生活观察

通过日常生活观察消费者的现实生活需求也是选品的一种方式,大家都有需求的商品一定是具备市场潜力的商品。

(六)自身喜好

也可以通过自己对行业的了解和资源,和志同道合的朋友一起研究市场并选择商品。这种选品方式的好处是可以对某种商品有深入的了解,进而深耕某个细分市场;弊端在于商品如果被替代将失去市场。

(七)行业标杆

关注头部卖家上传了哪些新品,分析其选品特点并制定自身的选品策略,可以少走弯路,并结合企业自身实际加以调整。

(八)数据选品

这是指根据行业数据分析、搜索数据来选品。如果新企业对平台环境、运营知识不够了解,且对生活细节不敏感,可以选择数据选品。数据选品往往有着科学的依据,但数据分析需要投入大量的人力、物力,因此前期卖家可以对选品思路先有一定的总体考量,避免人力、物力上的浪费。

三、问题解决思路

数据化选品主要从市场数据下手,只有满足消费者需求的商品才能算得上是"合格"的商品。本章将分别从爆款商品、热销价格段两个角度进行选品分析。

爆款商品分析是依据市场数据显示的商品排行榜榜单进行选品,如果统计时间内商品的交易金额占比达到一定比例则该商品属于爆款商品,与消费者偏好高度一致;热销价格段分析是为了分析市场上商品的热销价格区间,从而了解消费者的购买价格偏好。

第二节　跨境电商数据化选品概述

海量的电商数据杂乱无章,看起来毫无头绪。数据可视化可以帮助分析者理清思路,迅速把握住关键信息,并通过信息挖掘发现其中蕴含的商业价值。例如,跨境电商卖家想迅速找到一个爆款产品,通过对该类目产品销量进行可视化分析,卖家就能迅速找到销量最高的卖家及店铺的相关信息。数据可视化是对数据进行归纳总结的方法,可以大大提高数据的使用效率,为业务决策的后续分析提供科学的参考依据。

一、跨境电商选品要点

(一)确定产品线

拥有充足的货源是跨境电商卖家进行产品销售的前提条件。卖家除了寻找产品供应商之外,自己是否建设产品线也是需要深思熟虑的。产品线的建设对企业形象、产品口碑、目标客户群、销售渠道、行业格局和跨境电商企业盈利能力等都会产生影响。

产品线是企业持续获得收益的关键,良好的产品结构布局可以为企业带来更高的利润。建立产品线应参照店铺产品结构布局,一般店铺通常会打造爆款作为引流款,另一部分产品则作为店铺的利润款,引流款与利润款在数量、质量及生产方式上有所不同,具体要视情况而定。当然,产品线的设置也不是一成不变的,通常要根据卖家的运营策略进行阶段性的调整与优化,才能逐步建设成为具有核心竞争能力的产品线。平台上的竞争对手是构成市场竞争格局的重要因素,竞争对策的调整也需要时时跟进,因此卖家不仅自己要有创新能力,而且对行业及竞争对手的变化也要保持敏锐的洞察力,重点放在建立自己的品牌、营销内容创新、价格策略调整、产品结构布局等方面。

(二)确定目标客户群

产品线确定之后,了解目标客户是运营者首先要考虑的。只有清晰地知道自己的客户是谁,运营策略才有针对性。首先对客户要做到全面分析,包括基础属性分析(如年龄、性别、职业、收入等),再进兴趣标签分析(如购物喜好、品牌喜好、平台选择、支付方式等)。其次要对客户所处的市场环境加以分析,比如某种产品或品牌的市场占有率、客户所处地域的风俗特色、语言差异等。例如,虾皮跨境电商平台7个站点都位于热带地区,这里的人们对御寒的产品是没有太多需求的,这个平台主要提供满足东南亚消费者日常生活的必需品,因此服饰类目及家庭日用品在这个平台是比较畅销的。

(三)寻找独一无二的产品

选品要从差异化和精细化的思路出发,才能让产品具备核心竞争能力。一些发达国家(地区)的产品在功能质量或者价格上与欠发达国家(地区)产品存在落差,选品人员可以把握全球市场的前沿流行趋势,得出信息差异,根据产品选择具有差异化的地区或者根据地区选择具有差异化的产品。境内电商与跨境电商在选品上不光要注意产品的差异化,还得注意更多的细节,如竞争对手、物流运输、营销成本、市场容量、产品的生命周期,以及是否符合当地法律法规等。

(四)关注税改和正面清单

近几年,奶粉、尿不湿、日韩化妆品成为跨境电商企业进口的热门产品。因为这些产品的税率合适,重复消费率高,是能拉动销量的单品,也存在较大的利润空间。

税改政策的变动也刺激了跨境电商平台的消费活力,为高价产品提供了生存的空间,低价产品与高价产品的选品格局被拉开。

二、跨境电商选品方法

(一)根据资源定位选品

跨境电商从业者中流行这么一句话:"七分靠选品,三分靠运营。"选择要卖什么产品无疑是卖家最难解决的问题;选择销量高的产品,竞争压力太大;质量好价格实惠的产品成本太高,利润又太少;产品太小众又怕客户群体不够大。事实上,卖家在选品的时候不是盲目地看产品的市场环境是怎么样的,而是要认清自己的实际情况,即自己可利用的资源有多少。卖家应根据自身资金的情况,选择合适的对标卖家,避免出现定位失误、后期资金短缺等情况。如果卖家自己定位为中小卖家,那么就不可过多选择高客单价产品,低客单价、用户群体大、货源稳定可靠即是选品的参考依据;如果卖家资金雄厚,就可以做产品仓储,选择流量大的爆款产品和高利润款。此外,卖家在选品的时候,要将资源和产品进行整合,比如要销售女装服饰产品,卖家就要考虑自己对这方面感不感兴趣,有没有特定的优势,该项目的主要负责人员有没有类似的运营经验。最后,卖家还要从买方的角度出发,分析影响顾客购买的因素有哪些,比如客户服务、物流配送、产品质量、产品的营销方式等。

(二)根据平台模式选品

产品的选择会根据所在平台的不同而产生差异,这与平台的特点和规则有关。已在供应链上取得优势的电商平台,其布局较早,在产品选择、销售方面更具优势,如网易考拉精品店、京东全球购主销的电子产品类目等。对于主要靠流量获取优势的企业来说,平台流量越大意味着可以转化的机会越多。京东国际和速卖通就比较具有流量优势,这类平台卖家在选品时涉及的领域较广;而洋码头、小红书这类平台则主要通过产品信息的分享或客户反馈的需求来让客户发现产品所在的平台。因此根据平台特性来选择产品,对于拓宽产品线的深度与广度都很有帮助。

(三)根据客户需求选品

相关机构调研发现,大多数跨境电商平台的用户有在线购买的需求,但是客户的需求并不明确,这就需要培养客户的购买习惯,加强市场引导。此外,客户访问网站也具有一定的针对性,一般会通过搜索关键词,访问自己喜欢的网站。据统计,顾客选择跨境网上购物时,个人护理产品、妇幼用品、食品及保健品等对安全和质量要求较高的产品类别是他们的最爱。目前,跨境网上购物仍处于发展阶段,消费频率低于境内网上购物的整体水平,但随着支付宝和贝宝等第三方支付渠道的普及和优化,如何支付已不再是跨境网上购物的痛点。

(四)根据竞争情况选品

了解客户需求之后,还要对该产品的市场竞争情况进行评估。具体可以从以下两个方面来考虑。

第一,产品的竞争力受到竞争对手的影响。竞争对手在平台上的影响力、营销方式如何、定价是否具有竞争力、该市场的竞争空间还有多大、客户能否获得更好的服务体验等,都是竞争对手影响力大小的相关因素。卖家在选品之前一定要考虑竞争对手的产品所没有的特点,找出比竞争对手具有更大优势的产品,才能更好地赢得客户的青睐。

从搜索引擎可以看出产品竞争的激烈程度。现在,独立的跨境零售进口平台主要由搜索引擎引导。即使客户在搜索某个特定平台的产品时,搜索引擎也可能会将他们引向竞争对手的平台,因此,卖家需要从搜索引擎优化的角度来了解该平台是否具有更大的优势,以及自己产品能否出现在搜索结果的第一页。一般来说,如果已经有很多产品占据了搜索结果的首页,那么在这个领域就会有很多强大的竞争对手。因此,在选品时,关键是看你的产品能否为客户创造独特的价值,只要能做到人无我有,人有我优,SEO 不是大问题。因此,你可以选择一个小类别,成为细分行业的领导者,这样才有可能与大平台竞争。

(五)根据客户端选品

分析产品在移动端和 PC 端的销售情况,对于选品也有重大的参考价值。随着互联网的发展,移动端成了流量的主阵地,移动端的优势在于能够随时随地购买,容易造成顾客的冲动性消费,但对产品的综合信息了解较少。因此,在移动端上布局高客单价的产品想激发消费者购买欲望的概率较小,卖家应根据消费者在客户端的购买偏好,结合产品价位、品类等特点,选择在合适的客户端销售产品。

第三节 利用可视化分析进行跨境电商数据化选品

一、探索数据源

现有某跨境平台女装行业 Top 商品排行榜榜单信息,如图 3-1 所示,主要包含了"Trade Name""Price""Sales Volume""Transaction Amount"这 4 个字段的内容。

Trade Name	Price	Sales Volume	Transaction Amount
Vest Tank-Tops Camis Sexy Women Summer Solid New-Fashion Sleeveless Casual Blusas	3.75	9383	35186.25
Sexy Sleeveless Tops Short Square-Collar Fashion Summer Women 4-Colors Hot-Sale	3.99	8826	35215.74
Crochet Top T-Shirt Padded Camisole Crop-Tops Spaghetti-Strap Bralette Sexy Satin Female	2.98	6183	18425.34
Camisole Short Spaghetti-Strap Y2k-Top V-Neck Lace Patchwork Backless Cuteandpsycho Sexy	8.11	5526	44815.86
Tank-Tops Chain Crop-Top Camisole Artsu Sexy Clubwear Lace-Up Metal Black White Hollow-Out	4.99	5490	27395.1
Y2k T-Shirt Street-Rock Hip-Hop Bratz Rap	3.19	5363	17107.97
Sexy Crop Tops Vest Knitted White Female Off-Shoulder Solid-Harajuku Korean Summer Women	3.19	4838	15433.22
Sexy Crop Tops Vest Ribbed Forefair Knitted Khaki White Female Off-Shoulder Solid-Harajuku	8.16	4558	37193.28
HELIAR Tops Underwear Padded Bandage Lingerie Backless Sexy WOMEN HALTER Cotton	4.99	4291	21412.09
Top-Vest Corset Bustier-Bra Mesh Bralet Cropped Night-Club Push-Up Party Sexy Long Plus-Size	9.9	4135	40936.5
Sleeveless Top Tank-Top Crop-Tops Biker Punk Black Korean Streetwear Vintage White Sexy	4.5	3850	17325
Tanks Tops Vest Bandage Yarn Lace Backless Pink Purple Sexy Women Sleeveless Net Wave-Point	3.23	3675	11870.25
Cropped Vest Tank-Top Camis Top Female Casual-Tube Backless Sexy BLACK HALTER Fashion	2.76	3633	10027.08
HELIAR Tops Knitted Casual-Crop Female Off-Shoulder HALTER Women Sleeveless Stretchy	4.99	3544	17684.56
Tank-Top Camis Mesh V-Neck Pleated Patchwork Lace Transparant Dark-Bodycon Goth Summer Women	7.99	3508	28028.92
2020 Summer Women's Crop Top Sexy Elastic Cotton Camis sleeveless Short Tank Top Bar	3.99	3498	13957.02
T-Shirt Casual Tops Japanese Streetwear Loose Harajuku Pink Girls Vintage Sweet Cartoon	3.68	3318	12210.24
Female T-Shirts Short-Sleeve Club Ctop Tops Letters-Print Streetwear Party Sexy Women Fashion	4.49	3134	14071.66
Bandage Tops Camis Backless Chic Allneon E-Girl Vintage Sexy Green Sweet Hollow-Out Fashion	6.99	3064	21417.36
999 New and different logistics link TS5	0.01	2977	29.77
Vest Female Tank-Top Bandage Camisole Crop-Tops Club Party-Wear Ribbed Knitting Punk-Style	7.5	2955	22162.5
Cami-Tube Crop-Top Top-Basic Spaghetti-Strap Bodycon Plain sexy Women New-Fashion Sleeveless	2.61	2933	7655.13
Sexy Sleeveless Tops Camisole Crop-Top Lace Patchwork Backless Bodycon Floral-Print 90s	7.99	2892	23107.08

图 3-1 女装行业 TOP 商品排行榜

字段详解及字段类型如表 3-1 所示。

表 3-1 商品排行榜字段详解及字段类型

字段名称	详解	字段类型
Trade Name	商品名称	字符型
Price	价格	数值型
Sales Volume	销量	数值型
Transaction Amount	销售额	数值型

图 3-2、图 3-3 为商品价格区间分析数据,均含有"Price Range""Quantity of Goods""Proportion1""Order Quantity""Proportion2"这 5 个字段,其字段详解及字段类型如表 3-2 所示。

Price Range	Quantity of Goods	Proportion1	Order Quantity	Proportion2
0~50.00	14238	0.7867	2240473	0.9833
50.01~100.00	2005	0.1108	24819	0.0108
100.01~150.00	779	0.04304	4385	0.0019
150.01~7850.00	1077	0.0595	8775	0.0039

图 3-2 整体价格区间分析数据

Price Range	Quantity of Goods	Proportion1	Order Quantity	Proportion2
0~10.00	5588	0.3914	1447126	0.6451
10.1~20.00	5200	0.3642	563641	0.2513
20.1~30.00	2296	0.1608	183862	0.0820
30.1~40.00	783	0.0548	36440	0.0162
40.1~50.00	409	0.0286	12035	0.0054

图 3-3   0~50.00 美元价格区间细分数据

表 3-2   价格区间数据字段详解及字段类型

字段名称	详解	字段类型
Price Range	价格区间	浮点型
Quantity of Goods	商品数	数值型
Proportion1	数量占比	数值型
Order Quantity	销量	数值型
Proportion2	销量占比	数值型

接下来,需要在平台"分析展现"中新建自助仪表盘,对女装行业 Top 商品排行榜榜单进行分析。首先需要了解自助仪表盘的功能、组件板块,如图 3-4、图 3-5 所示,分别为左侧功能栏与上方组件栏各功能分布情况。

图 3-4   功能与组件板块 1

图 3-5 功能与组件板块 2

二、爆款商品分析

交易金额代表了商品的销售情况,从 Top 商品排行榜榜单交易金额占比靠前的产品中可以得到消费者偏好的产品类型、款式等信息。

拖拽一个"图形组件"至画布区,创建第一个图形组件。其图表设置如图 3-6 所示。选择相关数据源后,将"Trade Name"拖入列,将"Transaction Amount"拖入行即可绘制图形。图形中,柱形的高度代表了交易金额大小。

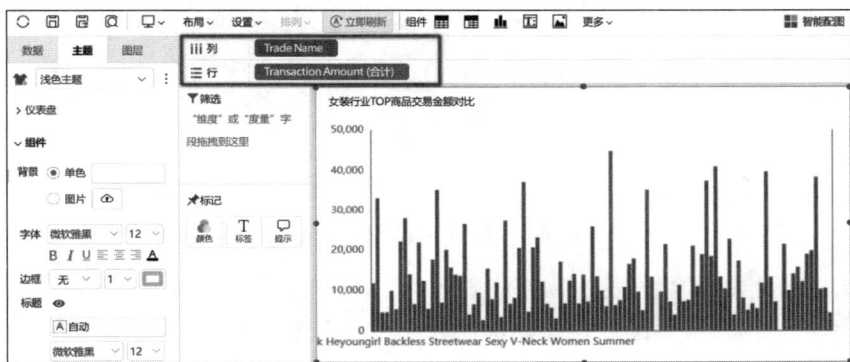

图 3-6 Top 商品排行榜榜单分析

右键点击行区的"Transaction Amount"字段名,设置排序方式为"降序",对销售额进行降序排列,如图 3-7 所示。

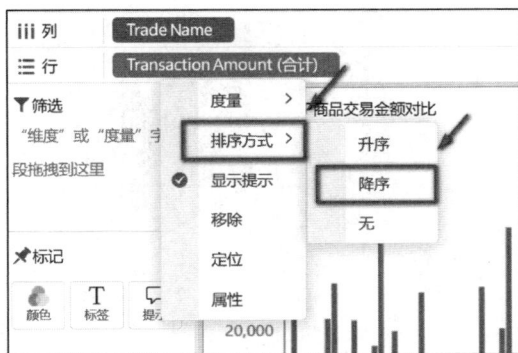

图 3-7 设置"Transaction Amount"并降序排列

三、热销价格段分析

根据分析思路,需要对市场价格段进行分析,再次拖拽一个"图形组件"至画布区,在右上角"智能配图"区选择"饼图",将"Price Range"拖至颜色图标,将"Order Quantity"拖至角度图标,如图 3-8 所示。从图中可以看出 0～50.00 美元价格段的销量占比高达 98.33％,需要对该价格段进一步进行细分。

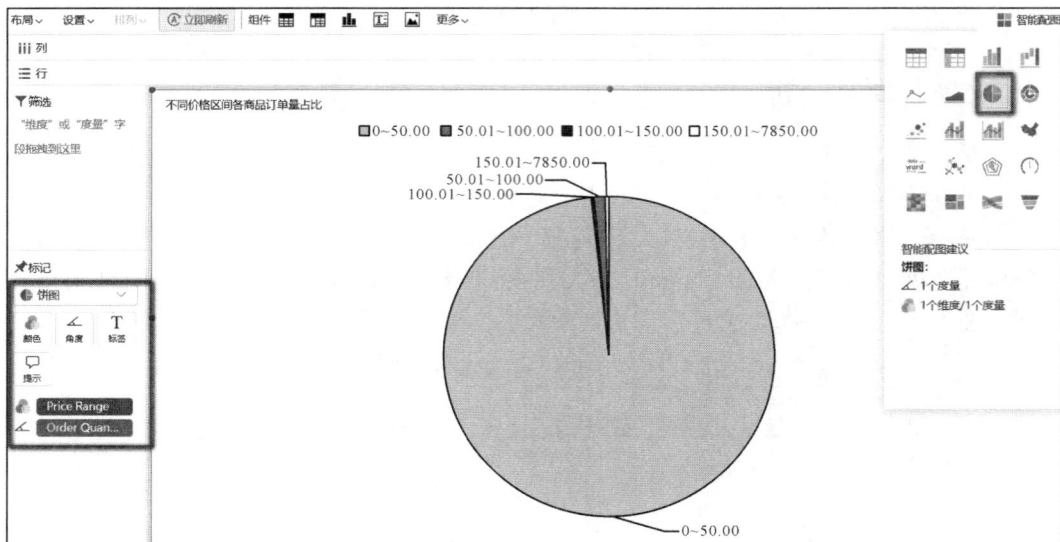

图 3-8　热销价格段整体分析

选择细分价格段的数据源,并在仪表盘中新增图形组件,在智能图形中选择"饼图", 将"Price Range"拖至颜色图标,将"Order Quantity"拖至角度图标,如图 3-9 所示。

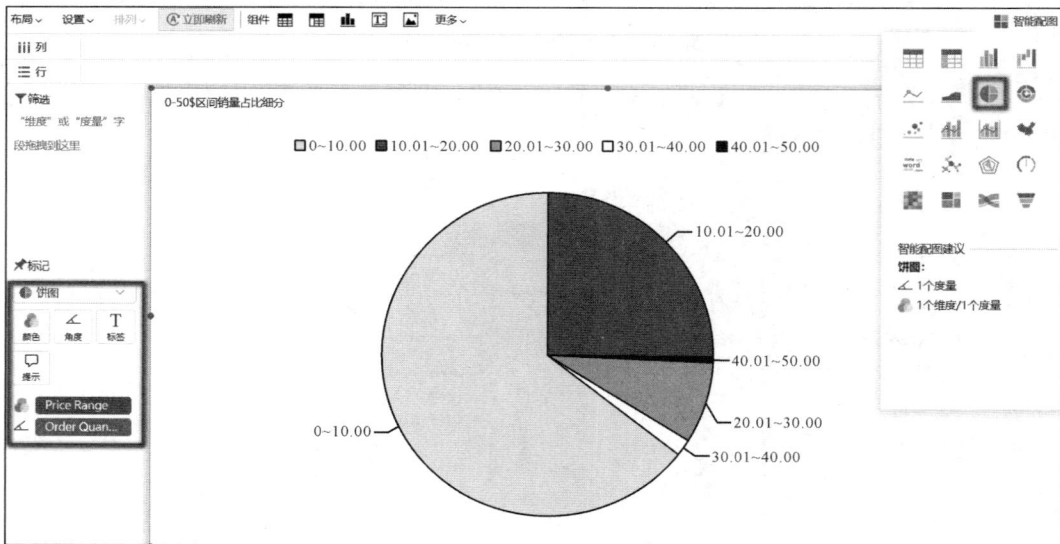

图 3-9　热销价格段细分 1

在依据销量指标对价格段进行细分后,还可以根据商品数量进行价格段细分。在画 布中新增图形,在"智能配图"区选择"饼图",将"Price Range"拖至颜色图标,将"Quantity of Goods"拖至角度图标,如图 3-10 所示。

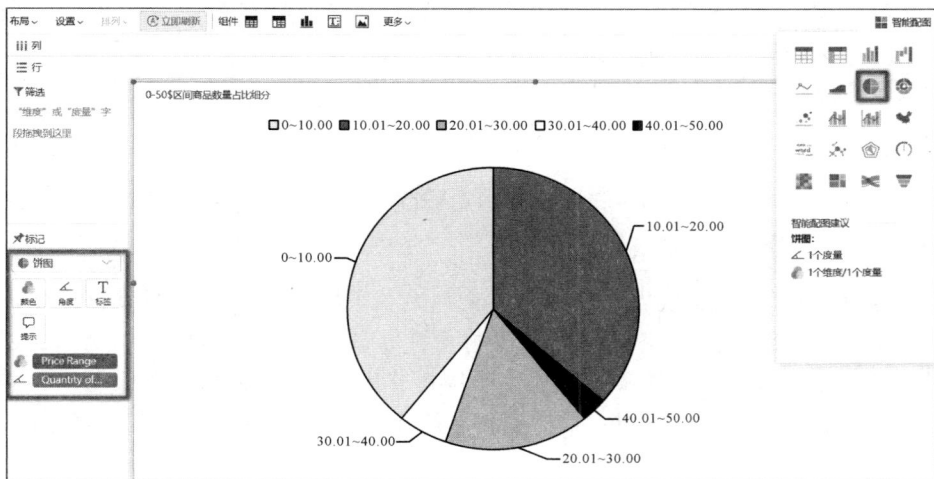

图 3-10　热销价格段细分 2

四、解读结果

最后,拖拽"文本组件"至画布区并输入标题文字,制定仪表盘主题,例如输入标题"跨境—数据化选品"。图 3-11 为可视化最终展示结果。

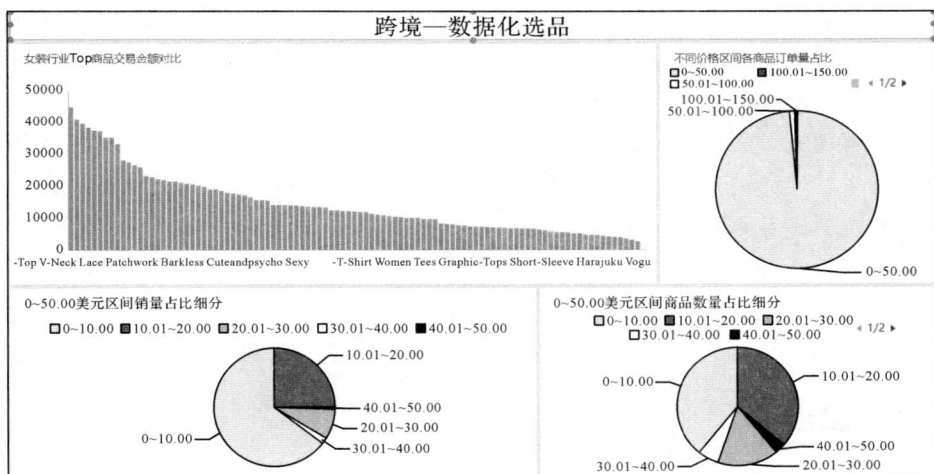

图 3-11　可视化结果

结合所有图表,在爆款商品分析方面,可以查看各商品的市场份额,其中商品"Camisole Short Spaghetti-Strap Y2k-Top V-Neck Lace Patchwork Backless Cuteandpsycho Sexy"的交易金额高达 4.5 万美元,卖家可以选择跟随策略,但这需要大量的推广才能抢占市场,适合资金充足的商家。

在对热销价格段的整体分析中可以看出,0～50.00 美元是女装市场主要的热销价格段,再进行细分后发现,0～10.00 美元是销量占比最大的价格段,其次是 10.01～20.00 美元价格段;市场商品数量最多的价格段为 0～10.00 美元。观察图 3-11,利用"价格段平均商品销量＝价格段总销量/价格段总商品数"公式进行计算,发现 0～10.00 美元价格区间平均商品销量最高,从侧面反映出 0～10.00 美元价格段竞争环境较为良好,商家可以从这里入手选品。

本章小结

在数据大爆炸的时代,数据分析越来越受到人们的重视。数据的真正价值在于用数据驱动决策,当决策者的想法有更多的证据来支持时,这样的决策自然比基于本能、假设,或认知偏见而做出的决策更可靠。同样在网店运营的过程中,数据化运营也是极其重要的,通过数据驱动的方法判断趋势,从而展开有效行动,能够帮助自己发现问题,推动创新或提出解决方案。

为成功分析出当下爆款产品、消费者的消费金额偏好及竞争环境,本章以女装行业 Top 商品排行榜榜单为例进行分析。具体实现流程为:①导入某跨境平台女装行业 Top 商品排行榜榜单信息,主要包含"Trade Name""Price""Sales Volume""Transaction Amount"4 个字段的内容。②为了对女装行业 Top 商品排行榜榜单进行分析,需新建自助仪表盘。其中,交易金额代表商品的销售情况,柱形的高度代表交易金额的大小,对销售额进行降序排列即可观察出消费者偏好的产品类型、款式等信息。③接下来对市场热销价格段进行分析,基于细分价格段的数据源,在"智能配图"区选择"饼图",结合销量指标和商品数量对商品进行价格细分,然后通过颜色图标与角度图标的添加即可得出商品热销价格段。④为仪表盘添加主题之后即可得到最终的可视化展示结果。

结合所有图表,在爆款商品分析方面,可以查看各商品的市场份额。在对热销价格段的整体分析中,可以得出女装市场主要的热销价格段。结合案例的主要结论,可基于此为商家提供相应的选品思路。

选品是跨境电商运营工作的一个至关重要的环节。选一个"好"的产品,能够为店铺带来意想不到的收益,从而增强店铺的竞争力,并能够帮助卖家占据更多的市场份额。同时,跨境电商数据化选品还可从网站定位和行业动态分析等方面入手。

▶ 拓展实训

跨境电商数据化选品

【实训目的】

巩固可视化分析与数据化选品相关原理与知识;通过教师讲解与实际操作,动手操作跨境电商数据化选品的案例,帮助企业进行管理。

【思考与练习】

1.通过学习相关模块,掌握跨境电商数据化选品案例的操作流程与应用方法。

2.列举一些可视化分析在其他领域的应用。

Chapter
4

第四章

境外客户画像分析

➤ 教学目标

1. 了解大数据在客户画像中的应用。
2. 了解 RFM 模型的基本概念和应用。
3. 掌握利用 RFM 模型进行客户价值分类的方法。

➤ 学习重点、难点

学习重点

1. 大数据背景下的客户画像。
2. 客户画像的应用。

学习难点

1. RFM 模型的创建。
2. 客户价值细分。

➤ 思维导图

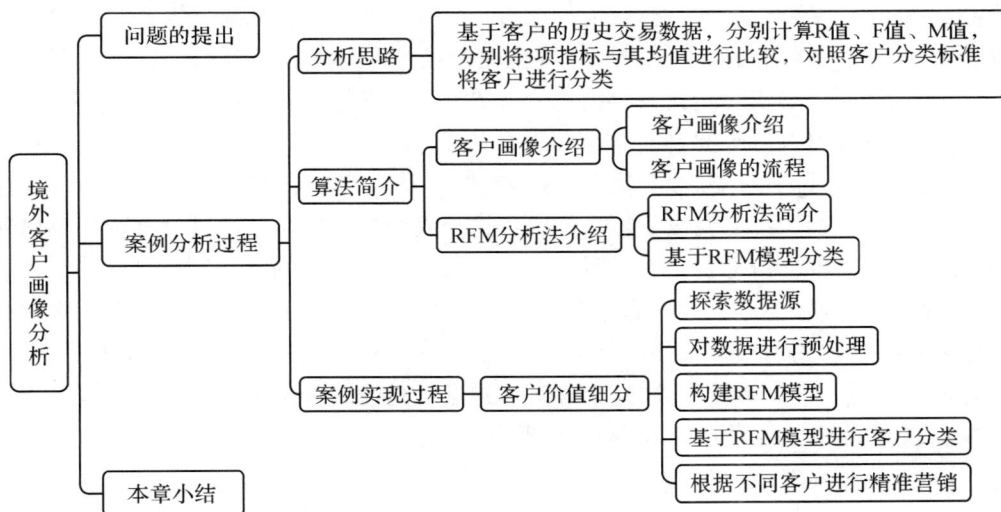

第一节　问题的提出

一、客户的分类与价值细分

在全球经济一体化的今天,网络技术的飞速发展使得信息的交换变得更为顺畅。同时,企业在市场上的竞争也愈演愈烈,争夺客户的能力已经成为决定企业能否持续发展的关键。而企业获得客户的关键在于识别客户,对客户的正确分类是维系企业与客户之间关系的先决条件。正确地划分客户类别,可以使企业在有限的资源中进行有效的配置,增强与客户之间的联系,从而赢得真正的竞争优势。

客户是企业发展的重要战略资源,应对企业客户进行有效的评价归类和管理。根据客户的价值差异,企业可以采取不同的客户管理方式,使得客户的价值得到最大程度的发挥,实现企业利润最大化。

当前,一方面,信息技术的迅猛发展使得企业能很容易地获得海量的客户数据信息;另一方面,随着大数据挖掘技术的不断演化,通过 RFM 模型对客户价值进行细分,能够为企业更好地满足客户的需求、更合理地配置资源、更精准地制定个性化的营销策略提供依据。

二、问题设计

在不同的服务领域中,服务人员总会不自觉地对客户进行画像,会用较为含糊或者较为明确的词语来形容顾客。在最早没有互联网的时候,客户的资料是销售团队通过面对面的方式收集来的。销售人员通过这些资料进行营销分析,看看哪些人更适合购买他们的产品。这就是互联网出现之前,大街上总有一些人会送个小礼品给路人,请大家填一些问卷调查。销售人员也会挨个拜访个人或企业去推销产品,同时也收集客户的信息。互联网出现后,销售人员实际走访收集信息的方式越来越多地被网上调研取代。

用户在一个网站注册的时候,会填写很多的信息,比如年龄、性别、爱好等,这些信息就让这个用户有了部分标签,比如美食爱好者、摄影爱好者等。这些用户会在特定的时间观看个人喜好的内容,那么自媒体后台就有了这个人的信息留存。通过分析留存的信息,可以决定营销文案的写作方式、推送时间,还可以分析出粉丝的消费能力和爱好。

在了解客户画像在电商行业的应用之前,首先要清楚什么是客户画像。简单来说,客户画像就是将客户的信息标签化。当客户的信息数据被采集之后,如何对其进行有效的分析是发挥信息价值的重要步骤,这也是对客户进行画像的价值所在。在大数据时代,客户画像已经成为企业经营战略调整的重要依据,客户画像在电商中的价值和作用不言而喻。

现某跨境电商卖家采集了近 180 天的客户消费数据。为了能更好地提高店铺的复购率,需要了解客户的交易情况等,对客户进行细分,判别客户分别属于哪种类型,挖掘出具有发展潜能的客户,从而制定更为精准的营销策略。

三、问题解决思路

本章提供的是非常典型的提高店铺复购率的案例。从数据分析的角度来看,其实问题并不复杂,最重要的是,这些分析都要根据店铺的实际运营需求来进行。针对以上需求,可以着重从以下几方面考虑。

(一)究竟哪些才是最有可能反馈促销信息的客户?

这是一种从历史数据中寻找"最有价值"客户的分析思路,在营销方面可以利用的模型和方法很多,但拥有较为明确的历史交易数据,且最容易理解和使用的就是 RFM 模型。RFM 模型分别将 R 值、F 值、M 值 3 项指标与其均值进行比较,对照分类标准将客户进行分类,通过算法分析寻找"最有价值"的客户。

(二)在本店铺中,拥有什么特点的客户会进行复购呢?

从统计建模的角度来看,该需求可以通过构建模型的方式来预测客户的复购行为,从而找到复购行为的影响因素。

(三)购买本店铺产品的客户大致可以分为哪些类型?

从营销的观点看,这是一个市场细分问题。在探讨市场细分的方法中,最常见的是聚类分析。

第二节　客户画像介绍

一、客户画像简介

客户画像又称客户信息标签、客户标签,是一种基于客户社会属性、生活习惯和消费行为等信息而抽象出的一个标签化的客户模型。从电商的视角来看,可以通过分析用户在网上填写的信息和用户的行为特征,利用一些标签来描绘客户,这一过程就是客户画像。构建客户画像的关键在于对客户进行标签化,而标签则是对客户的信息进行分析后的一种非常精练的特征标志。客户画像由众多客户的标签构成,而客户的标签就是一种工具,可以用来判断客户的身份特征,例如性别、年龄、爱好等。在不同的服务领域中,服务人员总会不自觉地对客户进行画像,会用较为含糊或者较为明确的词语来形容顾客。虽然线上的销售方式无法像实体商店一样,能够以面对面的方式来获取客户的画像信息,但是电商企业却可以更轻松地获取顾客的消费信息和属性特征数据。换言之,在掌握了大量的画像素材的情况下,电商企业可以很好地绘制出客户的画像。

客户画像的目的是了解客户。当人们看到一个熟悉的品牌名称或标志时,通常会想知道这个品牌的主打产品是什么、目标客户是哪类人群、产品质量及服务水平如何。这一描述就是品牌画像。品牌并非由客户自己主动描述,而是企业根据产品自身的特点来确定的,对外塑造一个生动的形象,对内赋予更多的理念与文化。清晰地刻画品牌形象,并时常在客户面前展示,能够使更多的客户了解并记住品牌特征。在不改变战略方向的前提下,将传统的生产模式从"企业生产决定用户需求"原则转变为"用户需求决定企业生产"原则。在店铺营销的不同阶段,客户画像作用存在差异。在初期的规划中,卖家要将商品销售给合适的人,要清楚自己的市场定位,找准客户群体,这样才能让店铺的经营决策更加合理,从而保证店铺的发展方向不会出现太大的偏差。具体表现为以下3个方面。

(一)精准营销

精准营销是以现代信息技术为基础,以精确的市场定位为依据,构建个性化的客户沟通服务系统,以达到可度量、低成本的目的。与传统的网络销售相比,精准营销更加注重精准、可衡量和高投资回报率。比如精准直邮、短信、APP消息推送、个性化广告等,都是电商中精准营销的例子。

(二)客户研究

客户研究基于客户的海量行为数据,对行业或群体现象进行描述。例如,分析口罩、空气净化器等产品的采购清单和客户表,就能得出不同地区的雾霾防范指数,结合相应的社会热点,可以增强品牌的影响力。在跨境电商中,对客户进行研究可以加快产品的迭代与优化,甚至实现个性化的功能设计等。

(三)业务决策

通过挖掘客户数据,获取一些有用的客户行为特征,能够有效指导决策。数据挖掘是通过属性筛选、聚类分析、关联分析、回归分析等方法,比如排名统计、地域分析、行业趋势、竞品分析等去发现人群与人群、人群与商品、商品与商品、商品与品牌之间的差异与联系,从而发现并挖掘出更大的商机。

二、客户画像的流程

客户画像分析的流程主要分为3个阶段:①明确营销需求;②确定客户画像的维度和度量指标;③客户画像和营销分析。

(一)明确营销需求

俗语有云:商场如战场!这主要包含两层意思:一是指同行业间存在竞争关系;二是指企业要通过竞争获得客户的认同,提高客户的品牌忠诚度,让客户长期偏好本品牌。在不同的营销活动中,企业必须对目标客户进行精准的市场营销,并通过有限的市场资源来"捕获"更多的客户。因此,对于商家来说,获取客户的"情报"是非常关键的。大部分的客户画像基本就是客户情报或客户地图,只有取得客户画像,商家的营销才能做到精准。

在整个数据化营销过程中,对电商类企业而言,需要解决流量、转化、客单价和复购率这四大核心问题。

第一,流量就是要解决"怎样让客户来"的问题。要想让客户来,必须先主动了解客户,然后针对客户需求设计推广方案,向目标客户展示吸引人的商品、促销活动,并及时互动。有展示才会有关注,有关注就有了流量。因此,想获得流量,就必须从新老客户资源、购买地域分布、浏览习惯等方面来详细描述客户的数量、占比,并进行细化安排。

新店铺初期可以采用推广测试的方式进行流量投放,如果没有测试,也可以将核心关键词放在直通车移动端,暂时先不用投放。在店铺的卖家信用没有达到一定标准前也是不允许投放的。当店铺有了一定的基础,就可以根据目标人群进行针对性的投放。

第二,转化是要解决"怎样让客户购买"的问题。要想让客户购买,就必须了解客户的需求和偏好,尽可能地为顾客提供令其满意的产品。一样的产品如果在不同的地区,有着不同的流量来源时,转化率率会存在一定的差异。因此,在营销资源的限制下,商家必须从高转化率的人群中引入流量。同时,要想提高转化率,就需要从区域分布、移动端和 PC 端、购物平台的浏览习惯(来源)等几个角度来描述和提高客户的转化率。后期还要做好销售,比如通过管理买家秀和评论,以实现新的客户在后期的转化。

第三,客单价是要解决"怎样使客户购买更多"的问题。为了吸引客户购买更多的产品,商家就必须确定哪类客户是目标人群,并通过组合购买、组合折扣、优化 SKU(stock keeping unit,最小存货单位)等方式,将不同价位、不同的搭配方案与相应的客户进行匹配。

第四,复购率是要解决"怎样让客户再次购买"的问题。要想让客户再次进行购买,商家就需要了解哪些客户有更大的概率会再次购买。因此,要从区域分布、购物平台、浏览习惯等角度对客户的复购率进行分析。

(二)确定客户画像的维度和度量指标

1. 从多维度进行客户画像

要精准地描述客户,光从一个角度来衡量和描述是远远不够的。比如,要描述一个人,如果你只说了身高并没有说体重,那么其身材具体如何是不得而知的。因此,想要描述一个人的身材至少要知道他的身高和体重。不仅如此,若是描述一个成年女性,通常还需要增加"三围"(即胸围、腰围、臀围)数据。

为了更全面、准确地了解客户,企业需要从多个方面来衡量和描述客户,从而使客户的画像更加立体、更加完整。接着要对现有客户进行详细的分析,比如现有客户的消费习惯、产品偏好等,潜在客户在哪里,会通过什么渠道进行获取、获取成本高低等,只有这样,精准营销才会有实际的价值。

2. 客户画像的常见维度和度量指标

跨境电商商家进行客户画像时,可以从营销需求出发,梳理出画像的维度、度量指标,以及表达特征或形式。

客户画像常用的维度有:购买时间、购买次数、购买金额、地域(境内外)、来源(一级、二级、三级)、性别、年龄、平台(指移动端平台或 PC 端平台)等。在用不同的维度来描述客户时,所用的度量指标往往会有所不同,以下是一些常用的度量指标。

(1)页面浏览量(page view,PV):即页面被查看的次数;当客户打开或刷新相同的网页时,则用该指标值累加计算即可。

(2)访客数(unique visitor,UV):即整个商店页面的访问量,在选定的时间内,若有一个访问者多次进入,可以重新计算。

(3)浏览回头客户数:即最近 7 天内跨天再次访问的客户数量。对于当天回访的客户数在所选时间段内会进行去重计算。

(4)平均访问深度:访问深度是指客户一次连续访问店铺的页面数(即每次进店浏览

的页面数)。平均访问深度是客户平均每次连续访问浏览店铺的页面数。

(5)成交客户数:即成功拍下商品并完成付款的客户数,按付款时间统计。

(6)成交金额:即成功完成付款的金额,按付款时间统计。

(7)转化率:转化率=(成交客户数/UV)×100%。

(8)客单价:客单价=成交金额/成交客户数。

(9)成交回头客户:曾在店铺发生过交易并再次发生交易的客户,在所选时间段内要进行去重计算(生意参谋的统计标准为最近一年再次成交的客户算回头客)。

(三)客户画像和营销分析

在明确了营销需求和画像维度后,可以针对目标客户,从不同层面、不同维度进行画像和营销分析,具体可以从客户地域、客户职业、客户性别等方面展开具体分析。

第三节　RFM 分析法介绍

一、RFM 分析法简介

简单来说,RFM 分析法是一种基于客户活跃程度和交易金额贡献度来划分客户价值的方法。RFM 模型中 3 项指标含义分别如下。

(一)最近一次消费

最近一次消费指的是上次购买——客户上次到达商店的时间。从理论上来讲,最后一次消费的客户应该是更好的客户,并且他们最有可能对提供的商品或服务做出反馈。R 值越小表示客户在该店消费的时间越近,即最近有购买行为的客户是复购可能性越高的有价值的客户。

(二)消费频率

消费频率是指客户在一定时间内进行购买的次数。可以说,客户购买的次数越多,其满意度就会越高。如果客户对品牌和商店越有信心,那么购买的次数就会越多,说明客户忠诚度越高。客户的购买量不断增长,表明企业在争夺竞争者的市场份额及从其他品牌那里获得客户。F 值越大代表该段时间内消费者的购买频率越高,存在极大的复购可能性。

(三)消费金额

消费金额代表总购买金额,指的是某一期间内购买商品的金额。M 值越大表示该类客户对本店铺(产品)的购买意愿转化为购买行为可能性越大,消费越多的用户价值越大,该类客户的价值也应受到关注;反之亦然。

RFM 的假设前提是假设交易的可能性,具体如下。

(1)最近交易过的客户＞最近没有交易过的客户。

(2)交易频率高的客户＞交易频率低的客户。

(3)交易金额大的客户＞交易金额小的客户。

二、基于 RFM 模型分类

在信息化时代,企业的市场定位由"以产品为中心"向"以客户为中心"转变,因此客户管理是一个非常重要的问题。客户分类是客户管理的核心问题,准确的客户分类是企业优化营销资源分配的基础。根据分类标准,对高价值、低价值的客户进行区分,并根据客户价值的不同,制定个性化的服务方案,采取不同的营销策略,从而能够将有限的营销资源集中于高价值客户,通过精准投放广告来使企业获得最大的收益。

RFM 模型根据每个指标数据的均值,通过将每位客户的 3 个指标与均值进行比较,若对应字段取值小于均值时,权值取 0,否则取 1。可将客户按价值细分为 8 种类型:高价值客户、重点保持客户、重点发展客户、重点挽留客户、一般价值客户、一般保持客户、一般发展客户、潜在客户,具体分类标准如表 4-1 所示。

表 4-1　客户价值细分表

R 值	F 值	M 值	客户类型
0	1	1	高价值客户
1	1	1	重点保持客户
0	0	1	重点发展客户
1	0	1	重点挽留客户
0	1	0	一般价值客户
1	1	0	一般保持客户
0	0	0	一般发展客户
1	0	0	潜在客户

第四节　客户价值细分

一、探索数据源

某跨境电商卖家采集了近 180 天的客户消费记录数据,共 677 条,消费记录如图 4-1 所示。在消费交易数据中共包含 28 个字段,主要字段有:"Order Number""Order Amount""Order Time""Payment Time""End Time""Buyer Name"等。

	A	B	C	D	E	F	G
1	Order Number	Currency Code	Order Amount	Order Time	Payment Time	Delivery Time	Express
2	30883856627111	USD	49.89	2018-06-28 10:35:30.0	2018-06-28 10:35:35.0	2018-06-29 10:15:37.0	AliExpress无忧物流-标准
3	30901588620735	USD	64.63	2018-07-05 19:50:34.0	2018-07-05 19:50:38.0	2018-07-07 10:01:57.0	AliExpress无忧物流-标准
4	30906009524786	USD	70.00	2018-07-20 00:25:45.0	2018-07-20 00:26:52.0	2018-07-20 11:05:43.0	AliExpress无忧物流-标准
5	30914487183324	USD	9.19	2018-07-26 14:05:16.0	2018-07-26 14:05:21.0	2018-07-30 09:48:37.0	AliExpress无忧物流-标准
6	30916679634786	USD	167.72	2018-07-22 22:58:15.0	2018-07-22 22:58:18.0	2018-07-24 10:09:28.0	AliExpress无忧物流-标准
7	30942372230696	USD	39.85	2018-08-17 14:14:19.0	2018-08-17 14:15:34.0	2018-08-21 09:42:34.0	AliExpress无忧物流-标准
8	30947202458453	USD	8.60	2018-08-18 19:27:45.0	2018-08-18 19:27:50.0	2018-08-23 09:50:21.0	AliExpress无忧物流-标准
9	30947681778453	USD	8.60	2018-08-18 19:24:52.0	2018-08-18 19:25:01.0	2018-08-23 09:50:21.0	AliExpress无忧物流-标准
10	30961306158876	USD	58.24	2018-08-27 16:30:57.0	2018-08-27 16:31:01.0	2018-08-30 10:00:02.0	AliExpress无忧物流-标准
11	31031916555364	USD	5.02	2018-10-19 14:11:27.0	2018-10-19 14:12:58.0	2018-10-22 12:58:09.0	AliExpress无忧物流-简易
12	506032619672612	USD	61.77	2018-06-06 05:50:48.0	2018-06-06 05:50:51.0	2018-06-06 11:50:46.0	AliExpress无忧物流-标准
13	506041606621056	USD	9.80	2018-06-06 22:20:39.0	2018-06-06 22:22:09.0	2018-06-10 17:15:42.0	AliExpress无忧物流-标准
14	506075044616697	USD	66.50	2018-06-12 20:45:30.0	2018-06-12 20:45:35.0	2018-06-13 10:48:50.0	AliExpress无忧物流-标准
15	506116210833839	USD	71.55	2018-06-21 00:55:14.0	2018-06-21 01:00:51.0	2018-06-22 14:52:22.0	AliExpress无忧物流-标准
16	506117705622612	USD	52.33	2018-06-06 22:16:07.0	2018-06-06 22:16:12.0	2018-06-07 11:47:53.0	AliExpress无忧物流-标准
17	506122986197786	USD	64.05	2018-06-07 21:58:22.0	2018-06-07 21:58:59.0	2018-06-10 17:15:40.0	AliExpress无忧物流-标准
18	506144007764047	USD	51.93	2018-06-25 20:41:02.0	2018-06-25 20:41:25.0	2018-06-27 11:09:06.0	AliExpress无忧物流-标准
19	506148256463246	USD	12.42	2018-06-27 14:23:13.0	2018-06-27 14:23:14.0	2018-06-29 10:15:43.0	AliExpress无忧物流-标准
20	506156734581143	USD	47.26	2018-06-28 21:44:01.0	2018-06-28 21:44:03.0	2018-06-29 10:15:33.0	AliExpress无忧物流-标准
21	506185610194971	USD	144.73	2018-07-04 04:24:31.0	2018-07-04 04:24:32.0	2018-07-05 09:04:31.0	AliExpress无忧物流-标准
22	506185610194971-1	USD	78.94	2018-07-04 04:24:31.0	2018-07-04 04:24:32.0	2018-07-05 09:04:29.0	AliExpress无忧物流-标准
23	506185610194971-2	USD	65.79	2018-07-04 04:24:31.0	2018-07-04 04:24:32.0	2018-07-05 09:04:30.0	AliExpress无忧物流-标准
24	506229819630469	USD	13.27	2018-07-12 06:45:30.0	2018-07-12 06:45:44.0	2018-07-15 09:20:44.0	AliExpress无忧物流-标准

图 4-1　主要字段

数据源主要字段详解及字段类型如表 4-2 所示。

表 4-2　数据源主要字段详解及字段类型

字段名称	详解	字段类型
Order Number	订单号	字符型
Order Amount	订单金额	浮点型
Order Time	下单时间	字符型
Payment Time	付款时间	字符型
End Time	结束时间	字符型
Buyer Name	买家名称	字符型

观察上述数据源字段,了解其具体含义,明确其能够衍生出来的信息。明确了生成指标的具体步骤和算法的主要思想,接下来我们进行具体的建模分析。

二、对数据进行预处理

(一)数据导入

新建数据挖掘实验,将数据源导入"关系数据源"中,执行后查看输出如图 4-2 所示,数据源共包含 677 条记录。

当前显示 100 条 / 总共有 677 条数据　提示:点击单元格可查看超出的内容

Order Number	Currency Code	# Order Amount
30883856627111	USD	49.89
30901588620735	USD	64.63
30906009524786	USD	70.0
30914487183324	USD	9.19
30916679634786	USD	167.72
30942372230696	USD	39.85
30947202458453	USD	8.6
30947681778453	USD	8.6
30961306158876	USD	58.24
31031916555364	USD	5.02

图 4-2　数据源输出

(二)列选择

在 RFM 模型中需要用到的 3 个指标为最近一次消费、消费频率和消费金额。最近一次消费可通过"Payment Time"和"End Time"这两个字段进行简单计算得到该生成列;消费频率,即客户在这一年中进行购买的次数,可通过聚合思想对"Buyer Name"重复出现次数进行统计计算;消费金额,即订单总金额,可通过数据源中的"Payment Time"字段进行总和计算。

这里我们首先使用"列选择"节点将有用字段选出来,将有用字段"Order Number""Order Amount""Payment Time""Buyer Name""End Time"选中后,点击"到右边"后确定为选择的输出列,如图 4-3 所示。

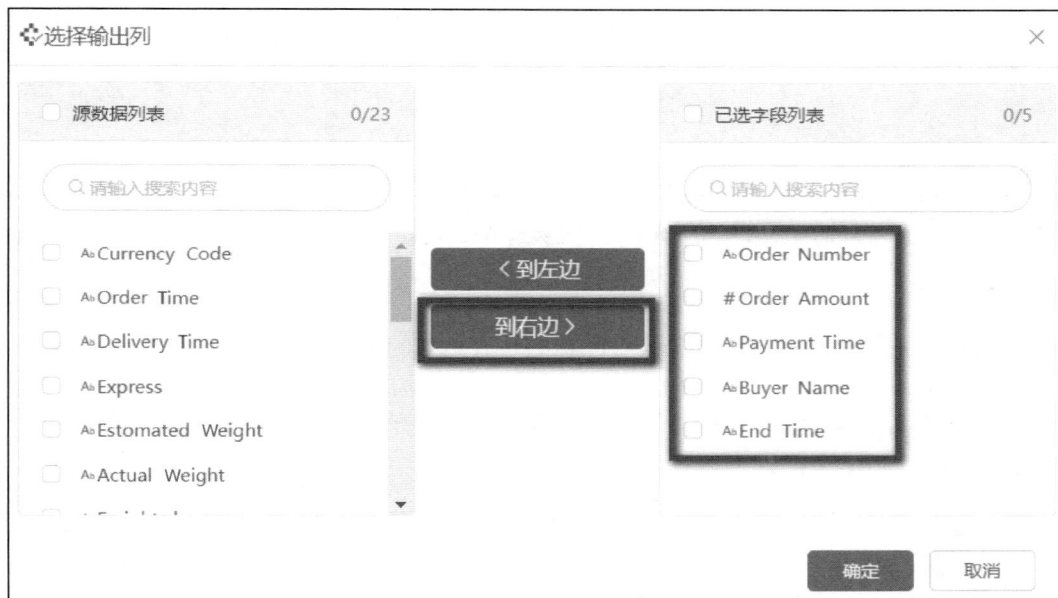

图 4-3 选择输出列

右键点击"列选择"节点查看输出,如图 4-4 所示。

Aₐ Order Number	Aₐ End Time	# Order Amount	Aₐ Buyer Name	Aₐ Payment Time
30883856627111	2018-11-08 00:00:00.0	49.89	Rana aziz	2018-06-28 10:35:35.0
30901588620735	2018-11-08 00:00:00.0	64.63	yulles farrel	2018-07-05 19:50:38.0
30906009524786	2018-11-08 00:00:00.0	70.0	thicomporn lohsiri	2018-07-20 00:26:52.0
30914487183324	2018-11-08 00:00:00.0	9.19	Jeong Minhee	2018-07-26 14:05:21.0
30916679634786	2018-11-08 00:00:00.0	167.72	thicomporn lohsiri	2018-07-22 22:58:18.0
30942372230696	2018-11-08 00:00:00.0	39.85	Mia Mia	2018-08-17 14:15:34.0
30947202458453	2018-11-08 00:00:00.0	8.6	Ros Mengy	2018-08-18 19:27:50.0
30947681778453	2018-11-08 00:00:00.0	8.6	Ros Mengy	2018-08-18 19:25:01.0
30961306158876	2018-11-08 00:00:00.0	58.24	E Y	2018-08-27 16:31:01.0
31031916555364	2018-11-08 00:00:00.0	5.02	Michael Lozhkyn	2018-10-19 14:12:58.0
506032619672612	2018-11-08 00:00:00.0	61.77	Mimi MI	2018-06-06 05:50:51.0

图 4-4 列选择输出结果

(三)元数据编辑

基于 RFM 模型对指标的要求,需要通过对"Payment Time"和"End Time"这两个字段进行减法计算,即得到生成列"Recency",减法表达式所需字段格为"string"。因此,我们选择"元数据编辑"节点将"End Time"和"Buyer Name"两个字段的数据类型更改为"string"类型,如图 4-5 所示。

名称	别名	数据类型
Order Number	Order Number	string
End Time	End Time	string
Order Amount	Order Amount	double
Buyer Name	Buyer Name	string
Payment Time	Payment Time	string

图 4-5 "元数据编辑"设置

(四)创建派生列

通过"派生列"节点添加表达式,应注意的是表达式的格式为 datediff(string enddate, string startdate),意义为计算开始时间 startdate 到结束时间 enddate 相差的天数。派生列名为"Recency"的表达式如图 4-6 所示,输出生成的派生列"Recency"字段如图 4-7 所示。

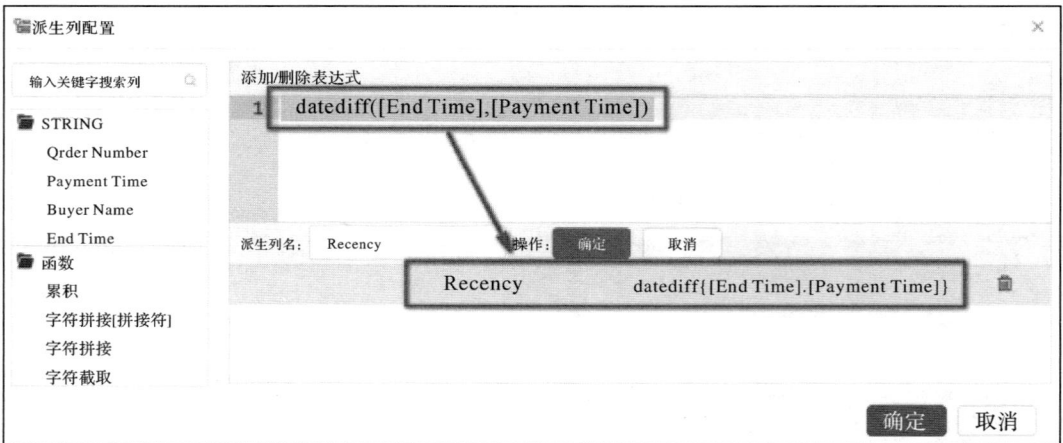

图 4-6 派生列配置

# Order Amount	Aa Buyer Name	Aa Payment Time	# Recency
49.89	Rana aziz	2018-06-28 10:35:35.0	133
64.63	yulies farrel	2018-07-05 19:50:38.0	126
70.0	thicomporn lohsiri	2018-07-20 00:26:52.0	111
9.19	Jeong Minhee	2018-07-26 14:05:21.0	105
167.72	thicomporn lohsiri	2018-07-22 22:58:18.0	109
39.85	Mia Mia	2018-08-17 14:15:34.0	83
8.6	Ros Mengy	2018-08-18 19:27:50.0	82
8.6	Ros Mengy	2018-08-18 19:25:01.0	82
58.24	E Y	2018-08-27 16:31:01.0	73
5.02	Michael Lozhkyn	2018-10-19 14:12:58.0	20
61.77	Mimi MI	2018-06-06 05:50:51.0	155
9.8	veronique mention	2018-06-06 22:22:09.0	155

图 4-7 派生列输出

(五)聚合

通过"聚合"节点将各字段根据需求进行聚合运算,聚合配置如图 4-8 所示。

聚合配置		
添加聚合: 选择字段 ∨	结果列名(可选)	操作(可选) ∨ +

已选字段(别名)	结果列名	操作	
Aa Buyer Name	Group_Buyer Name	Group	🗑
# Recency	Recency	Min	🗑
Aa Buyer Name	Frequency	Count	🗑
# Order Amount	Monetary	Sum	🗑

图 4-8 聚合配置

首先将"Buyer Name"进行计数,生成的列名为"Group_Buyer Name",之后再将"Buyer Name"字段进行分组,生成列名为"Group_Buyer Name",将结果列名自定义为"Frequency"方便之后观察。

由于 R 值越小表示客户在该店消费的时间越近,即最近有购买行为的客户是复购可能性越高的有价值客户。于是我们将"Recency"字段进行最小值操作,生成列名为"Min_Recency",并将其列名自定义为"Recency"。

最后我们将交易金额值进行汇总,生成列名为"Sum_Order Amount",将其列名自定义为"Monetary"。

聚合结果如图 4-9 所示。

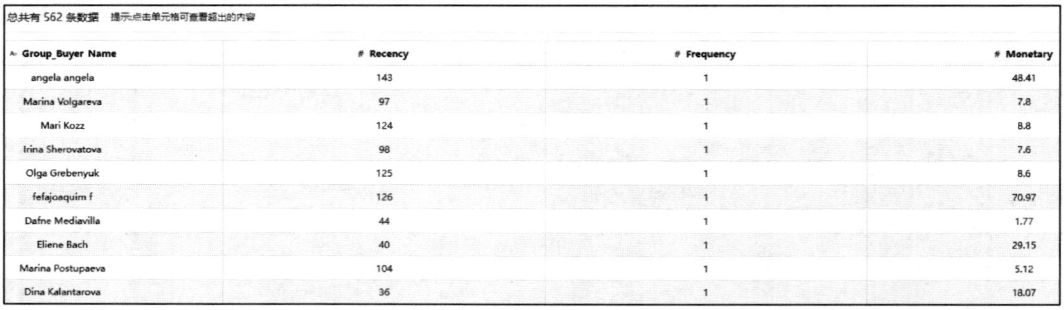

总共有 562 条数据　提示:点击单元格可查看超出的内容

△ Group_Buyer Name	# Recency	# Frequency	# Monetary
angela angela	143	1	48.41
Marina Volgareva	97	1	7.8
Mari Kozz	124	1	8.8
Irina Sherovatova	98	1	7.6
Olga Grebenyuk	125	1	8.6
fefajoaquim f	126	1	70.97
Dafne Mediavilla	44	1	1.77
Eliene Bach	40	1	29.15
Marina Postupaeva	104	1	5.12
Dina Kalantarova	36	1	18.07

图 4-9　聚合输出结果

三、构建 RFM 模型

完成 3 项指标的聚合配置后,最后一步就是运用 RFM 模型进行客户分类。

在"统计分析"中选择"RFM"模型,进行"选择特征列"操作。注意:先选择的字段权值更大。

根据 RFM 指标顺序,R 值、F 值、M 值,对应为"Recency"字段、"Frequency"字段、"Monetary"字段,3 个字段均指定为均值进行配置,如图 4-10 所示。输出结果如图 4-11 所示,划分结果生成两个标签 BinaryRFMClass 和 RFMClass。RFM 模型根据每个指标数据的均值,将每位客户的 3 个指标与均值进行比较,若对应字段取值小于均值时,权值取 0,否则取 1。RFMClass 为 BinaryRFMClass 根据二进制取值转换成十进制的取值。

图 4-10　RFM 配置

图 4-11　RFM 模型的划分结果

整体工作流程如图 4-12 所示。需注意，重点的步骤为元数据编辑、聚合和最后的 RFM 建模配置。理解模型指标含义和明确聚合所要达到的效果是至关重要的。

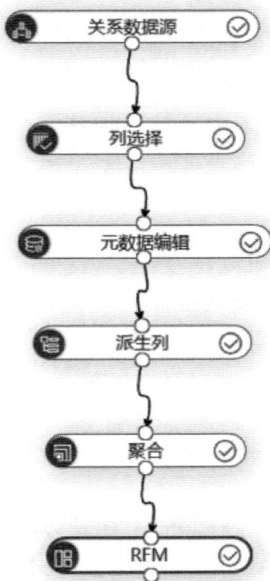

图 4-12　整体工作流程

四、基于 RFM 模型进行客户分类

通过将每位客户的 3 个指标与均值进行比较，可将客户按价值细分为 8 种类型：高价值客户、重点保持客户、重点发展客户、重点挽留客户、一般价值客户、一般保持客户、一般发展客户、潜在客户（见表 4-1）。

将 BinaryRFMClass 列的权值对应表 4-1 的 R 值、F 值和 M 值，可得出案例中各种客户所属类型，以此挖掘出有发展潜能的客户，以便制定更为精准的营销策略。

五、根据不同客户进行精准营销

对照表4-1所展示的客户价值细分类型,可针对RFM模型输出的结果进行分析,并据此对不同类别的客户实施不同的营销策略(即个性化营销或者针对性营销策略),以减少客户的反感,促进客户的转化,实现精准化营销。

(一)针对高价值客户(011)

该类客户价值较高,消费频繁,消费金额高且最近有消费行为,是企业的最佳客户。可为其提供VIP服务和个性化服务进行奖励。他们可以成为新产品的早期采用者,并有助于品牌提升。

在营销策略方面,可以发送站内私信或问候邮件等,比如:"恭喜您成为VIP!如果您有问题,我们会优先处理;如果我们有新产品或新活动,会优先告知您!""感谢您下单,祝您使用愉快!"

(二)针对重点保持客户(111)

该类客户经常购买产品,消费金额高,但最近没有消费行为。此类客户贡献度较大,但最近没有消费,有流失的风险。可以向他们发送个性化的重新激活链接以重新建立消费连接,并提供续订和有用的产品以鼓励其再次购买。

在营销策略方面,可以发送站内私信或邮件,比如:"Hello,好久不见!"也可以回访找出流失原因,与客户保持联系,提高其忠诚度与满意度;线下邀请其参加活动;开发线上互动功能,策划线上互动活动;等等。这类客户只要下单即成为高价值客户。

(三)针对重点发展客户(001)

该类客户是近期客户,最近有消费行为,消费金额高但频率不高。此类客户贡献度较大,但忠诚度还没有建立,应提供会员或忠诚度计划,或者推荐相关产品以实现向上销售并帮助他们成为品牌的忠实拥护者和高价值客户。

在营销策略方面,可以发放一定数量的优惠券,使优惠券额度递增,推出"满就减"活动等,让客户多下单,成为高价值客户。

(四)针对重点挽留客户(101)

该类客户曾经有消费行为,消费金额高,但消费频率低且最近没有消费行为。对该类客户需适当进行挽留营销,通过相关的促销活动或续订带回他们,并进行调查以找出问题所在,避免将其推向竞争对手。

(五)针对一般价值客户(010)

该类客户最近有消费行为,消费频次较高但消费金额低。可以考虑努力提高其客单价。在营销策略方面,可以提供产品优惠以吸引他们,如会员卡充100送10、"满就减"活动、套餐等。

(六)针对一般保持客户(110)

该类客户的特点一般是很久未消费,消费频次虽高但金额不高。针对该类客户可以提供积分制、各种优惠和打折服务,改变宣传方向和策略与他们重新联系。

(七)针对一般发展客户(000)

该类客户最近有购买行为,但消费金额和频次都不太高。对于该类客户可提供免费试用以提高客户兴趣,提高其对品牌的满意度。

(八)针对潜在客户(100)

这是指 RFM 值都很低的客户,这类客户一般不作为企业营销的重点。针对这类客户可以对其减少营销和服务预算,待机会合适时再开发其市场或选择放弃。

本章小结

精准营销以精准的市场定位为基础,以现代信息技术为手段,构建个性化的客户沟通服务体系,为企业提供可测度的低成本扩张路径。这就要求商家应具备更精准、可衡量和高投资回报的营销沟通方式。如今,精准营销是企业营销的核心,如何做到精准,这是一个系统化的过程。有些企业会在市场营销中进行相应的营销分析、市场营销状况分析、市场定位分析,更重要的是应该充分挖掘企业产品的亮点,从而实现精准营销。与此同时,信息时代的企业营销焦点开始从产品中心转变为客户中心,客户管理成为企业的核心问题,而客户管理的核心为客户分类,因此想要获得良好的营销效果,需要把握好客户分类这一关键问题。

本章案例旨在提高店铺复购率,通过判断客户所属的类型,挖掘更有消费市场潜能的客户。具体实现流程为:①将采集的某跨境电商卖家近 180 天的客户消费数据,导入关系数据源,共 677 条数据,28 个字段。②由于 RFM 模型中需要用到 3 个指标来描述该客户的价值状况,因此需要对初始数据做进一步的处理,这 3 个指标分别为最近一次消费(R)、消费频率(F)和消费金额(M)。③基于 RFM 模型对指标的要求,需要通过进一步的减法计算得到生成列,并将"End Time"和"Buyer Name"两个字段的数据类型更改为"string"类型,最后对其进行聚合运算。④完成 3 项指标的聚合配置后,开始构建 RFM 模型,以此对客户进行分类;根据 RFM 的指标顺序,即 R 值、F 值、M 值及每个指标数据的均值,将每位客户的 3 个指标与均值进行比较,最后根据两个标签结果将其取值转换成十进制取值,即可得出模型结果。

通过将每位客户的 3 个指标与均值进行比较,我们可将客户按价值细分为 8 种类型:高价值客户、重点保持客户、重点发展客户、重点挽留客户、一般价值客户、一般保持客户、一般发展客户、潜在客户。店铺的核心目标是能更好地提高客户的复购率,需要基于客户的交易情况等对客户进行细分,从而判别客户属于哪种类型,挖掘出具有发展潜能的客户。因此,基于本案例得出的结果,商家可针对 RFM 模型输出的结果进行全面细致的分析,面向不同的客户群体采取不同的营销策略,从而拥有更好的市场前景。

▶ **拓展实训**

RFM 分析与精准客户营销

【实训目的】

巩固并掌握 RFM 客户价值分析的原理;通过教师讲解与实际操作,学生逐渐熟悉思睿智训平台中的 RFM 分析模块,能利用其进行客户价值分析与客户精准营销。

【思考与练习】

1.通过学习相关模块,查找某网店客户平均客单价、客户复购周期、客户平均购买频次,思考这 3 组数值在设置 RFM 参数时有何意义。

2.使用 RFM 分析法,为某家网店找出重要价值客户,并设计针对这部分客户的营销活动。

第五章

境外消费者舆情分析

➤ 教学目标

1.了解什么是文本分析法。

2.了解文本数据情感分析的优劣。

3.掌握文本分析法在商品评价中的价值研究。

➤ 学习重点、难点

学习重点

1.文本分析法在商品评价中的运用。

2.利用文本分析法进行产品营销精准定位。

学习难点

1.文本分析法在相关领域中的运用。

2.文本分析与用户需求数据的匹配衔接度。

➤ 思维导图

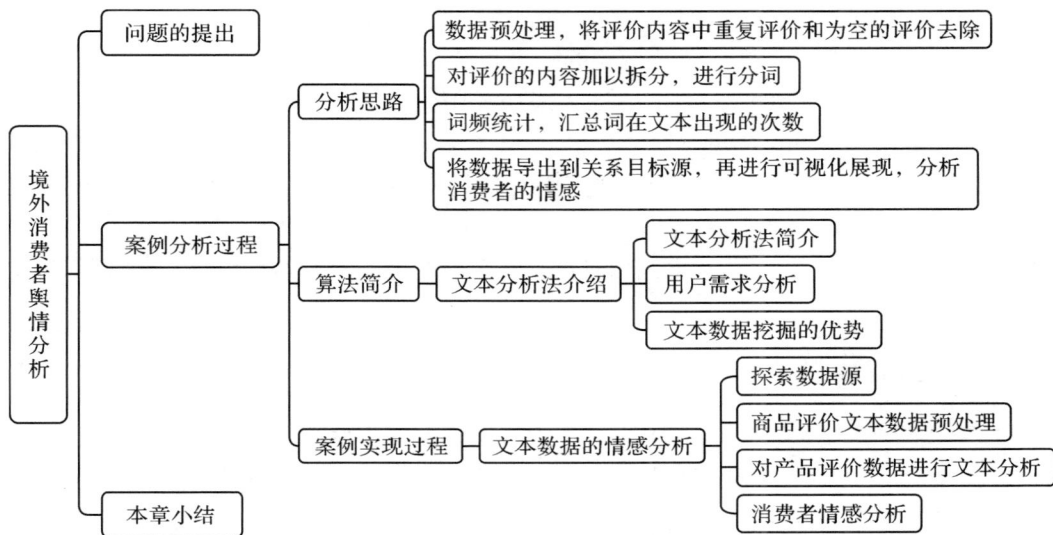

第一节　问题的提出

一、B2B 与 B2C

跨境电商是指由不同关境的交易主体,基于电商平台达成交易,依据电子支付结算的方式,通过跨境电商物流和异地仓储完成商品交易的一种国际(地区间)商业活动。我国跨境电商模式主要分为两种:B2B(business to business,企业对企业)和 B2C(business to customer,企业对消费者)。B2B 的主体是境内企业和境外企业,它们首先在跨境电商平台达成交易,然后将货物直接出口至境内企业或境外仓。B2C 的主体为境内企业和境外消费者,通过跨境电商平台达成交易,然后将货物运达境外的消费者或境外仓,其物流方面主要采用的方式是航空小包、邮寄、快递等,纳入海关登记的较少,报关主体一般是邮政或快递公司,可根据商品性质选择海关监管方式代码"9610"或"1210"方式向海关申报。

二、问题设计

社会经济的迅速发展使人们的消费水平和消费意愿不断提升,网络购物能力也随之不断提高。跨境电商的发展使消费者在跨境购物平台的消费也开始普及起来。与境内网购群体相比,跨境电商平台网购消费者普遍具有高工资、高学历、高收入的特点。这显然不同于境内的网络用户群。境内网购群体的年龄差距较大,而跨境电商网购群体的年龄段大多分布在 30～40 岁,学历高,收入可观,这也使得跨境电商消费者的整体网购水平高于其他网上购物平台。为了提升客户的参与感,在收到商品之后,各电商平台都允许客户对商品进行评价,这些商品评价信息则集中体现了客户的情感态度,如客户对商品的功能和性能方面的反馈。同时,由于网络评价数据量巨大,且无用评价较多,如何快捷高效地获取商品评价语料成为研究消费者行为的关键环节,选取何种方式对信息进行分析也至关重要。因此,在如今的线上购物网站、在线社区和社交媒体中,文本评价已经成为研究用户行为和理解各种现象的最重要的数据源,文本评价的情感分析引起了政治学、市场营销学、传播学、社会学和心理学等领域研究人员的关注,对跨境网购消费群体的研究也已逐渐成为当下的热点。基于跨境电商平台数据来对消费者喜好等方面进行评估,是研究消费群体的渠道之一,针对跨境电商自身特点结合消费者需求,可以辅助卖家做好跨境电商平台的运营工作。

三、问题解决思路

本章案例利用某款口腔清洗器商品评价数据,借助文本挖掘技术,快速高效地识别消费者的需求,从而给卖家以建议。从数据分析的视角来说,最重要的是所有的分析都需要紧密结合评价信息展开。案例分析流程如下。

第一,使用评价内容,对其进行数据预处理,处理内容主要包括去除重复值、空值处理等。

第二,将评价内容中重复评价和为空的评价去除。

第三,对评价内容加以拆分,进行分词。

第四,进行词频统计,汇总词在文本中出现的次数。

第五,将数据导出到关系目标源,再进行可视化展现,分析消费者的情感,给卖家以参考建议。

第二节 文本分析法介绍

一、文本分析法简介

文本是由不同形式表现的信息结构体,该结构体由一定的符号和符码组成,如语言的、文字的、影像的,等等。除此之外,文本是由特定的人制作而成,其定义必然会反映出人的特定观点、价值和利益及意识形态的内容。从某种意义上来说,所有形式的文本都包含可以被视为数据形式的信息。因此,文本总是以某种方式提供信息。例如,在经济学中,当我们想要刻画某种经济交易时,就离不开数据。数据以某种聚合形式对这些交易进行抽象,这有助于我们理解交易的意义。通过抽象出的相关特征,我们可以记录并分析人类活动,为制造业、服务业或农业服务。从通信行为中提取文本数据特征的过程遵循相同的流程,但有一个主要区别:由于原始文本可以直接通过记录的语言与我们交谈,因此文本不需要提前进行处理分析。文本分析法是从文本的表层进入深层,以发现那些浅阅读所不能洞察的深层意义。总而言之,文本分析法是一种处理文字类型数据的方法,即从大量文本数据中抽取出有价值的知识,并且利用这些知识重新组织信息的过程。作为一种有力探讨信息内容性质的研究方法,文本分析法也是研究者常用的方法之一。

(一)分词

分词是按照一定的规范将连续的字序列重新组合成词序列的过程。它是通过对句子进行精确分词,然后在词库中进行搜索匹配,最后将句子根据匹配的结果分成那些常见的词组或者单词的过程,常用于文本挖掘分析。

现有的分词算法大体上可分为三大类:基于字符串匹配的分词方法、基于理解的分词方法,以及基于统计的分词方法。根据是否与词性标注过程相结合,又可分为单纯分词方法、分词与标注相结合的一体化方法。

分词既简单又复杂。简单是因为分词的算法研究已经很成熟了,大部分的单词[如HMM(hidden Markov model,隐式马尔科夫模型)分词、CRF(conditional random fields,条件随机场)分词]准确率都可以达到95%以上,复杂则是因为剩下的5%可能很难有所突破。在分词时应注意以下几个维度。

1.粒度

即切分时的最小单位,不同应用对粒度的要求不一样,比如"融资融券"可以是一个词,也可以是两个词。

2.歧义

比如"恒生"一词。既可以指恒生公司,又可以指恒生指数。

3.未登录词

即未出现在算法使用的词典中的词,比如不常见的专业金融术语,以及各种上市公司的名称。

(二)词袋

词袋是为了对句子进行分词,根据分隔符将句子分割开来,分成一个个独立的词语或者单词。词袋常用于英文文本的语句分割中。词袋的基本思想是:对于一个文本,忽略其词序、语法及句法,将其作为一些词汇的集合,并且文本中的每个词都是独立的。简单来说,就是将每篇文档都看作一个袋子,然后看这个袋子里面都有哪些词,最后将其分类,比如,如果文档中"猪""马""牛""羊""土地""拖拉机"这样的词居多,而"大厦""银行""公园"这样的词较少,我们就倾向于判断这篇文档描绘的对象是乡村,而不是城镇。

(三)TF-IDF

TF-IDF(term frequency-inverse document frequency,词频－逆向文件频率)是一种常用加权技术,主要用于信息检索与文本挖掘。词频(TF)代表词条(关键字)在文本中出现的频率,逆文本频率指数(IDF)代表某一特定词语的 IDF,可以通过计算得到。简单来说,TF-IDF 是用来评估字词对于文件集或语料库的重要程度的。随着字词在文件中出现的次数增加,字词的重要性也在增加,但与语料库中出现的频率成反比。同时,TF-IDF 值越高说明该词越重要。TF-IDF 的核心思想是,如果某个词在某篇文章中 TF 高,且在其他文章中较少出现,那么可以得出结果,即此词或短语具有较好类别区分能力,适合用来分类。

(四)停用词处理

停用词是指为节省存储空间和提高搜索效率,在处理自然语言数据前自动过滤掉某些字词,而这些字或词就被称为停用词。这些停用词是人工输入和非自动化生成的,生成后的停用词则会形成一个停用词表。对于给定目的,任何一类词语都可作为停用词。一般来说,停用词大致分为两类。一是人类语言中普遍包含的功能词,与其他词相比,功能词并无实际含义,如"the""which""on"等。但对于搜索引擎而言,当所要搜索的短语包含"the one""take the"等含有功能词的复合名词时,停用词的使用就会出现问题。另一类词为词汇词,如"want"等,这些词应用较为广泛,但对这样的词来说,搜索引擎没有办法保证能够给出相关搜索结果,并且还会降低搜索效率,因此通常会把这些词从问题中去除,以提高搜索性能。

(五)词频统计

词频统计是一种分析词汇的研究方法,它基于一定长度语言材料中词的出现次数来分析统计结果和描绘词汇规律,通常以词云图来展示。这种方法有利于对著作进行评价,确定某种语言或学科的基本词汇。词频统计的原理为:假定需要对一份文件里的词频正规化,以防止偏向长的文件。同时,词频统计是 NLP(neuro-linguistic programming,神经语言程序学)的重要基础,信息熵、词概率等参数均只是词频的一个映射转换,其用于分析的实质基础均未发生变化。

二、用户需求分析

(一)用户需求的特征

用户需求是指用户在具有购买能力情况下的购买欲望。用户需求被满足的过程就是用户通过一定的购买行为,得到自身所需的过程。用户的需求具有多样性,有些需求是能够看得出来的,而有些需求是无法被发现的,因此,用户需求可以分为显性需求和隐性需求。其中显性需求能够被感知,可以根据对用户的观察结果及其以往的购买行为等了解,主要为基本需求;而隐形的需求则相对比较抽象,它是用户所期望得到的某种精神层面的满足,往往不能够清晰明确地表达。用户需求的特征主要体现在以下几个方面。

1.复杂多样性

每个用户对需求的表达方式有所不同,且不同用户有不同的产品需求,从而使得用户需求呈现多样化。

2.变化性

随着社会经济发展,用户需求也在改变,使得用户需求更加多变。

3.隐蔽性

随着互联网的快速发展,如今网络上的信息呈爆炸式增长,许多用户需求都隐藏在这些杂乱无序的信息当中。

4.模糊性

不同用户对需求的表达不同,受用户对产品的了解程度的影响,用户需求具有模糊性。

5.情感性

受其他用户需求表达的影响,用户自身在表达需求的过程中也会有一定的倾向性,从而使用户需求具有情感性。

(二)用户需求分析的步骤

用户需求分析的一般步骤如图 5-1 所示。

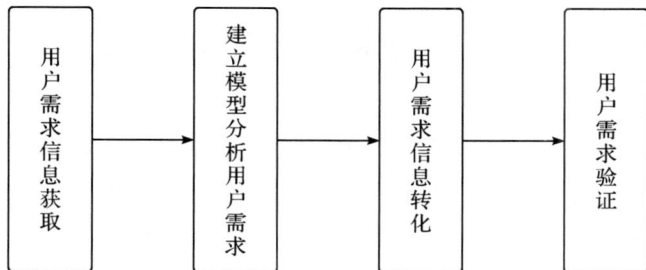

用户需求信息获取 → 建立模型分析用户需求 → 用户需求信息转化 → 用户需求验证

图 5-1　用户需求分析的一般步骤

1.用户需求信息获取

用户需求信息的获取是分析用户需求的基础,为了能够获取用户的真实需求,在信息获取的过程中,一定要充分了解信息的有用性。在实践中,有多种获取用户需求的方法,比如用户问卷调查法、用户访谈法、实地操作法、数据分析法和研究资料法等。

2.建立模型分析用户需求

在获取到用户需求后,首先应对用户需求信息进行筛选和分类,然后对处理后的用户需求信息建立合理的用户需求模型,编写用户需求文档。

3.用户需求信息转化

对用户需求分析模型的数据进行用户需求信息的转化,将用户需求与产品功能进行映射,实现用户需求到产品功能特征的转化,从而表达出用户的需求。

4.用户需求验证

用户需求验证是对用户需求分析的结果进行评价和验证的过程。为保证用户需求获取的准确性、有效性和完整性,需要提高用户需求检验的效果。因此,需求的验证就显得非常必要了。

三、文本数据挖掘的优势

文本数据挖掘技术通过一定的技术挖掘杂乱的文本数据中用户的真实需求,相较于传统的用户需求分析方法而言,文本数据挖掘技术具有以下几个方面的分析优势。

(一)用户需求信息获取速度快

随着互联网技术的不断发展,相比于传统的用户需求信息的获取,文本数据挖掘技术采用网络爬虫技术,能够快速地获取需要的用户信息。

(二)用户信息获取成本低

传统的用户需求信息的获取耗时耗力,需要一定的资金基础,相比之下文本数据挖掘技术能够轻松地采集到用户的信息,且技术成本低,周期短。

(三)分析结果准确可靠

通过文本数据挖掘技术获取的数据更加准确及时,且运用机器学习算法能够精确地分析用户的需求信息,所以借助文本数据挖掘技术分析用户需求的结果更加准确和可靠。

第三节 文本数据的情感分析

文本挖掘在数据挖掘中扮演着重要的角色,它的应用涉及对产品特征的提取、对用户评价情感的识别,以及对用户评价中有关产品信息的挖掘等方面,对文本数据进行挖掘从而获取文本的隐含信息,涉及自然语言处理、文本挖掘及机器学习等比较热门的方法,可以对文本数据进行特征分析、情感分析、分类、聚类及预测等。文本挖掘的主要流程包括数据的采集,预处理,建立特征词库、情感词库数据集,意见挖掘和应用研究。

一、探索数据源

本章案例采用了某款口腔冲洗器的评价数据,共 2345 条数据,其在 Excel 界面中的截图如图 5-2 所示。

评价id	产品id	评价	购买者国家	购买者	评价时间	星级	商品信息
981369	1.005E+15	Received the goods 6 days b	韩国	S***r	2021-7-12 0:25	5	Color:Black
981376	1005002952032750	The product corresponds to	哥伦比亚	K***r	2021-7-16 0:34	5	Color:Black
981377	1005002952032750	Excellent tooth cleaning uter	韩国	T***r	2021-7-16 0:39	5	Color:Black
981364	1005002952032750	The order received , receivec	韩国	T***r	2021-7-17 0:15	5	Color:Black
981379	1005002952032750	Came quickly, the descriptio	韩国	N***r	2021-7-17 0:23	5	Color:Black
981368	1005002952032750	The goods correspond to the	韩国	E***r	2021-7-17 0:29	5	Color:Black
981367	1005002952032750	The device arrived well and	韩国	W***r	2021-7-17 0:33	5	Color:Black
981371	1005002952032750	Excellent tooth cleaning uter	韩国	D***r	2021-7-19 3:21	5	Color:Black Ships From:China
981374	1005002952032750	Very beautiful and has five le	韩国	N***r	2021-7-19 3:37	5	Color:Black Ships From:China
981373	1005002952032750	Cool thing, the pressure of w	以色列	E***r	2021-7-19 4:09	5	Color:White Ships From:China
981366	1005002952032750	It's very good. The water hol	以色列	O***r	2021-7-19 4:13	5	Color:Black Ships From:China
981516	1005002952032750	My first irrigation, there's no	韩国	N***r	2021-7-22 4:25	5	Color:Black Ships From:China
981820	1005002952032750	The parcel arrived quickly, pa	韩国	S***r	2021-7-22 4:40	5	Color:Black Ships From:China
981848	1005002952032750	The parcel arrived quickly, pa	韩国	S***r	2021-7-22 4:40	5	Color:Black Ships From:China
981819	1005002952032750	No need to use the regular f	韩国	D***r	2021-7-22 4:49	5	Color:Black Ships From:China
981847	1005002952032750	No need to use the regular f	韩国	D***r	2021-7-22 4:49	5	Color:Black Ships From:China
981815	1005002952032750	Easy to use, works well. Not	韩国	U***r	2021-7-22 4:53	5	Color:Black Ships From:China
981843	1005002952032750	Easy to use, works well. Not	韩国	U***r	2021-7-22 4:53	5	Color:Black Ships From:China
981839	1005002952032750	Product arrived very well pac	智利	V***r	2021-7-22 5:09	5	Color:Black
981870	1005002952032750	Product arrived very well pac	智利	V***r	2021-7-22 5:09	5	Color:Black

图 5-2　Excel 数据源

在平台的“数据源”模块中通过“关系数据源”节点上传跨境电商物流订单数据。输出数据源如图 5-3 所示，接下来我们的分析过程主要基于“评价”内容来完成。

当前显示 100 条 / 总共有 2345 条数据　提示:点击单元格可查看超出的内容

评价id	产品id	评价	购买者国家	购买者
981369	1005002952032750	Received the good...	韩国	S***r
981376	1005002952032750	The product corres...	哥伦比亚	K***r
981377	1005002952032750	Excellent tooth clea...	韩国	T***r
981364	1005002952032750	The order received ...	韩国	T***r
981379	1005002952032750	Came quickly, the ...	韩国	N***r
981368	1005002952032750	The goods corresp...	韩国	E***r
981367	1005002952032750	The device arrived ...	韩国	W***r

注意：表头中❖表示特征列，*表示标签列　　表头真名　表头别名

图 5-3　数据源

二、商品评价文本数据预处理

(一)去除空值

对其进行文本分析处理，观察数据源发现评价存在重复和空值现象，这种情况对文本挖掘的结果会产生不利影响，因此需要将这些评价进行过滤删除。该过程可以通过“行选择”节点去除空值，如图 5-4 所示，用“去除重复值”节点删除重复值。处理前共 2345 条数据，去除空值后数据条数为 1101 条，如图 5-5 所示。

图 5-4　"行选择"节点设置

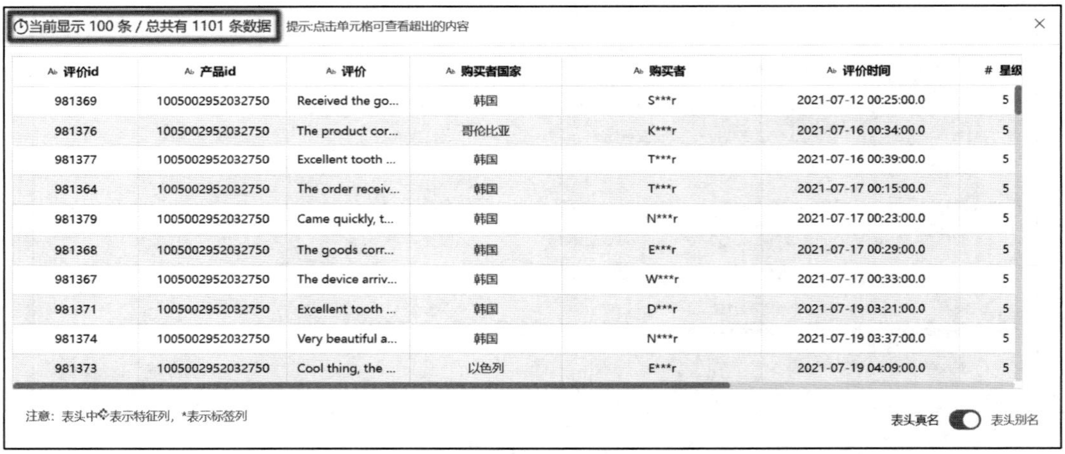

图 5-5　去除空值后的数据

(二)去除重复值

用"去除重复值"节点进行处理,如图 5-6 所示。选择"评价"字段,进行去除重复值操作。处理前共 1101 条数据,去除重复值后数据条数为 778 条,如图 5-7 所示。

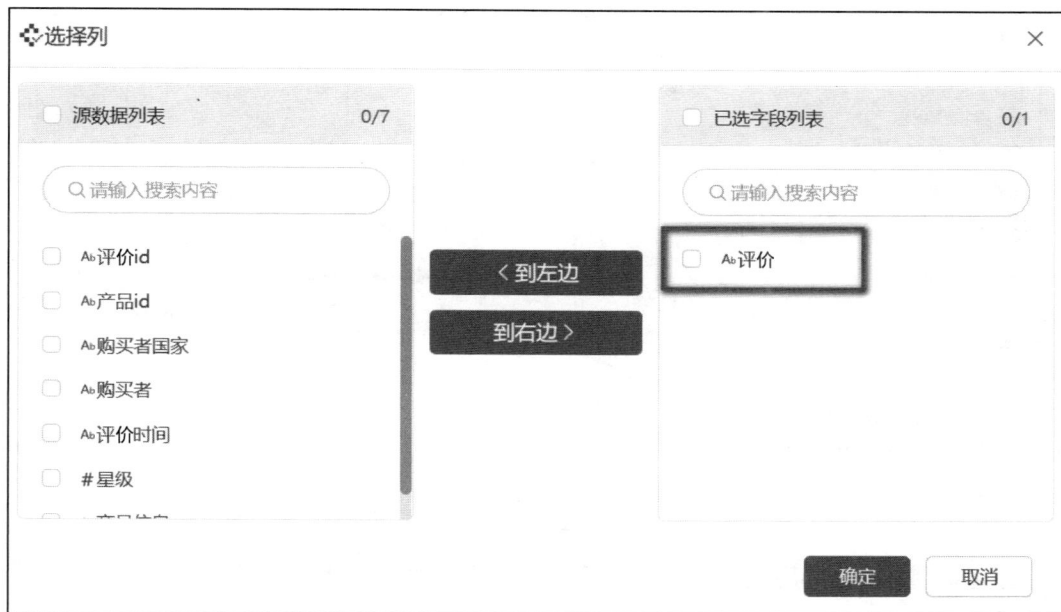

图 5-6　去除重复值设置

当前显示 100 条 / 总共有 778 条数据　提示:点击单元格可查看超出的内容

评价id	产品id	评价	购买者国家	购买者	评价时间	# 星级
982146	1005002952032750	Amazing	英国	Z***a	2021-10-09 10:12:00.0	5
982511	1005002952032750	I asked for this ...	沙特阿拉伯	Z***r	2021-09-01 15:36:00.0	1
981885	1005002952032750	I strongly reco...	沙特阿拉伯	AliExpress Shopper	2021-11-10 14:51:00.0	5
981627	1005002952032750	Arrived in a we...	俄罗斯	M***m	2021-11-22 11:44:00.0	5
981536	1005002952032750	Excellent produ...	沙特阿拉伯	M***m	2021-10-17 03:45:00.0	5
981506	1005002952032750	It's wonderful.	白俄罗斯	AliExpress Shopper	2021-09-21 00:35:00.0	5
981685	1005002952032750	O item é perfeit...	巴西	A***a	2021-09-27 05:32:00.0	5
982197	1005002952032750	The product arr...	沙特阿拉伯	AliExpress Shopper	2021-09-19 14:13:00.0	5
981974	1005002952032750	Working jet ver...	巴西	J***n	2021-08-09 08:04:00.0	5
982001	1005002952032750	Excellent and it...	沙特阿拉伯	A***b	2021-11-28 10:47:00.0	5

注意：表头中表示特征列，*表示标签列　　表头真名　表头别名

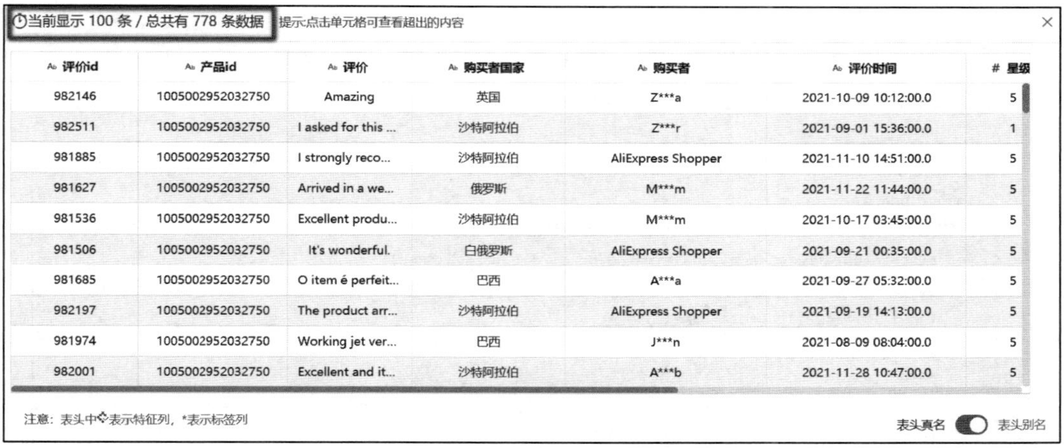

图 5-7　去除重复值后的数据

三、对产品评价数据进行文本分析

(一)分词处理

为了能更加有效地对英文进行分词处理并对后续词频进行统计，这里添加“自定义模块”中的“Python 脚本”进行处理，如图 5-8 所示。

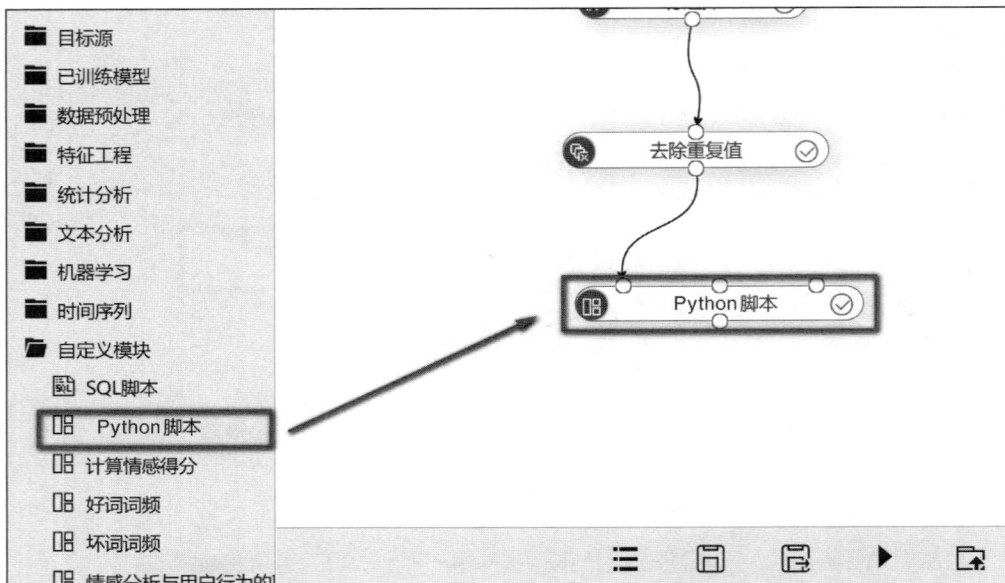

图 5-8　添加"Python 脚本"节点

在"Python 脚本"中承接的是去除重复值后的评价数据集（第一个接口：dataframe1），代码详细内容如图 5-9 所示。

注：Python 节点上方有 3 个接入口，代表最多可以对 3 个数据源同时进行操作，分别对应着 dataframe1、dataframe2、dataframe3。

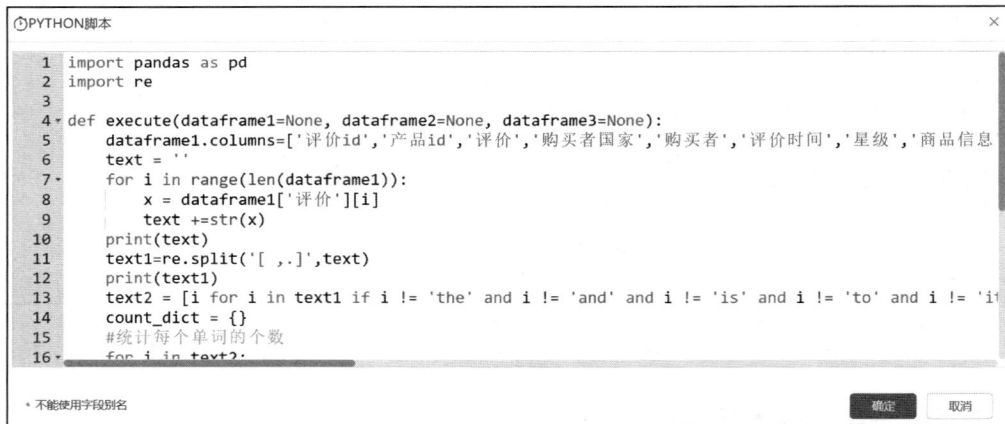

```python
1  import pandas as pd
2  import re
3
4  def execute(dataframe1=None, dataframe2=None, dataframe3=None):
5      dataframe1.columns=['评价id','产品id','评价','购买者国家','购买者','评价时间','星级','商品信息
6      text = ''
7      for i in range(len(dataframe1)):
8          x = dataframe1['评价'][i]
9          text +=str(x)
10     print(text)
11     text1=re.split('[ ,.]',text)
12     print(text1)
13     text2 = [i for i in text1 if i != 'the' and i != 'and' and i != 'is' and i != 'to' and i != 'it
14     count_dict = {}
15     #统计每个单词的个数
16     for i in text2:
```

图 5-9　分词处理代码详情

1. 库的导入

本次使用 Python 中的 re 分词库来解析文本。

import pandas as pd

import re

导入所需要用到的数据分析库、re 分词库，能够帮助代码更加快速、简洁地运行。

2. 数据连接

def execute(dataframe1＝None，dataframe2＝None，dataframe3＝None)：

dataframe1. columns＝［'评价 id '，'产品 id '，'评价 '，'购买者国家 '，'购买者 '，'评价时间 '，'星级 '，'商品信息 '］

"Python 脚本"节点的 3 个接口是 Python 节点中的初始代码，可以直接在这个自定义函数中编写案例过程。由于 Python 节点中"不能使用字段别名"，所以要重新设置数据的列名。

3. 转为文本

```
text = ''
for i in range(len(dataframe1)):
    x = dataframe1['评价'][i]
    text += str(x)
print(text)
```

依次读取消费者评价数据，并将其存入 text 文本中，方便后面进行拆分。

4. 分词

```
text1＝re. split('[ ,. ]',text)
print(text1)
```

观察字段内容可以发现，评价多以","".作为分隔符，因此将这两个字符作为拆分符，用 re 正则表达式来进行拆分，并将其存入 text1。

5. 词频统计

最后运用 count 函数对分词结果进行计数统计，由于此时的数据格式为 count 函数的专属格式，后运用 sorted 函数将其转变为正常的数据格式，代码内容如图 5-9 所示。

```
text2 = [i for i in text1 if i != 'the' and i != 'and' and i != 'is' and i !=
'to' and i != 'it' and i != 'in' and i != 'very' and i != 'of' and i !=
'for' and i != 'The' and i != 'with' and i != 'seller' and i != 'product'
and i != 'was' and i != 'you' and i != 'but' and i != 'Very' and i !=
'my' and len(i)>1]
count_dict= {}
#统计每个单词的个数
for i in text2:
    count_dict[i] = count_dict.get(i,0) + 1
#转化成列表的形式
count_dict= list(count_dict.items())
count_dict. sort(key = lambda x:x[1], reverse = True)

list1 = []
list2 = []
```

```
for i in range(50):
    list1.append(count_dict[i][0])
    list2.append(count_dict[i][1])
data1 = pd.DataFrame({'分词':list1,'词频':list2})
print(data1)
```

对 text2 中的单词进行统计,并降序排序,最后提取前 50 个词频分别存入 list1 和 list2,将提取出来的两部分内容放入一个新的表格。右键查看输出即可查看最终的词频统计结果,如图 5-10 所示(注:text2 是进行筛选无意义词后的文本,其词筛选是根据初次词频统计结果进行的人工筛选)。

As 分词	# 词频
not	112
fast	108
good	107
well	97
quality	86
delivery	86
days	78

图 5-10　分词词频统计结果输出

(二)存至关系目标源

将进行词频统计后的数据存入关系目标源,并命名为"跨境_消费者舆情分析词云图",作为词云图使用,如图 5-11 所示。

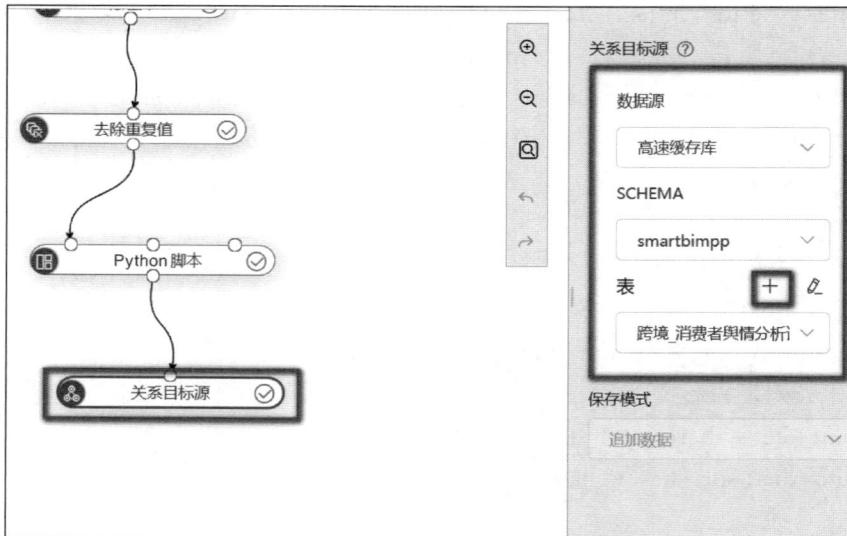

图 5-11　存至关系目标源

四、消费者情感分析

利用"自助仪表盘"绘制评论的词云图,能够更加直观地了解消费者对商品的情感。在"智能配图"中选择"词云图",如图 5-12 所示,将"分词"拖入"标签"区,"词频"拖入"大小"区,如图 5-13 所示。形成的词云图如图 5-14 所示,词云图中的词汇字体越大则表示词频越高,消费者关注度越高。

图 5-12　选择配图

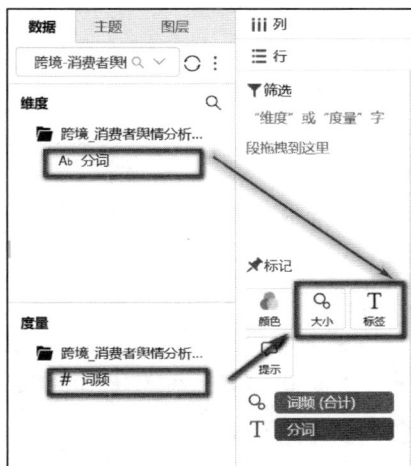

图 5-13　选择指标数据

图 5-14　词云图

根据词云图词频分析如下:"good""well"皆为中性词,结合"excellent""recommend"词进一步查看评价内容,发现评价多为正面,且有较多消费者愿意推荐此款商品;"delivery""days""arrived"等词皆与快递时间有关,说明消费者多关注物流方面的问题;"not"一词较多,但查看具体评价发现此词并非全是负面,一方面为消费者还未使用此款商品,另一方面为此款商品在充电时不能同时使用。

综上所述,此款商品多为正面评价,卖家需要优化商品功能属性部分,可以设计一款充电时能够正确使用的升级款商品作为消费者的另一购买选择。

本章小结

电商平台的快速发展和普及给人们的生活带来了很大的便利,网络购物也日益成为一种重要的购物方式。为了提升客户的参与感,在收到商品之后,各跨境电商平台都允许客户进行商品评价,这些评价信息则可以集中体现客户的情感态度,因此对商品评价进行文本挖掘具有重要的意义。然而由于网络评论数据量巨大,且无用评价较多,如何快捷高效地获取商品评价语料成为研究的关键,选取何种方式进行研究对于信息分析也至关重要。同时,商品评价也逐渐成为文本挖掘的重要课题。分析消费者对于商品评价的文本舆情数据,主要用到的是文本分析的方法。

本章案例以快速高效识别出消费者需求为目标,借助文本挖掘技术进行分析,具体步骤为:①将实验所需的某款口腔冲洗器评价数据导入关系数据源,共2345条数据。②由于数据源评价存在的重复和空值现象会对文本挖掘的结果产生不利的影响,因此需要将这些重复和为空的评价进行过滤删除,处理后数据条数为778条。③接着进入产品评价数据的文本分析阶段。首先为方便后续的词频统计,需要进一步做分词处理,接着将进行词频统计后的数据存入关系目标源,并将其命名以供后续的使用。④为更直观地了解消费者对商品的情感,基于分词及词频统计得到的评论特征词可结合自助仪表盘绘制评价词云图进行观察,词云图中的词字体越大,词频越高,消费者的关注度也就越高,以此了解消费者的需求,发现消费者给予商品的积极情绪评价和消极情绪评价的缘由。

总而言之,消费者评价数据具有巨大的潜在价值。商家可以基于此改进产品设计、优化定价、运营及客户服务等,也是实现产品创新的重要方式之一。一方面,消费者的评价有对产品满意度和客户服务质量等方面的建设性改进意见;另一方面,也有消费者对产品的外观、功能及性能等方面的体验和期望。因此,有效采集和分析消费者评价数据,对商家改进产品、提升运营效率和服务质量具有极大的意义,同时也有助于商家建立以客户为中心的产品创新模式。

▶ 拓展实训

文本分析法的营销运用

【实训目的】

巩固文本分析法的原理;通过教师讲解与实际操作,了解文本分析法的深层意义,借助文本分析与数据处理,实现多个数据库之间的匹配与衔接,帮助企业进行产品策略的优化与动态管理。

【思考与练习】

1.通过对相关模块的学习,掌握情感分析在商品评价中的应用。

2.了解并思考文本分析法在其他领域中的应用价值。

第六章

跨境电商关联营销

教学目标

1.了解什么是关联营销。

2.了解 Apriori 算法和 FP-Growth 算法的优缺点。

3.掌握关联算法在解决购物篮问题中的运用。

学习重点、难点

学习重点

1.利用关联规则进行商品组合关联分析,优化营销策略。

2.利用 Apriori 算法和 FP-Growth 算法进行产品的关联营销。

学习难点

1.掌握关联营销的具体应用场景。

2.理解模型的含义,使用关联规则,掌握购物篮分析的案例操作。

思维导图

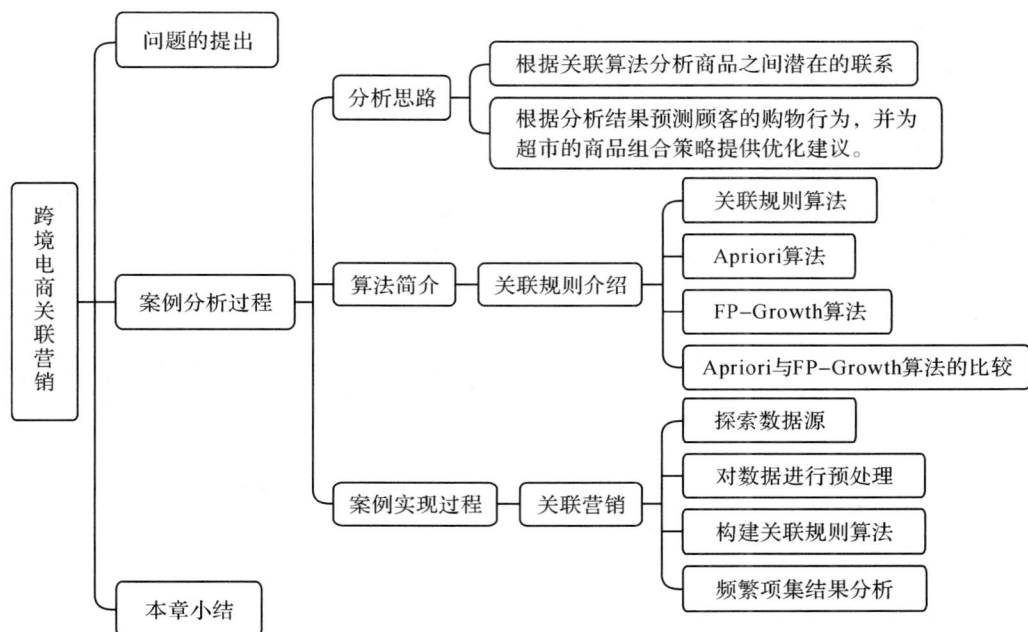

第一节　问题的提出

一、关联营销理论

关联营销是指寻找商品、品牌、品类等所要营销的实物的关联性,实现互利共赢的交叉营销,以便对企业进行深层次、多方位的指导。在关联营销中,有两种情况可能会产生关联关系,一种是某家企业的网址上存有其他企业的产品信息及该产品的链接;另一种情况是同一企业的同类产品之间存在关联,将其他相关产品的信息与该产品放于同一销售页面,为客户提供产品对比。这样既可以扩大用户的自主选择性又可以提高用户对网站的黏性。同时,关联营销又称为"购物篮分析",也被喻为"零售分析皇冠上的明珠"。关联营销的优点在于可以增加客户的转化率,提高客单价并提高店内宝贝的曝光率,这些优点均可以让客户更好地了解店铺和产品。关联度好坏的指标可分为平均访问时间、访问流量、跳失率及该商品的转化率。这4个指标也是商家做好关联营销的开始。同时,要想做好关联营销,需要把营销和数据相结合,寻找出交易和关联销售额最优的平衡点。产品的包装、价格和促销活动等都是影响产品销量的重要因素。在电子购物网站中,有必要按照消费者的喜好,设定其想要同时购买的捆绑产品。另外,有些购物网站还利用它们来设定对应的"交叉销售",也就是说,消费者在购买某一种产品时,会发现与该产品有关的其他产品的广告。以上两种常见的商家促销手段都是在分析一个问题,即如何组合商品以进行合理布局。

二、问题设计

现有某跨境电商超市想要挖掘消费者购物时的购物篮偏好,以优化该跨境电商超市的营销策略并提高消费者满意度。超市数据运营专员采集了本商铺消费者的消费数据,利用关联分析中的 FP-Growth 算法对销售数据进行关联营销分析,试图找出消费者的购买行为与偏好,以及物品之间的关联规则。另外,分析员再根据只购买一类商品的消费者现有的消费状况,挖掘出消费者是否存在购买其他商品的可能性,以调整并优化该超市的商品组合策略。

三、问题解决思路

随着电商的高速发展,原用于实体零售的购物篮分析也被引入电商超市的运营中。电商超市在进行每一笔交易之后都会有相应明细记录的数据可查,可根据顾客的消费详情,通过关联算法的应用,挖掘出消费者购买商品的行为之间的关联关系,继而为超市提供合理的优化建议,以获取更多收益并扩大竞争优势。针对以上需求,本章案例实现思路如下。

第一,对某跨境电商超市的 7985 条消费数据进行预处理,处理内容主要包括去除重复值、分组聚合、选择特征、拆分数据源等。

第二,构建关联规则算法,利用 FP-Growth 算法训练数据集,找出物品间的关联规则。

第三,根据关联分析的基本算法步骤来预测只购买一类商品的顾客未来的消费需求,针对预测结果为顾客推送相关促销活动。

第二节　关联规则介绍

一、关联规则算法

(一)概述

关联反映的是某个事物与其他事物之间相互依存的关系。而关联分析则旨在从交易数据中找出存在于项目集合之间的关联模式,也就是说,如果两个事物间存在关联,就可以利用一个事物来预测另一个事物。一般情况下,需要找出数据间隐藏着的相互关系,当两个或更多的数据项的数值同时出现的概率较高时,就会被视为两者之间存在某种联系。简单地说,关联规则可以用这样的方式来表示:A→B,其中 A 被称为前提或者左部(LHS),而 B 被称为结果或者右部(RHS)。关联规则是数据挖掘中的一个重要分支,它的研究目标是从不同的数据集合中发现模式、相关性、关联或因果结构。一个行业的关联规则是十分清晰的,在人口普查、医疗诊断,甚至人类基因组中的蛋白质序列方面,都存在某种关联规则。在发现关联销售商品的价格规律、改进关联营销策略方面,关联分析法尤为适用。所谓的"关联法则",就是从一堆数据中找出各个数据之间的关系,也常叫作购物篮分析。通过对购物篮数据的挖掘,发现各种产品之间的关联,对消费者的消费行为进行分析,能够为企业制订更科学的营销方案提供依据。例如,买面包的顾客有 5%～10% 的概率会买牛奶,买牙刷的顾客有 20%～30% 的可能会买牙膏,当我们获知这个规则,就可以将两者放在一起进行捆绑销售,这样既节省了顾客的购买时间,又增加了消费者购买其他产品的概率。关联分析是在大量的数据集中寻找关联关系的任务。这些关系可以有两种形式,即频繁项集与关联规则,它们是两种递进的抽象形式,并且前者是后者的基础。下面介绍两者的概念。

1.频繁项集

这是指支持度大于等于最小支持度的集合。其中支持度是指某个集合在所有事务中出现的频率。频繁项集的经典应用是购物篮模型。在数据挖掘中,频繁项集的挖掘是一个非常关键的研究领域,它能够让我们了解到哪些变量常常同时出现在数据集中,从而为决策者提供一定的依据。频繁项集挖掘是关联规则、相关性分析、因果关系、序列项集、局部周期性、情节片段等许多重要数据挖掘任务的基础。频繁项集是经常出现在一块儿的物品的集合,它暗示了某些事物之间总是结伴或成对出现。

2.关联规则

关联规则用来描述两个或多个事物之间的关联性,其通过一件或多件事物来预测其他事物,可以从大量数据中获取有价值数据之间的联系。关联规则暗示两种物品之间可能存在很强的关系,它更关注的是事物之间的互相依赖和条件先验关系。它暗示了组内某些属性间不仅共现,而且还存在明显的相关关系和因果关系,关联关系是一种更强的共现关系。

例如经典的啤酒与尿布的关系。调查结果显示,有30%的消费者会在同一时间购买啤酒和尿布,此外,购买了啤酒的顾客中,有80%的人也购买了尿布,其中存在着一种关系:啤酒→尿布,即顾客购买了啤酒就有很大的可能性会买尿布。因此,可以把啤酒和尿布放在商场的同一个地方,便于顾客购买。

该案例中,{啤酒,尿布}的商品组合反复出现,这就是一种频繁项集的关系;而{啤酒}→{尿布}则是一种关联规则,即购买了啤酒的顾客也会购买尿布。关联规则是形如 X→Y 的蕴含表达式,其中 X 和 Y 是不相交的项集,如{啤酒}→{尿布}。

3.关联规则的强度

关联规则的强度可以通过 3 个指标测算。

第一,支持度。确定项集的频繁程度,规则 R 的支持度是交易集中同时包含 X 和 Y 的交易数与所有交易数之比。关联规则的最小支持度也就是衡量频繁项集的最小支持度,记为 supmin,用于衡量规则需要满足的最低重要性。

第二,置信度。确定 Y 在包含 X 的事物中出现的频繁程度。关联规则的最小置信度表示关联规则需要满足的最低可靠性。

第三,提升度。在含有 X 的条件下同时含有 Y 的可能性,与没有这个条件下项集中含有的 Y 的可能性之比。

关联分析的核心算法有 Apriori 算法和 FP-Growth 算法。

(二)分类

根据不同情况,关联规则还可以进行如下分类。

1.基于规则中处理的变量的类别分类

基于规则中处理的变量的类别,关联规则可以分为布尔型和数值型。

布尔型关联规则所处理的数值都是离散的、种类化的,并将变量之间的关系显示出来;而数值型关联规则与多维关联或多层关联规则相结合,可以对数值型字段进行动态划分,或者直接对原始的数据进行处理,数值型关联规则中也可以包含种类变量。

2.基于规则中数据的抽象层次分类

基于规则中数据的抽象层次,可以分为单层关联规则和多层关联规则。

在单层的关联规则中,所有的变量都没有考虑现实的数据具有多个不同的层次;而在多层的关联规则中,对数据的多层性已经进行了充分的考虑。

3.基于规则中涉及的数据的维数分类

基于规则中涉及的数据的维数,关联规则可以分为单维的关联规则和多维的关联规则。

在单维的关联规则中,我们只涉及数据的一个维度,如用户购买的物品。而在多维的关联规则中,要处理的数据将会涉及多个维度。即单维关联规则是处理单个属性中的一些关系,而多维关联规则是处理各个属性之间的某些关系。

4.特殊类型关联规则

如果对关联规则增加约束,规定关联规则的前件或者后件需要包含某些字样,则形成特殊类型的关联规则,称为有约束的关联规则,由此可以知道哪些事物会对某个事物有促进作用,或某个事物受其他哪几件事所决定及影响。

二、Apriori 算法

(一)Apriori 算法简介

在关联规则挖掘算法中,Apriori 算法是目前最常见也是最经典的一种算法。Apriori 算法是一种挖掘关联规则的频繁项集的算法,其核心思想是通过候选集生成和向下封闭检测两个阶段来挖掘频繁项集。目标是找到最大的 k-项频繁项集。这里有两层意思,第一层意思是,我们要找到符合支持度标准的频繁项集。但是这样的频繁项集可能有很多。第二层意思是,我们要找到最大个数的频繁项集。比如我们找到符合支持度的频繁项集 AB 和 ABE,那么我们会抛弃 AB,只保留 ABE,因为 AB 是 2-项频繁项集,而 ABE 是 3-项频繁项集。

Apriori 算法是一种既可以发现频繁项集,又可以挖掘物品之间关联规则的方法。分别采用支持度和置信度来量化频繁项集和关联规则。其最常见的改进算法为 AprioriTid 算法,该改进算法与原算法的主要区别在于对数据集的更新方式不一样。在数据量较大时,使用改进算法得到的新数据集会比原始数据小很多,这样在进行遍历的时候就节省了很多时间。该算法的优缺点及改进方式如下。

1.优点

(1)Apriori 算法采用逐层搜索的迭代方法,算法简单明了,没有复杂的理论推导,也易于实现。

(2)数据采用水平组织方式。

(3)采用 Apriori 优化方法。

(4)适合事务数据库的关联规则挖掘。

(5)适合稀疏数据集:根据以往的研究,该算法只适合稀疏数据集的关联规则挖掘,也就是频繁项集的长度稍小的数据集。

2.缺点

(1)对数据库的扫描次数过多。

(2)算法可能产生大量的候选项集。

(3)在频繁项集长度变大的情况下,运算时间显著增加。

(4)采用唯一支持度,没有考虑各个属性重要程度的不同。

(5)算法的适应面窄。

3.Apriori 算法的改进方式

(1)减少交易数据库的扫描。

(2)减少候选项集的数量。

（3）提高候选频繁项集支持度的计算效率。

（二）Apriori 算法原理

如果一个项集是频繁的,则它的所有子集也一定是频繁的;反之,如果一个项集是非频繁的,则它的所有超集也一定是非频繁的。

基于 Apriori 算法的原理,一旦发现某项集是非频繁的,即可将整个包含该超集的子图剪枝。这种基于支持度度量修剪指数搜索空间的策略被称为基于支持度的剪枝。例如,若发现{A,B}是非频繁项集,则框内的超集可以被剪枝,因为它们也是非频繁项集,如图 6-1 所示。

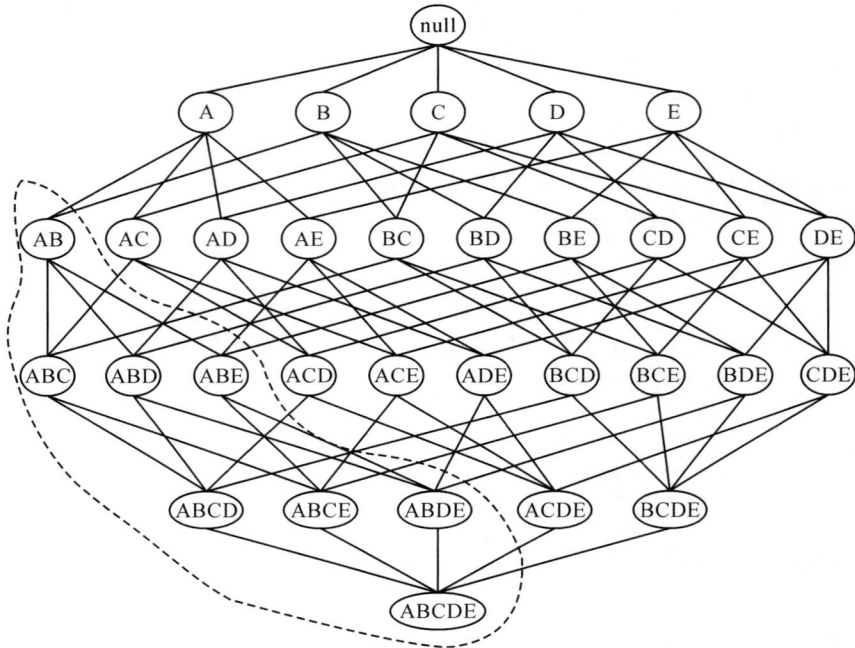

图 6-1　Apriori 算法原理

（1）扫描数据库,生成候选 1-项集和频繁 1-项集。

（2）从 2-项集开始循环,由频繁$(k-1)$-项集生成频繁 k-项集。

（3）频繁$(k-1)$-项集两两组合,判定是否可以连接,若能则连接生成 k-项集。

（4）对 k 项集中的每个项集检测其子集是否频繁,舍弃掉不是频繁项集的子集。

（5）扫描数据库,计算前一步中过滤后的 k-项集的支持度,舍弃掉支持度小于阈值的项集,生成频繁 k-项集。

（6）若当前 k-项集中只有一个项集时,循环结束。

三、FP-Growth 算法

FP-Growth 算法是把数据存储在一种被称作 FP 树的紧凑结构中,以发现频繁项集或者频繁项对,常在一块出现的元素项的集合被称为 FP 树。FP 代表频繁模式。FP 树通过链接来连接相似元素,被连起来的元素项可以看成一个链表。FP-Growth 算法需要递归生成条件数据库和条件 FP 树,所以内存开销大,而且只能用于挖掘单维的布尔关联法则。由于 FP-Growth 算法只需要对数据集扫描两次,因此发现频繁项集主要涉及两个环节,即构建 FP 树和从 FP 树中挖掘频繁项集。FP-Growth 算法性能强大,正是因为它将数据集化为了 FP 树这一数据结构,寻找频繁项集的过程便是对这棵树进行操作的过程。FP-Growth 算法的整个流程概括如下。

(一)构建 FP 树

构建 FP 树主要有以下步骤。

(1)对数据集进行扫描,计算各元素项出现的次数,剔除不符合最小支持度的元素项。

(2)对每个集合进行过滤和排序,过滤是去掉不满足最小支持度的元素项,排序基于元素项的绝对出现频率来进行。

(3)创建只包含空集合的根节点,将过滤和排序后的每个项集依次添加到树中,如果这个路径已经存在于树中,就会在相应的元素上增加一个数值。如果该路径不存在,则创建一条新路径。

(二)通过 FP 树挖掘频繁项集

(1)从 FP 树中获得条件模式基。条件模式基是以所查询元素项为结尾的路径集合,每条路径其实都是一条前缀路径,一条前缀路径是介于所查询元素项与树根节点之间的所有内容。通过创建的头指针表来得到前缀路径。头指针表包含相同类型元素链表的起始指针。只要到达了每一个元素项,就可以上溯这棵树直到根节点为止。

(2)利用条件模式基,构建条件 FP 树。对于每一个频繁项,都要创建一棵条件 FP 树,然后对条件 FP 树进行递归地挖掘,通过其过滤功能,最终获得所有满足最小支持度的频繁项,即我们所需要的频繁项集。

(3)迭代并重复前两个步骤,直到 FP 树包含一个元素项为止。

四、Apriori 与 FP-Growth 算法的比较

根据对关联规则的定义,理论上可以用暴力搜索挖掘出所有的规则,但是由于计算量过大,所以采取这样的方式并不现实。因此,为了控制需要计算支持度与置信度的规则数量,关联规则的挖掘过程大致可以总结为两步:①找出所有频繁项集;②由频繁项集产生规则,从中提取置信度高的规则。

一般来说,由于所研究的数据集往往是海量的,我们想要考察的规则不可能占有其中的绝大部分,因此支持度阈值设为 5%～10%即可,然后从频繁项集中找出满足最小置信度的所有规则。置信度的阈值往往设定得较高,如 70%～90%,这是剔除无意义的项集,获取强关联规则的重要步骤。相较于 FP-Growth 算法,Apriori 算法利用频繁集的两个特性,过滤了很多无关的集合,效率提高了不少。然而,Apriori 算法是一个候选项消除算法,每一次消除都要对所有数据进行扫描,使得整个算法在面临大数据集时显得束手无策。FP-Growth 算法被用于挖掘频繁项集,它把数据集存储在 FP 树的数据结构里,这样可以更高效地发现频繁项集或频繁项对。Apriori 算法对每个潜在的频繁项集都需要扫描数据集来判定是否满足支持度,而 FP-Growth 算法只需要遍历两次数据库,因此它在大

数据集上的速度显著优于 Apriori 算法。FP-Growth 算法是一个高度压缩的结构，它存储了用于挖掘频繁项集的全部信息。但是其树的子节点过多，例如生成了只包含前缀的树，那么也会导致算法效率大幅度下降。经过对比可知，Apriori 算法适用于最大频繁项集相对较小的数据集。与 Apriori 算法相比，FP-Growth 算法在时间复杂度和空间复杂度方面都有了显著的改善。但是对于海量数据集来说，时空复杂度仍然很高，此时需要用到数据库划分等技术。

（一）在核心思路上的区别

Apriori 算法是使用两个低阶的频繁项集构建高阶的频繁项集；而 FP-Growth 算法是使用一个频繁项集作为前提，筛选出包含这个频繁项集的所有高阶频繁项集。

（二）在实现过程中的区别

Apriori 算法需要多次扫描数据集来确认频繁项集的支持度，FP-Growth 算法通过固定一个节点构造更多的子 FP 树来挖掘频繁项集。

两个算法代表了不同的挖掘思路，根据这些思路可以结合不同的剪枝策略、存储结构等得到更高效的算法。关联规则的应用领域十分广泛，在不同的应用背景中支持管理决策的范围也非常宽。作为十大经典机器学习算法之一，其重要性不言而喻。

第三节　关联营销

一、探索数据源

图 6-2 中的数据源共包含 2 个字段，7985 条记录，相当于线下零售中包含了消费者购物信息的超市购物小票。

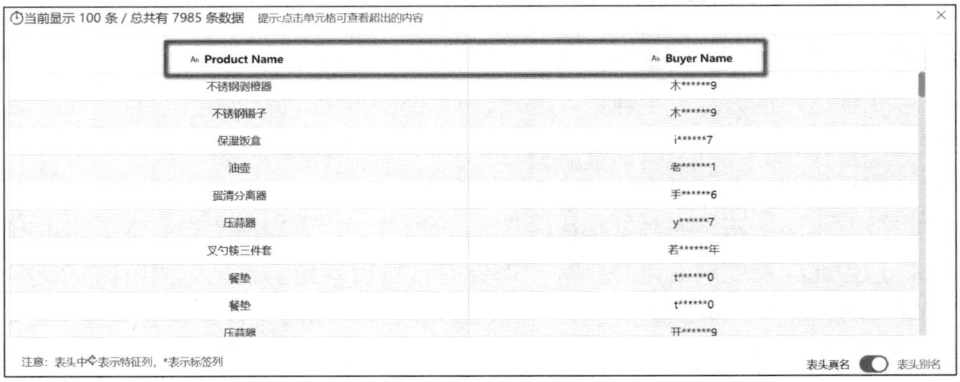
当前显示 100 条 / 总共有 7985 条数据　提示点击单元格可查看超出的内容

Product Name	Buyer Name
不锈钢剥橙器	木******9
不锈钢镊子	木******9
保温饭盒	i******7
油壶	老******1
蛋清分离器	手******6
压蒜器	y******7
叉勺筷三件套	若******年
餐垫	t******0
餐垫	t******0
压蒜器	开******9

注意：表头中✣表示特征列，*表示标签列　表头真名　表头别名

图 6-2　数据源

其中“Buyer Name”字段为发生了购买行为的消费者的名称 ID；“Product Name”字段为某次订单中消费者所购买的商品名称。观察数据可以发现，某一消费者在一次购买行为中可能会购买两件或两件以上的同一商品，在消费数据中体现为两条重复的记录，例如

"t＊＊＊＊＊＊0"用户购买了两块"餐垫",为了不影响后续的建模结果,需要对源数据进行去除重复值的处理。

根据购物篮分析的概念,训练模型需要的是每个订单中的商品名称组合信息,即需要将同一用户购买的不同种类的商品按照用户名进行汇总,还原购物小票。而由于一个订单中的多件商品被分别存放于不同的记录中,所以需要对"Product Name"字段进行聚合,还原订单中原本的购买商品组合信息。

"Buyer Name"字段将用于分组,"Product Name"字段则用于挖掘频繁项集。

二、对数据进行预处理

(一)删除重复值

根据探索数据源时分析得出的结果,对源数据进行去除重复值的操作。将"Product Name"与"Buyer Name"字段选为"已选字段列表",用于检测字段中的重复值并对检测到的重复值进行删除操作,如图6-3所示。

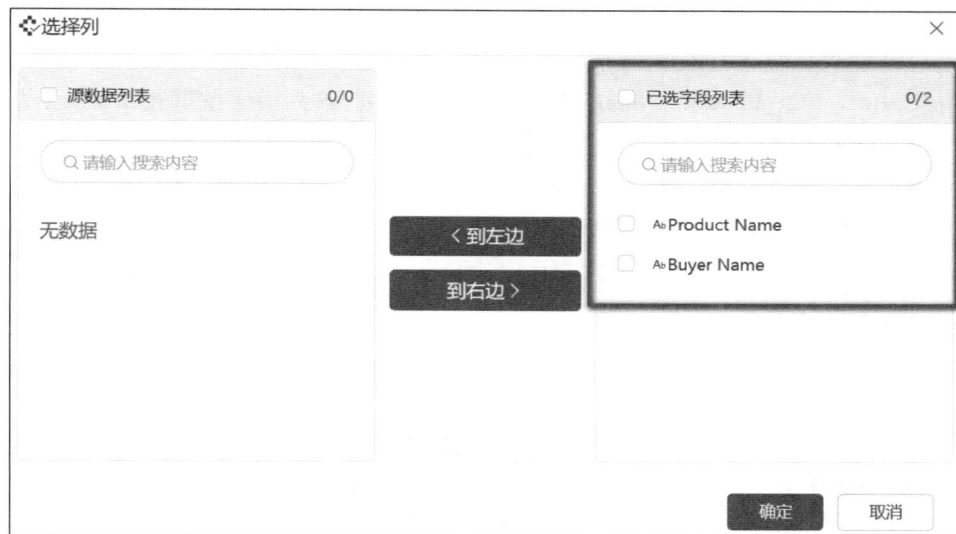

图 6-3　删除重复值

(二)分组聚合

将"Buyer Name"字段作为分组依据,对同一个消费者所购买的"Product Name"字段进行汇总与计数。

分组聚合后生成了3个新字段:①"Group_Buyer Name"字段为原"Buyer Name"处理后的结果,字段内数值意为买家名称;②"Collect_List_Product Name"为原"Product Name"字段内容的汇总,即将同一订单中的分散在不同记录中的商品信息汇总到一条记录内;③"Count_Product Name"字段为"Product Name"字段的计数,指该订单中的商品种类数量。例如图6-4中的第9条记录,"Buyer Name"为"颜＊＊＊＊＊＊武"的买家购买了"磨刀器、削皮刀",此次购买行为中包含了两个种类的商品。

通过分组聚合与汇总的方式,可得到购物篮分析所需要的信息——每个订单中的商品组合。根据商品组合信息,可进一步了解消费者的购买行为与偏好,找出物品之间的关联规则。

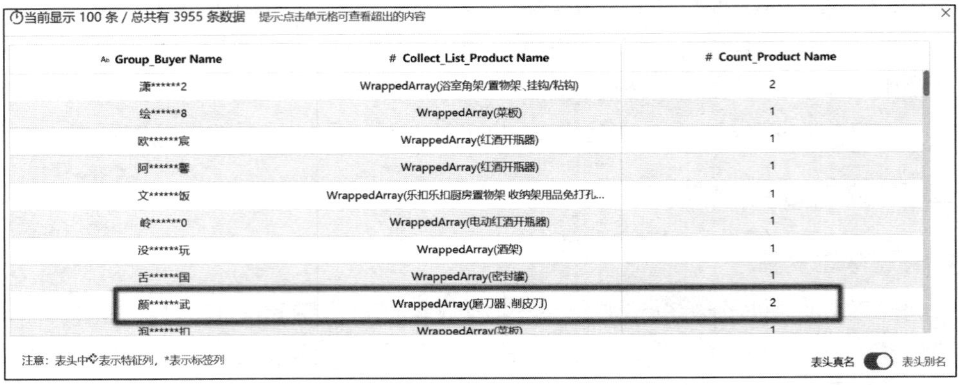

图 6-4 分组聚合后的数据

(三)选择特征

将"Collect_List_Product Name"字段设置为特征列,该列用于挖掘频繁项集,帮助模型找出频繁项集内各数据项之间的规律与关系,即用于找出高频率出现的商品组合,如图 6-5 所示。

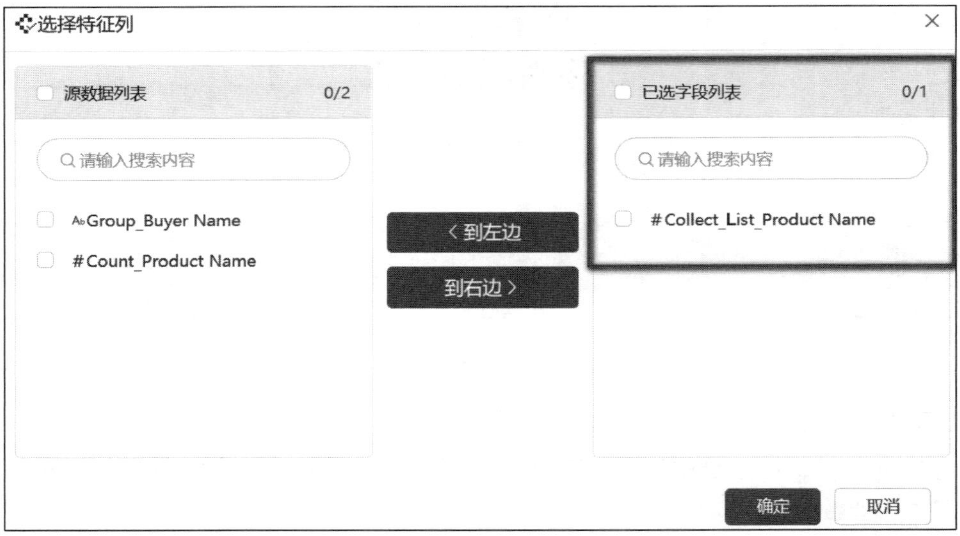

图 6-5 设置特征列

(四)拆分数据源

依据订单中所包含的物品种类数量是否大于 1 的原则,将数据源分成两部分,如图 6-6 所示。Count>1 意味着订单中至少有两个种类的商品,此类订单包含了商品之间的关系,所以将其用于训练模型;而 Count=1 意味着该订单只有一种商品,没有商品组合的信息,所以将其用于预测数据。

根据模型找出的商品关联规则,可对只购买了一类商品的顾客进行精准的营销,引起顾客的消费欲望。

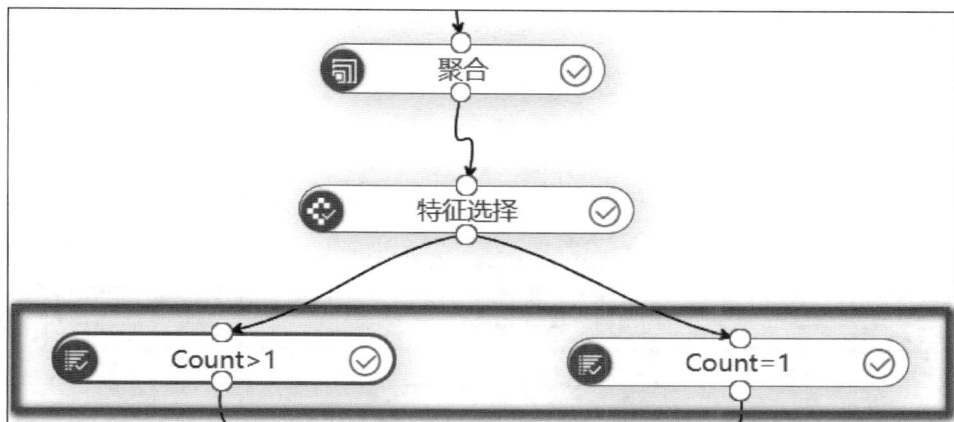

图 6-6 将数据源拆分

三、构建关联规则算法

添加 FP-Growth 算法用于训练训练集数据,以找出关联规则。将最小支持度与最小置信度均设置为 0.1。最小支持度与最小置信度的数值设置需根据实际需求动态调整。

根据图 6-7 的分析结果可知,已经购买了"烟灰缸"的顾客有 60.9% 的概率购买"菜板"。其提升度约为 1.5,提升度大于 1 说明正相关、会提高购买概率。提升度小于 1 说明负相关、会降低购买概率;提升度等于 1 说明互不影响。即对已经购买了"烟灰缸"的顾客推荐"菜板",比对未购买"烟灰缸"的顾客推荐"菜板"的收益更大,这个是关联是有效的、正向的。

前项	后项	置信度	提升度
(烟灰缸)	(菜板)	0.6090225563909775	1.5085020242914982
(油壶)	(菜板)	0.529100529100529	1.3105413105413106
(保温壶)	(菜板)	0.5238095238095238	1.2974358974358975
(红酒开瓶器)	(菜板)	0.5222672064777328	1.293615696044846
(冰格/制冰袋（方形硅胶冰格）)	(菜板)	0.5030303030303030	1.245967365967366
(菜板)	(红酒开瓶器)	0.39692307692307693	1.2936156960448457
(菜板)	(油壶)	0.30769230769230	1.3105413105413106
(菜板)	(保温壶)	0.27076923076923076	1.2974358974358975
(菜板)	(冰格/制冰袋（方形硅胶冰格）)	0.2553846153846154	1.245967365967366
(菜板)	(烟灰缸)	0.24923076923076923	1.5085020242914982

图 6-7 对已有数据进行分析的结果

四、频繁项集结果分析

根据关联分析的基本算法步骤,预测结果如图 6-8 所示,共有数据 3150 条。名为"欧＊＊＊＊＊＊宸"的顾客仅购买了"红酒开瓶器",根据模型的预测,可对其推销"菜板"。

据此结果,电商超市的运营人员可向该顾客精准推送"菜板"的优惠券,刺激其消费,也可以在"红酒开瓶器"的详情页中设置"菜板"的关联推送,抑或是将两者设置为促销套装。最终目的是提高销售额,增强企业自身的竞争力。

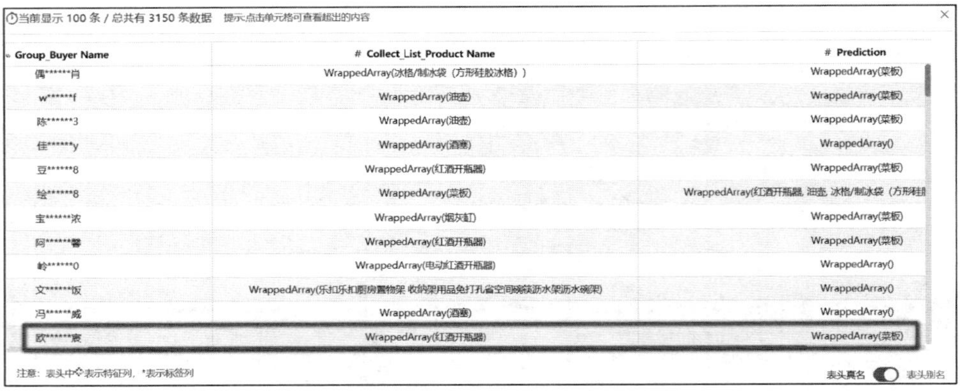

图 6-8　模型预测结果

本章小结

　　基于关联分析算法,挖掘消费者购物时的购物篮偏好是本章的核心内容,目的在于优化企业的营销策略及提高消费者满意度。为实现该目的,本章案例以某跨境电商超市为例,采集商铺消费者的消费数据,利用关联分析的 FP-Growth 算法对销售记录进行关联营销分析,找出物品间的关联规则。进一步根据关联分析的基本算法步骤来预测只购买一类商品的顾客未来的消费需求,针对预测结果为顾客推送相关的促销活动。

　　为得到物品间的关联关系及顾客未来的消费需求,本章案例的具体实现过程如下:①获取某跨境电商超市的销售数据,共 7985 条记录,将其导入"关系数据源",在"关系数据源"节点可选择查看详细数据。②在对数据进行基础探索之后,发现数据存在重复值,因此需要对其进行去重复值操作。将"Product Name"与"Buyer Name"字段作为"已选字段列表",用于检测字段中的重复值并对检测到的重复值进行删除操作。③在处理后的数据中,将"Buyer Name"字段作为分组依据,对同一个消费者所购买的"Product Name"字段进行汇总与计数,得到"Group_Buyer Name""Collect_List_Product Name""Count_Product Name"3 个新的字段。④对数据进行分组聚合后,将"Collect_List_Product Name"字段设置为特征列,该列用于挖掘频繁项集。⑤在对数据进行预处理的过程中,还需要对数据源进行拆分。根据订单中所包含的物品种类数量是否大于 1 的原则,将数据源分成两部分,将 Count>1 的数据用于训练模型,将 Count=1 的数据用于预测。⑥完成数据预处理后,添加 FP-Growth 算法用于训练训练集数据,以找出关联规则。将最小支持度与最小置信度均设置为 0.1。⑦按照关联分析的基本算法步骤,对 3150 条预测数据进行预测。

　　通过对该跨境电商超市的销售记录进行关联规则分析,可知已经购买了"烟灰缸"的顾客有 60.9% 的概率购买"菜板"。其提升度约为 1.5，提升度大于 1 说明正相关、会提高购买概率。即对已经购买了"烟灰缸"的顾客推荐"菜板"，比对未购买"烟灰缸"的顾客推荐"菜板"的收益更大，这个关联是有效的、正向的。对于只购买一类商品的顾客进行分析后发现，名为"欧＊＊＊＊＊＊宸"的顾客仅购买了"红酒开瓶器"，根据模型的预测，可对其推荐"菜板"。

知识拓展 6-1

据此结果，电商超市的运营人员可向该顾客精准推送"菜板"的优惠券，刺激其消费，也可以在"红酒开瓶器"的详情页中设置"菜板"的关联推送，抑或是将两者设置为促销套装。由此可知，在顾客所购买的多类商品之间存在关联关系，商家需要针对一些生活中的相关用品，推出相应的促销礼包或者优惠组合套装，快速帮助商铺提高销售额，还可以通过产品关联度大小，指导产品合理摆放，方便顾客去购买更多其所需要的商品。而针对只

知识拓展 6-2

有少量购买行为的消费者，可以推送更加精准的营销方案，一来有利于激发消费者的购物欲望，二来可以挖掘消费者自身都未曾意识到的消费需求。通过对数据的挖掘与分析，经营者可获得更丰厚的利润回报并更好地提升自身的竞争力。

> **拓展实训**

商品购买关联分析

【实训目的】

巩固关联分析的算法原理；通过教师讲解与实际操作，学生能够熟悉思睿智训平台数据挖掘模块中的关联规则，能利用其进行商品组合关联分析，优化营销策略。

【思考与练习】

1.通过学习平台相关模块，了解关联规则的理论知识、适用场景及相关参数说明，思考关联算法的其他应用场景。

2.理解模型含义，使用关联规则对本章购物篮分析这一案例进行实际操作。

第七章

跨境电商精准营销

1. 了解什么是精准营销。
2. 了解决策树算法在精准营销中的用途。
3. 掌握大数据时代背景下电商精准营销的策略。

▶ **学习重点、难点**

学习重点

1. 了解精准营销的实现策略。
2. 利用决策树进行产品营销精准定位。

学习难点

1. 商品品牌特点抓取与精准营销策略的融合。
2. 应用大数据分析工具在跨境网络平台上进行精准营销。

▶ **思维导图**

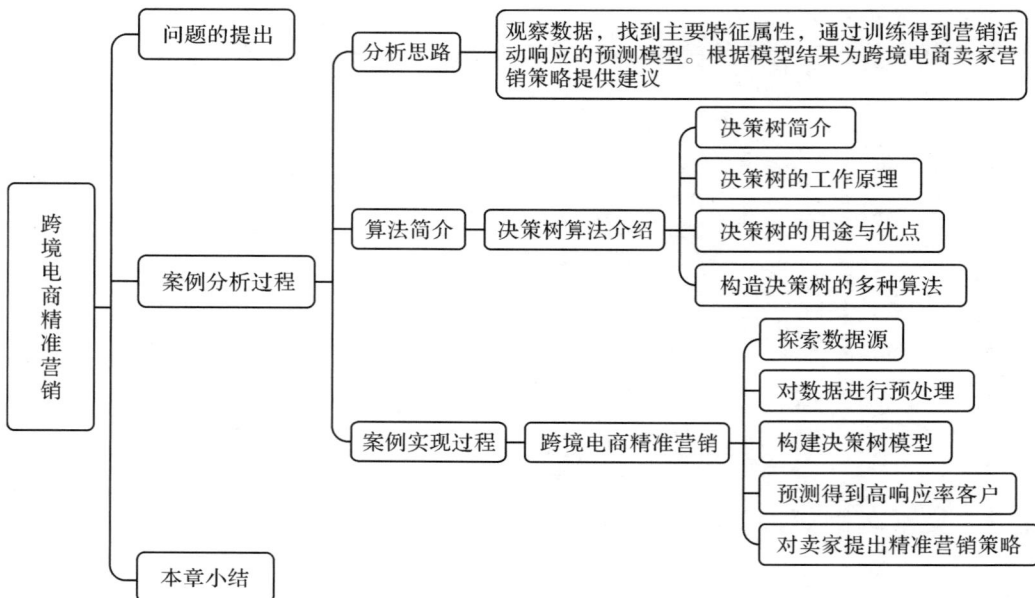

第一节 问题的提出

一、精准营销理论

精准营销指的是在定性和定量研究完美融合的基础上来分析目标市场的消费群体,根据众多消费者中差异化的行动特征和消费心理,企业结合最新的信息技术手段和先进的营销理论针对性地和消费群体建立营销沟通渠道。也就是说,进行精准营销的重点就是选择合适的时间,使用有效的方案,把产品或者服务送给正好有需要的消费者,这就是精准营销的内涵。

客户完成本次购买到下次购买的这段时间,如何留住老客户对于任一商家来说都十分关键。事实上,许多企业过多地看重拉新,将大量的时间、精力和资源都放在了培养新顾客这件事上,但如果不能让企业之前吸引的客户成为回头客,那么以前的付出都是徒劳的。维护好老顾客是预防顾客流失和创建消费者忠诚的一种策略。一些研究表明,维持老客户的成本只有获得新客户成本的1/5。也就是说,相对于花费大精力去发掘新的客户,向老客户推销产品要更加轻松。因此,为了留住老客户,许多公司关注用户反馈并对这些信息进行收集和数据分析。因此,正确营销的关键是制定明确的量化目标。

许多营销人员都认可增加收入和节约成本的最快方法是通过与现有客户沟通来增加销售额,同时促进交叉销售。例如,保险行业的人知道,相对于那些购买了两种以上相关保险产品的用户来说,在一家公司只认购过一次保险产品的消费者更换保险公司的概率要大很多。提升客户忠诚度和企业利润的最优策略就是增加交叉销售额,实现营业收入的增长。营销响应预测通过分析过去的数据来了解总体的销售情况,以及用户消费现状、产品销售现状、流量现状、风控现状、市场竞争现状,有利于市场部门利用这些数据来预测下一个营销活动详细的响应活动成员列表和响应概率,并制定准确的营销策略。因此,本章案例的重点在于对客户的营销活动响应情况进行预测,从而把握客户未来消费的可能性。

二、问题设计

某跨境电商公司数据分析运营专员准备运用决策树算法对市场部收集到的客户人群特征数据进行分析,挖掘出用户对于营销活动的反应,进而帮助企业减少成本,专门针对会响应营销活动的客户进行广告推送,实现精准营销。要想达成该构想,首先需要分析客户特征,了解不同的客户类型,再利用模型算法进行建模分析,得出高响应率客户,对他们实施精准的营销手段,进而提供优质的服务和高质量的产品。这样不仅有利于企业去控制销售成本,同时也能精准地为客户提供更好的服务。

三、问题解决思路

本章案例主要通过对收集到的跨境电商买家的特征数据进行分析,并根据分析结果为跨境电商卖家在营销时提供建议。案例采用决策树算法,需要思考什么是跨境电商卖家应该优先考虑的属性,什么是次要考虑的属性。利用决策树制订预测方案的思路如下。

第一,观察数据,找到主要特征属性。

第二,通过训练得到营销活动响应的预测模型,建立消费者人群特征数据的决策树模型。

第三,根据模型结果为跨境电商卖家营销策略提供建议。

第二节　决策树算法介绍

一、决策树简介

决策树是在数据分析过程中常用的一种树形结构的分类算法。其中对属性的测试由每个内部节点来表示,测试输出由每个分支来表示,类型由每个叶节点来表示。分类的路径规则是从根节点到每个叶节点。在测试新样本时,从根节点开始,在每个节点进行测试后,沿着相应的分支进入子树测试,一直到达叶节点,这时的叶节点表示的类型是当前测试样本的预测类型。决策树是在已知情况发生概率的基础上,通过构造决策树来求取净现值的期望值大于等于零的概率、评价项目风险、判断其可行性的决策分析方法,是直观运用概率分析的一种图解法。在机器学习中,决策树是一种表示对象属性和对象值之间映射关系的预测模型。为了能够更加透彻地理解和学习决策树分类方法,必须先理解以下决策树理论的相关概念。

(一)根节点(root node)

根节点是测试属性之一,相对其他测试属性而言,具备较优的分析能力,从树的形态上看是决策树算法的入口。

(二)叶节点(leaf node)

叶节点表示决策树分类结果的集合。

(三)内部节点(internal node)

内部节点表示待分类属性,即测试属性。

(四)分枝(edge)

从树的形态上看是一个节点到另一个节点的唯一路径,在决策树算法中表示测试属性的一种取值范围。

(五)训练集

训练集是一组属性范围明确、分类类别确定的数据样本集合,用于决策树的构造。

(六)测试集

与训练集相同,测试集也是类别已知的一组实例集合,不同的是测试集主要用于测试决策树的分类性能,用于决策树的剪枝操作。

(七)分类规则

从树的形态上看,决策树分类算法的结果输出是分类规则,它代表从树的根节点到树的叶节点的唯一途径。

图 7-1 为一个决策树算法的示意图,其中,椭圆用来表示内部节点,矩形表示叶节点。

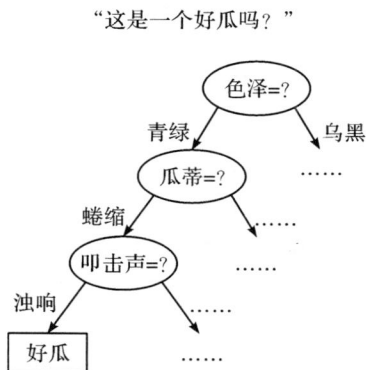

图 7-1　决策树示意

二、决策树的工作原理

决策树将类标签指定给所有叶节点。所有非最终节点(包括根节点和内部节点)都有一个属性测试条件与其对应。从根节点到叶节点的所有路径都是完整的决策树规则。具体的决策树工作原理如图 7-2 所示。

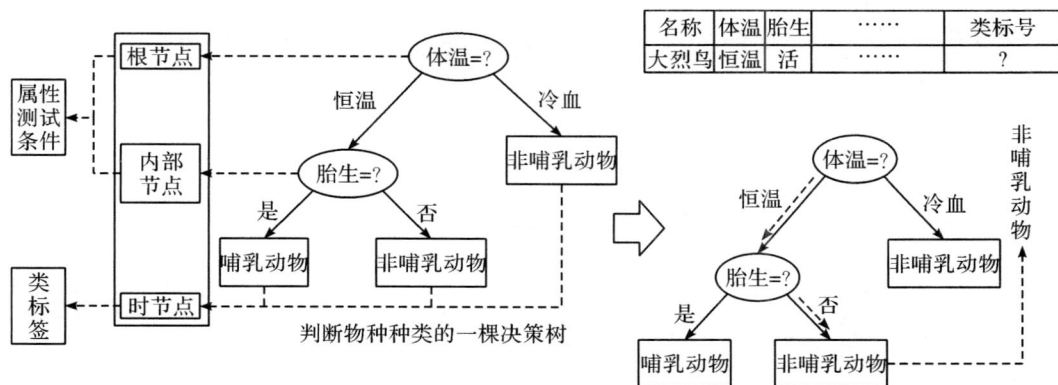

图 7-2　决策树工作原理

三、决策树的用途与优缺点

(一)决策树的用途

决策树是一种决策技术,在企业的投资决策当中具有广泛的应用,它是随机决策模型中最常见、最实用的决策模型和方法,这种方法可以有效地将决策风险进行控制。决策树算法利用树状图来展现每一种决策的期望值,计算并找出效果最佳、成本最低的决策方法。决策树算法是一种风险型决策方法,其应用条件不同于确定性的决策方法。要应用决策树算法,必须满足以下条件。

第一,具有决策者期望达到的明确目标。

第二,具有两个或两个以上可以执行的备选方案供决策者选择。

第三,存在两个以上的不可确定的因素(如市场变化、经济发展变化等),且决策者没有办法控制这些因素。

第四,可以计算出在不同因素的作用下不同方案的收益或损失情况。

第五,不确定因素发生的可能性可以被决策者进行评估。

在当前的社会经济活动中,企业竞争越来越激烈,许多经营方案可供企业选择,如何消耗最少的资源获得最大的回报及最大化地规避企业运营风险,一直是企业决策者所面临的决策难题,决策树算法有助于决策者更容易地去分析公司的管理风险和运营方向。随着社会的进步和经济水平的提高,企业决策的数量不断增加,决策的质量取决于科学的决策过程。企业决策水平的提高,有助于企业管理水平的提升。

(二)决策树的优缺点

1. 决策树的优点

(1)决策树概念和结果比较容易让人理解,在学习决策树算法的过程中并不要求学习者掌握大量的背景知识,它具有将数据直接表达出来的特征,决策树所要表达的含义经过解释后参与者都有能力理解。

(2)数据的准备过程对于决策树来说是相对容易的,而且数据型和常规型属性能够同时被决策树处理,对大型的数据源也可以在非常短的时间内做出可行且效果良好的预测。

(3)决策树是一种通过静态测试评估模型并测量模型可靠性的简单易行的方法。假如给定一个观测模型,根据得到的决策树能够很容易地推导出对应的逻辑表达式。

2. 决策树的缺点

(1)不适用预测连续性的字段。

(2)如果数据中包含时间序列,就需要对数据提前进行预处理。

(3)当类别过多时,就会增加错误发生的概率。

四、构造决策树的多种算法

(一)ID3 算法

ID3 算法在 1979 年被罗斯·昆兰提出,ID3 算法通过对节点信息的增益进行计算从而选出节点属性。信息增益越高,用这个属性作为节点分割数据集的纯度越高。所以信息增益可用于决策树划分属性的选择,其实就是选择信息增益最大的属性。ID3 算法的规则还算简易,具有较强的解释性。倾向于选择取值比较多的属性是 ID3 算法的缺陷,所以存在有些属性可能对分类任务没有太大作用(比如编号,但一般不会选择编号字段作为一个属性),却仍然会被选为最优属性的问题。这种缺陷不是每次都会发生,只是存在一定的概率,但针对可能发生的缺陷,后人提出了新的算法进行改进。

(二)C4.5 算法

C4.5 算法是在对 ID3 算法进行的优化的前提下建立起来的,因为 ID3 算法的缺陷,它在计算时偏向于选择取值相对多的属性,为了弥补这个缺陷,采用信息增益率的方式来选择属性的 C4.5 算法被提了出来。

信息增益率公式如下

$$信息增益率＝信息增益/属性熵$$

当属性有很多值的时候,相当于被划分成了许多份,虽然信息增益变大了,但是对于C4.5 算法来说,属性熵也会变大,所以整体的信息增益率并不大,从而避免了 ID3 算法的缺陷。

ID3 算法在构造决策树的时候,经常会出现"过拟合"的现象。而在 C4.5 算法中,会在决策树构造之后采用悲观剪枝。悲观剪枝通过递归估算每个内部节点的分类错误率,比较剪枝前后这个节点的分类错误率来决定是否对其进行剪枝,以提升决策树的泛化能力。

相比于 ID3 算法,C4.5 算法用信息增益率替代了信息增益,避免了噪声敏感的缺陷,而且可以对构造树进行剪枝,同时还能处理连续数值与数值缺失的情况。但是 C4.5 算法的效率比较低下,因为它需要多次扫描数据集。

(三)Cart 算法

Cart 算法与 ID3、C4.5 算法有不同之处,区别在于二叉树是 Cart 算法生成的必要条件。也就是说,无论是回归还是分类问题,无论特征是离散的还是连续的,无论属性取值有多个还是两个,内部节点只能根据属性值进行二分。

Cart 又被称为分类回归树,所以说 Cart 可以是分类树或回归树。进行分类时,Cart算法使用 Gini(基尼)指数最小化准则来选择特征并进行划分。Gini 指数(Gini 不纯度)表示一个随机选择的样本在样本集合中分错的概率。Gini 指数越小代表在集合中被选中的样本被分错的概率越小,从而集合的纯度越高;反之,集合越不纯。当集合中所有样本为一个类时,Gini 指数为 0。所以 Cart 算法选择 Gini 指数小的属性作为决策树的节点。

第三节　跨境电商精准营销

一、探索数据源

本章案例商家的历史顾客的人群特征订单数据涉及以下字段:"Age""Total_Pageviews""Edu_Ages""Income""User_Level""Value_Level""Act_Level""Sex""Response"。该数据集包含的具体信息如图 7-3 所示,共有 45 条数据,此处仅列示部分数据。

新建实验,保存之后从左边数据源中拖拽"关系数据源"到中间画布区,并在右边参数数据源中选择买家人群特征数据。执行之后,右击查看输出,即可查看本数据源详细数据。

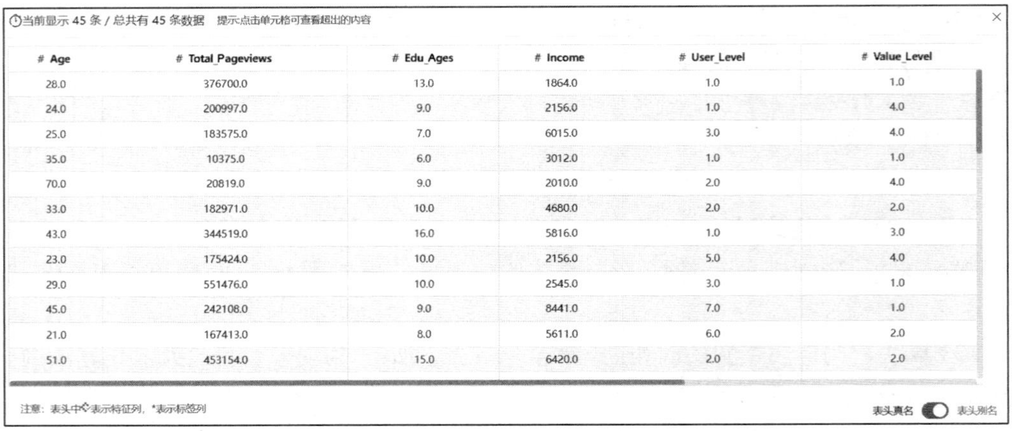

当前显示 45 条 / 总共有 45 条数据　提示点击单元格可查看超出的内容

# Age	# Total_Pageviews	# Edu_Ages	# Income	# User_Level	# Value_Level
28.0	376700.0	13.0	1864.0	1.0	1.0
24.0	200997.0	9.0	2156.0	1.0	4.0
25.0	183575.0	7.0	6015.0	3.0	4.0
35.0	10375.0	6.0	3012.0	1.0	1.0
70.0	20819.0	9.0	2010.0	2.0	4.0
33.0	182971.0	10.0	4680.0	2.0	2.0
43.0	344519.0	16.0	5816.0	1.0	3.0
23.0	175424.0	10.0	2156.0	5.0	4.0
29.0	551476.0	10.0	2545.0	3.0	1.0
45.0	242108.0	9.0	8441.0	7.0	1.0
21.0	167413.0	8.0	5611.0	6.0	2.0
51.0	453154.0	15.0	6420.0	2.0	2.0

注意：表头中◇表示特征列，*表示标签列　　表头真名　表头别名

图 7-3　输出数据源

所有字段的详解及字段类型如表 7-1 所示。

表 7-1　字段的详解及字段类型

字段名称	详解	字段类型
Age	年龄	数值型
Total_Pageviews	总页面浏览量	数值型
Edu_Ages	受教育年限	数值型
Income	收入(单位:美元)	数值型
User_Level	用户等级(分类变量,值域[1,7])	数值型
Value_Level	用户价值度分类(分类变量,值域[1,6],数值越大价值越高)	数值型
Act_Level	用户活跃度分类(分类变量,值域[1,5],数值越大,活跃度越高)	数值型
Sex	性别(M 代表男性,F 代表女性)	字符型
Response	目标变量(1 代表用户响应,0 代表用户没有响应)	数值型

二、对数据进行预处理

(一)将字符型字段进行特征转换

由于算法模型的字段仅支持数值型格式,所以需要将字符型字段转换成数值型,这里需要用到“特征转换”节点来实现特征类型的转换。如图 7-4 所示,选择“特征工程”中的“特征选择”节点,在选择特征列中将需要转换类型的文本型字段“Sex”添加到 “已选字段列表”中,进行特征转换,为后续模型的训练做准备。

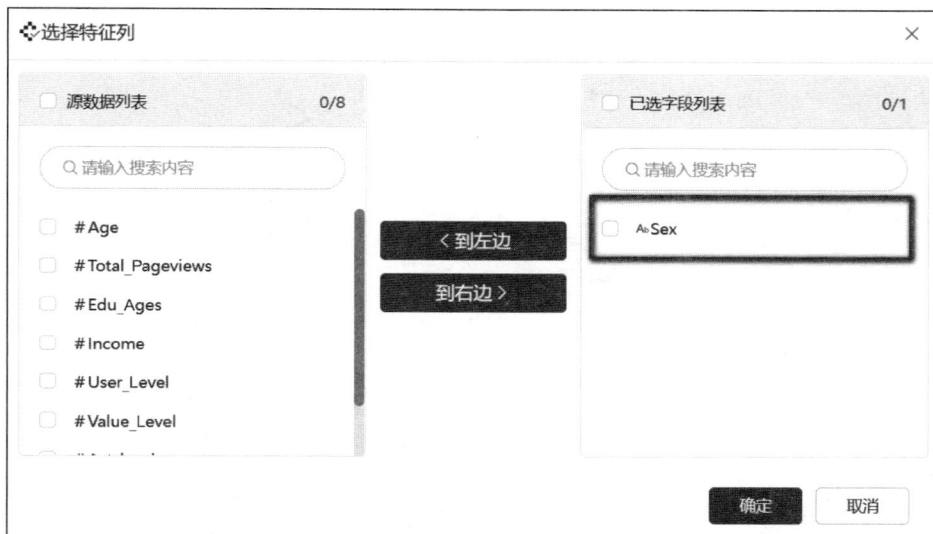

图 7-4　选择需要进行转换的特征列

　　添加"特征工程"中的"特征转换"节点至画布区，该节点的作用是为转换特征列增添后缀名而形成新的一列字段。该新增后缀名如图 7-5 所示，为"Index"。

图 7-5　新增后缀名

　　通过抽取、变换进行特征转化处理，原字段"Sex"字段转换为了"Sex Index"，如图 7-6 所示，转换流程如图 7-7 所示。

Jser_level	# Value_level	# Act_level	ᴬᵇ Sex ⬦	# Response	# Sex Index
1.0	1.0	2.0	M	0	0
1.0	4.0	1.0	M	0	0
3.0	4.0	3.0	M	1.0	0
1.0	1.0	5.0	M	0	0
2.0	4.0	1.0	F	0	1.0
2.0	2.0	6.0	M	1.0	0
1.0	3.0	1.0	F	1.0	1.0
5.0	4.0	8.0	F	0	1.0
3.0	1.0	9.0	F	1.0	1.0
7.0	1.0	1.0	F	1.0	1.0

注：表头中⬦表示特征列，*表示标签列

图 7-6　特征转化后的字段

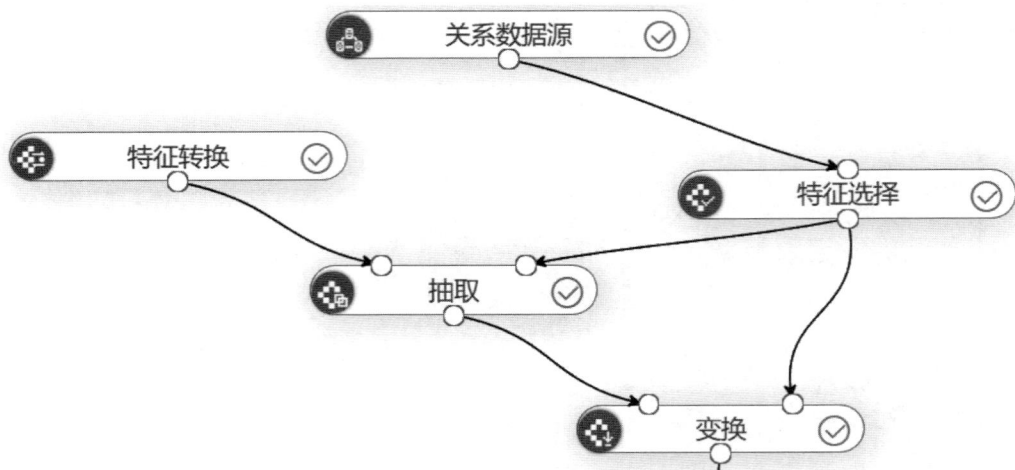

图 7-7　转换流程

(二)特征选择

为了后续分开的训练集和预测集不用再分别做一次特征选择,可先将进行数值转换好后的字段进行特征选择操作,为后续模型训练做准备。它的具体作用是从数据集中选取有用特征,用于分类预测或者回归预测算法的训练。其中标签列必选,具体的特征列和标签列配置如图 7-8 所示。

图 7-8　选择特征列和标签列

所选择特征列的字段为与所需要预测的"Response"字段有较大相关性的特征字段,这里需注意的是,特征列中对于进行特征变换的字段,要选择已经进行了特征变换后的字段,即以"Index"结尾的字段,即"Sex Index"。而标签列为后续所需要预测的"Response"字段。

(三)行选择筛选

由于源数据中包含了需要预测的行数据,即数据集中的最后 5 条行数据。为了模型的训练及后续的预测,这里需用到两个"行选择"节点,将需要预测的行数据和训练集筛选出来。"行选择"节点的应用是根据不同的筛选或者删除条件,选择不同数量的行。两个"行选择"节点的具体配置如图 7-9 和图 7-10 所示。

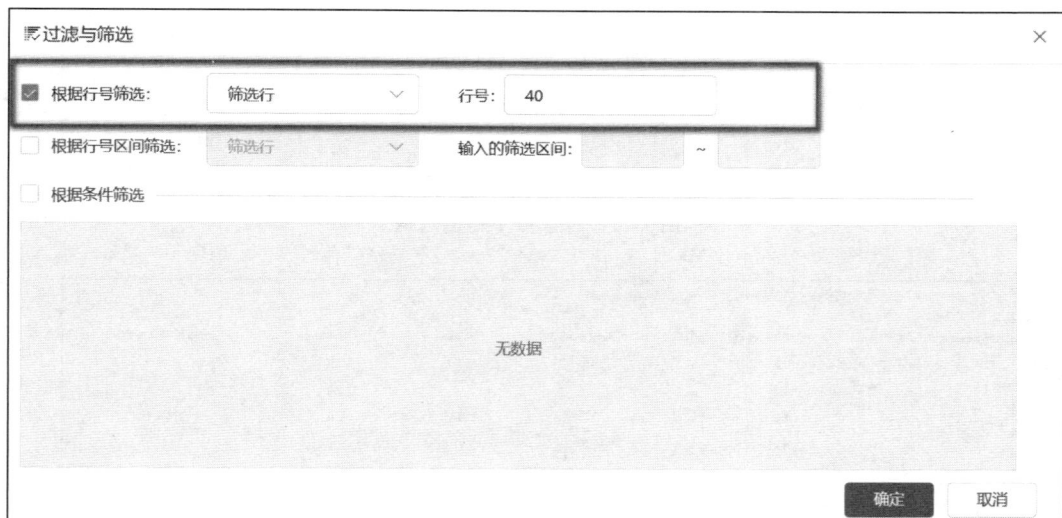

图 7-9　行选择 1

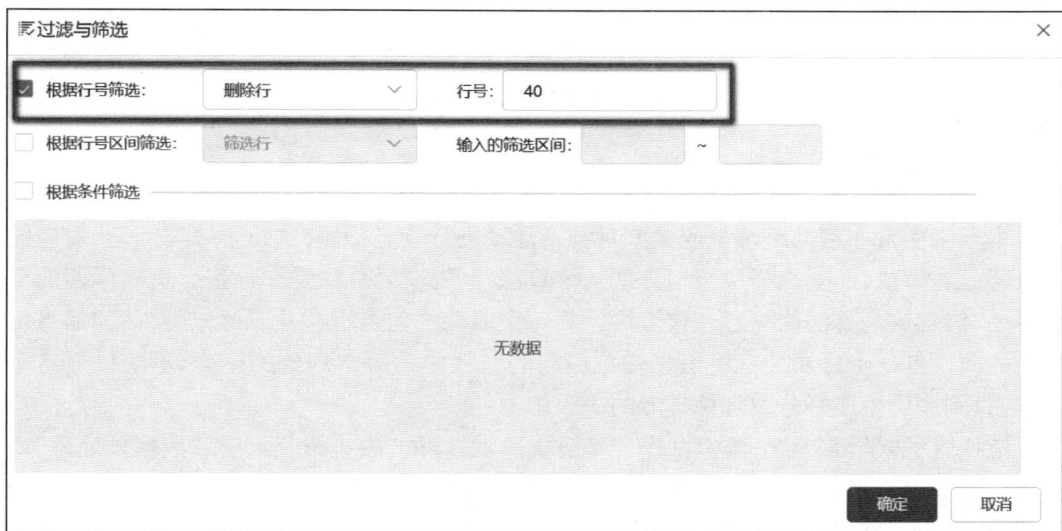

图 7-10　行选择 2

两个"行选择"节点运行后输出的筛选结果如图 7-11 和图 7-12 所示。

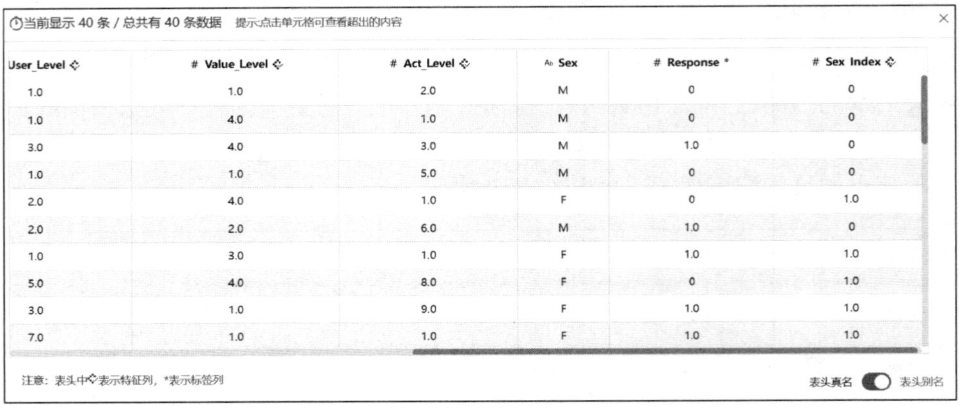
当前显示 40 条 / 总共有 40 条数据　提示:点击单元格可查看超出的内容

User_Level	# Value_Level	# Act_Level	Sex	# Response *	# Sex Index
1.0	1.0	2.0	M	0	0
1.0	4.0	1.0	M	0	0
3.0	4.0	3.0	M	1.0	0
1.0	1.0	5.0	M	0	0
2.0	4.0	1.0	F	0	1.0
2.0	2.0	6.0	M	1.0	0
1.0	3.0	1.0	F	1.0	1.0
5.0	4.0	8.0	F	0	1.0
3.0	1.0	9.0	F	1.0	1.0
7.0	1.0	1.0	F	1.0	1.0

注意:表头中◇表示特征列,*表示标签列　表头真名　表头别名

图 7-11　行选择 1 输出数据

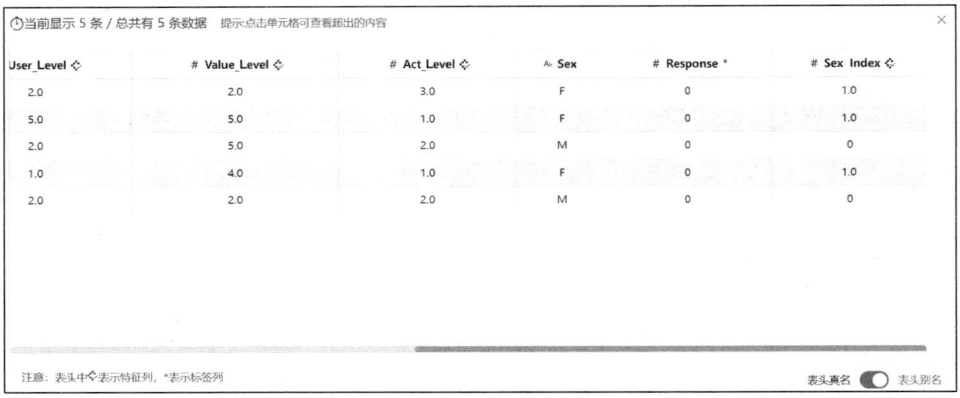
当前显示 5 条 / 总共有 5 条数据　提示:点击单元格可查看超出的内容

User_Level	# Value_Level	# Act_Level	Sex	# Response *	# Sex Index
2.0	2.0	3.0	F	0	1.0
5.0	5.0	1.0	F	0	1.0
2.0	5.0	2.0	M	0	0
1.0	4.0	1.0	F	0	1.0
2.0	2.0	2.0	M	0	0

注意:表头中◇表示特征列,*表示标签列　表头真名　表头别名

图 7-12　行选择 2 输出数据

三、构建决策树模型

本章案例旨在帮助跨境电商卖家对营销活动进行响应预测,这属于分类问题,对应的算法为分类算法,此处选择决策树算法。该算法为多分类算法,是一种基于机器学习的分类算法,信息熵是算法的核心。该算法计算每个属性的信息增益并以此分类,认为信息增益高的属性是一个好属性。将信息增益最高的属性作为每次划分的标准,不断反复这个过程,直到最后生成好分类训练样本的决策树。

拖拽“机器学习”—“分类算法”—“多分类算法”中的“决策树”节点和“数据预处理”中的“拆分”节点至画布区,“拆分”节点承接进行了“行选择 1”操作后的训练集。数据拆分是将原始样本集按照训练集和测试集的方式拆分为两个子集。拆分后各个子集的比例总和小于等于 100%。数据拆分经常作为回归或者分类算法节点的前置节点。具体的算法参数配置如图 7-13 所示,分裂特征的数量为 32,树的深度为 4。“拆分”节点的参数配置如图 7-14 所示,数据集占比为 0.5,随机种子默认为 1。

图 7-13 决策树算法的参数配置

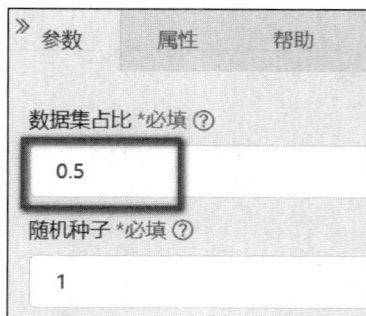

图 7-14 拆分节点的参数配置

选择"机器学习"—"训练"中的"训练"节点和"机器学习"中的"预测"节点至画布区。"训练"节点是基于选择的特征,对各种分类和回归算法进行训练,左边输入为待训练的算法,右边输入则为训练集。而"预测"节点根据训练集及各种分类或回归算法对测试集进行结果预测,左边输入为已训练的模型或者已保存的模型,右边输入为测试集。

用 Cart 算法训练出的决策树结果如图 7-15 所示。

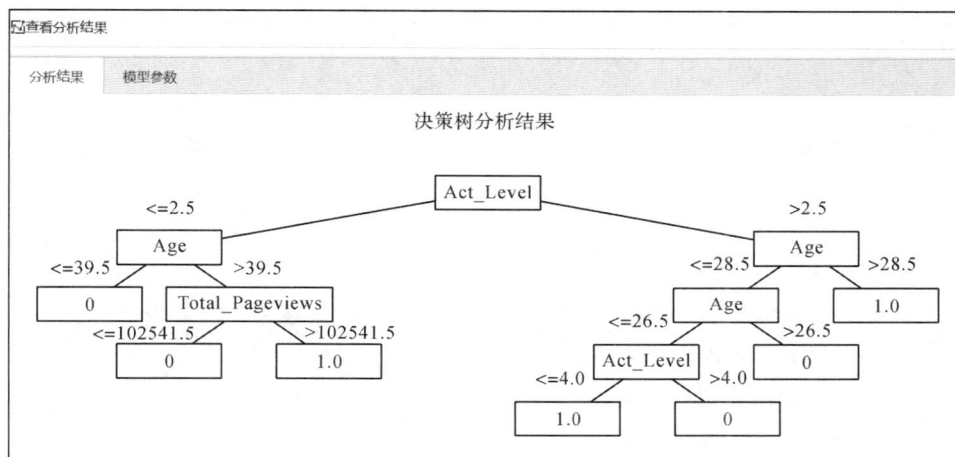

图 7-15 训练节点生成的决策树

以下 3 条路径的最终结果是 1.0,即符合该条件下的买家特征会响应营销活动。

Act_Level(用户活跃度)≤2.5→Age(年龄)>39.5→Total_Pageviews(总页面浏览量)>102541.5→1.0。

Act_Level(用户活跃度)>2.5→Age(年龄)>28.5→1.0。

Act_Level(用户活跃度)>2.5→Age(年龄)≤26.5→Act_Level(用户活跃度)≤4.0→1.0。

若需要进行精准的营销推广,跨境电商卖家可以考虑这 3 条路径的条件,并与实际情况相结合进行原有营销策略的调整。

最终将模型预测的结果承接给"评估"节点,对分类算法模型的预测效果进行评估,检验模型在分类任务中的表现或者检验其在回归任务中的可靠性。运行并查看评估节点,具体评估结果如图 7-16 和图 7-17 所示。

☑查看分析结果

指标	值		
confusion matrix(混淆矩阵)	真实|预测	0	1
	0	9	5
	1	0	4
accuracy(准确率)	0.7222222222222222		
roc曲线	查看ROC曲线		
auc	0.8214285714285714		
ks	查看KS曲线		
weighted precision(加权精确率)	0.8765432098765432		

图 7-16 评估结果 1

☑查看分析结果

指标	值
accuracy(准确率)	0.7222222222222222
roc曲线	查看ROC曲线
auc	0.8214285714285714
ks	查看KS曲线
weighted precision(加权精确率)	0.8765432098765432
weighted recall(加权召回率)	0.7222222222222222
weighted F1 score(加权F1分数)	0.7454477889260498
Class 0 precision(精确率)	1.0
Class 0 recall(召回率)	0.6428571428571429
Class 0 F1 score(F1分数)	0.782608695652174

图 7-17 评估结果 2

混淆矩阵也称误差矩阵,是一种用来对精度进行评价的十分标准的格式,通常用 n 行 n 列的矩阵形式来代表。在数据挖掘领域,混淆矩阵是一种可视化工具,专门用于监督学习。预测的类别由混淆矩阵的每一列来表示,该类别中预测的数据的数目由每一列的总数表示,数据的真实归属类别由每一行表示,该类别的数据的实际数目由每一行的数据总数表示。

如图 7-16 所示,第一行第二列中表示有 9 个实际归属 0 的实例被预测为 0。同理,第一行第三列的 5 表示有 5 个实际归属为 0 的实例被错误预测为 1。总体来说,预测正确的有 13 个,预测错误的有 5 个。

观察评估结果 1(见图 7-16)和结果 2(见图 7-17)可以看到,该模型的准确率(预测某类正确的样本比例)约为 72.22%,加权 F1 分数约为 74.54%,可知该模型预测效果较好。

四、预测得到高响应率客户

将行选择 2 筛选出来需要预测的数据集承接给第二个"预测"节点。第二个"预测"节点,左边输入为已训练的模型,右边输入为行选择 2 筛选出来的测试集。整体工作流程如图 7-18 所示。

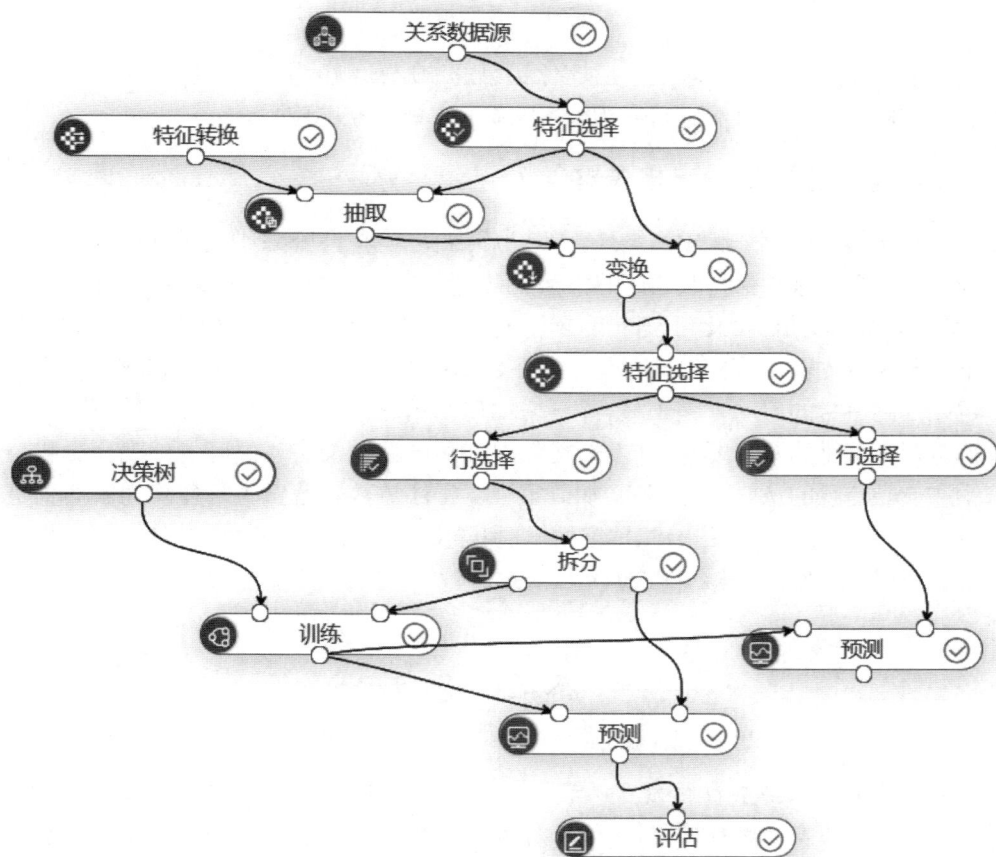

图 7-18　整体工作流程

运行第二个"预测"节点查看预测结果,在列最后出现的新字段"Prediction"即为预测的结果,如图 7-19 所示。

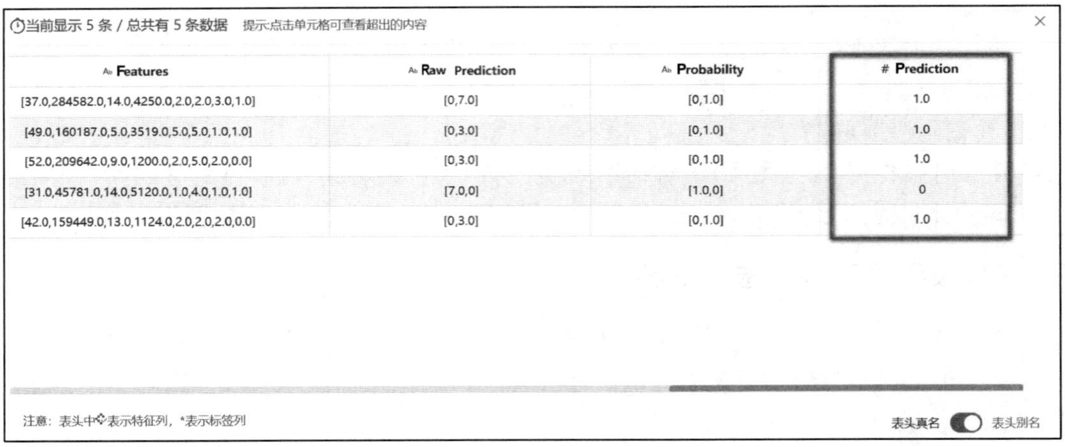

当前显示 5 条 / 总共有 5 条数据　提示:点击单元格可查看超出的内容

Features	Raw Prediction	Probability	# Prediction
[37.0,284582.0,14.0,4250.0,2.0,2.0,3.0,1.0]	[0,7.0]	[0,1.0]	1.0
[49.0,160187.0,5.0,3519.0,5.0,5.0,1.0,1.0]	[0,3.0]	[0,1.0]	1.0
[52.0,209642.0,9.0,1200.0,2.0,5.0,2.0,0.0]	[0,3.0]	[0,1.0]	1.0
[31.0,45781.0,14.0,5120.0,1.0,4.0,1.0,1.0]	[7.0,0]	[1.0,0]	0
[42.0,159449.0,13.0,1124.0,2.0,2.0,2.0,0.0]	[0,3.0]	[0,1.0]	1.0

注意：表头中表示特征列，*表示标签列　　表头真名　表头别名

图 7-19　预测结果

根据该预测结果可以了解到最后 5 位买家的响应预测结果分别是：1.0(买家响应)、1.0(买家响应)、1.0(买家响应)、0(买家不响应)、1.0(买家响应)。

五、对卖家提出精准营销策略

观察整体模型的训练和预测结果，可以为卖家提出如下策略：①电子邮件营销。电子邮件营销是与在线客户保持联系的好方法，可以直接与了解产品并对其感兴趣的人交流。②营销自动化。营销自动化可以降低成本，提高转化率，增加订单的平均单价，并在某些情况下改善采购体验。营销自动化是一种在自动化平台上管理营销流程和业务流程的技术。可以找到适合的自动营销工具，并学习如何使用它们。③优化页面设计。图形和页面设计是网络营销的基本要素。广告、文章内容和产品详细信息页面的外观会影响公众对营销和产品信息的认知，因此务必加以重视。④注重内容营销。写作能力本质上是一种在线交流技能。电商产品描述、博客帖子、引导文章、产品微视频脚本，都需要写作。如果写得好，它将帮助你获得更多的曝光从而达成营销目的。

本章小结

预测客户营销活动响应行为可以节约企业的营销成本，同时也能更精准地为客户提供更好的服务。为实现精准营销，有效预测客户对营销活动的反应情况，本章案例首先收集并分析客户人群的特征数据，了解不同客户拥有的特征属性；其次，利用决策树算法进行建模分析，建立消费者人群特征数据的决策树模型，得出高响应率客户；最后，根据模型结果对客户实施精准的营销手段，推送合适的产品或服务。

为了能对客户进行精准营销，本案例的具体实现流程如下：①获取现有卖家的历史客户人群特征订单数据，共 45 条，将其导入“关系数据源”，在“关系数据源”节点可选择查看详细数据。②在对数据进行基础探索之后，由于算法模型的字段仅支持数值型格式，因此需要将字符型字段"Sex"通过"特征转换"转换成数值型，得到"Sex Index"字段。③对进行数值转换好后的字段进行特征选择操作，所选择特征列的字段为与所需要预测的"Response"字段有较大相关性的特征字段。④为了模型的训练及后续的预测，这里需用到两个"行选择"节点，将需要预测的行数据和训练集筛选出来。⑤完成对数据的预处理后，选择"决策树"作为本案例的算法。⑥确认算法后，需要对训练集数据进行拆分，将数据拆分成训练数据集和测试数据集，并进行模型训练，设置好参数，对训练数据集进行"训练"，同时引入测试集对训练结果进行预测，执行成功之后，在"预测"中查看分析结果。⑦获得结果后，根据混淆矩阵和模型的 ROC 曲线评估模型的拟合情况，拟合结果说明模型拟合情况较好。⑧完成训练集数据分析后，对需要预测的行数据进行同样的操作，注意预测时的训练集数据为前面已经进行了训练的数据。模型全部运行成功后，在列最后出现的新字段"Prediction"即为预测的结果。

根据模型运行结果可知，消费者响应营销活动共有 3 种特征：①当用户活跃度小于等于 2.5，年龄大于 39.5 岁，总页面浏览量高于 102541.5。②当用户活跃度大于 2.5 时，年龄大于 28.5 岁。③当用户活跃度大于 2.5，年龄若小于等于 26.5 岁，那么用户活跃度小于等于 4。并且根据预测结果可知，最后 5 位买家有 4 位会响应营销活动，说明该超市客户响应率较高。按照该结果，可向卖家提出 4 条营销策略建议：①电子邮件营销。对以上高响应率客户通过邮件将产品或业务向客户直接进行推荐。②营销自动化。对客户进行产品个性化内容推送，降低营销成本，提高转换率。③优化页面设计。优化店铺产品的页面设计，突出产品卖点，精准定位客户人群。④注重内容营销。通过对电商产品进行描述，发布博客帖子、微视频吸引人流，提高产品曝光度。

▶ **拓展实训**

精准营销的运用

【实训目的】

巩固决策树算法的原理；通过教师讲解与实际操作，了解决策树算法的深层意义，借助数据处理与营销策略探讨，实现多个数据库之间的匹配与衔接，帮助企业进行产品策略的优化与动态管理。

【思考与练习】

1.通过学习相关模块，掌握决策树算法制定商品精准营销策略的方法。

2.了解决策树算法的基本原理，思考如何延伸利用现代信息技术工具建立个性化的顾客沟通服务系统。

第八章

供应商评估与选择

▶ **教学目标**

1. 了解什么是供应商管理。
2. 掌握供应商的评估标准。
3. 运用决策树算法进行供应商的评估与选择。

▶ **学习重点、难点**

学习重点

1. 理解决策树的构建原理。
2. 运用决策树算法为商家提供选择方案。

学习难点

1. 掌握决策树模型的构建方法。
2. 掌握决策树算法的基本原理和用途。

▶ **思维导图**

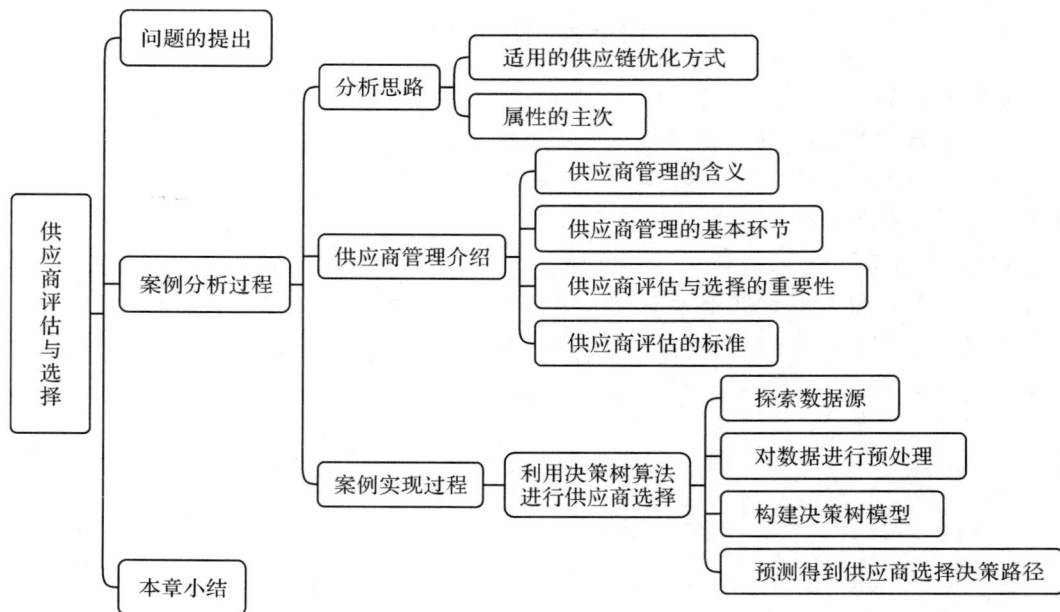

第一节　问题的提出

一、供应商评估与选择理论

供应商、制造商和销售商是供应链的重要组成部分,且关系密切。由于供应链中最关键的是供应商,所以要想保证供应链的运作流畅,需要注意供应商的选择和评价。技术、质量、价格和交货是评估供应商能力的基本要素。技术方面需要供应商有可持续的研发能力。质量方面应当考虑其质量把控能力和维护质量体系稳定性的能力。价格方面则要观察其核算能力。交货方面重点考虑除了能够及时交付外,是否还具备发生突发事件时的基本供应能力。

在市场经济的作用下,企业采购时的外部环境发生了很大的变化。主要从采购渠道多、价差大、质量控制难、采购风险高等角度对企业采购提出了新的要求。因此,企业需要调整传统的采购观念,以经济效益为中心,以降低采购成本为出发点,合理选择供应商,充分发挥创造性采购的作用。供应商选择非常重要,公司不光需要根据公司的实际情况来选择,还需要对供应商进行具体分析,从而选择与公司发展战略较为符合的供应商。此外,供应商很难在所有方面都表现得足够优秀,比如,提供优质产品的供应商价格也较高。在这样的背景下,采购物料方案的制订则显得尤为重要,如何制订一份科学的采购方案,制订采购方案的原则是什么,这是企业在优化供应链时必须解决的问题。因此,在实际中需要综合供应商多方面的影响因素后才能做出最终的选择。

(一)质量

质量是选择供应商时最重要的参考因素,是供需双方合作的基本前提。质量指标主要是指供应商提供的各种材料(包括原材料、初级产品或消费部件)的质量。通常,买方应在与供应商合作之前检查供应商生产的产品质量。检验活动可以包括对样品的质量检验、对实际生产和质量过程的控制,并评估供应商的质量控制体系。一般来说,采购材料的质量并不是越高越好,而是达到质量与价格的平衡点并满足公司的需求即可。如果质量很高,买方将承担相应优质量产品的高价格。而高价格会影响产品销量,这会与公司的产品定位和竞争战略相冲突。为了验证供应商的产品质量,买方必须确认供应商是否有有效的产品质量控制体系,即质量控制能力。审查供应商质量管理水平的要素包括是否有质量管理体系手册、是否有质量管理细则并认真实施和执行、是否有质保操作计划及年度质量控制的目标和改进计划。同时还应关注相关评估机构是否有评估级别,是否通过了 ISO 9000 质量认证。

(二)价格

在选择符合质量要求的供应商时,买方必须首先考虑每个供应商的报价。尤其是采用招标方式采购的标准件,其价格是供应商选择的最重要指标。价格因素主要是指供应商提供的原材料,以及原材料或消费品组件的价格。供应商的产品价格决定了整个供应链的采购方式、最终价格和下游公司的投入产出比,从而对制造商和供应商的利润率产生影响。在采购谈判中,价格始终是双方争议和博弈中最具挑战性的部分。相关研究表明,20世纪90年代,中国企业选择供应商的主要标准首先是产品质量,其次便是价格。

(三)交货能力

目前,供应链管理对企业来说越来越重要,供应链之间的竞争日趋激烈。对于公司来说,供应链中的其他公司和市场是外部系统。供应链中其他公司的变化会导致公司或供应链的变化,而市场的不稳定会致使供应链不同阶段库存的变化。交货提前期的存在导致供应链每个阶段库存变化的延迟,并逐渐导致库存扩张。交货提前期越短,库存变化越小,公司对市场的反应越快,对市场越敏感。因此,交货提前期是一个重要的概念。交货能力比交货时间的概念更丰富。它包括交付时间、买方对交付数量和交付时间变化的响应,以及及时交付材料以满足买方需求的能力。及时交货是指供应商在买方要求的地点和时间交付规定的产品。如果供应商的交货时间变动较大,肯定会影响制造商和销售商的运营计划。

(四)服务水平

服务水平涉及供应商在履行采购协议期间就材料或设备的使用、缺陷产品的更换、设备使用方法的培训及相应的故障排除向买方提供的支持。这意味着供应商向采购公司提供适当质量保证和售后服务的所有活动。如果相关部门在销售过程中不及时跟踪,那么当相关问题出现时就会给采购公司带来很多麻烦,从而增加采购公司的材料成本和生产成本,影响新设备的生产连续性和调试进度,给采购公司带来巨大的经济损失。因此,许多采购公司非常重视客户服务,这已成为选择供应商过程中的另一个重要因素。

(五)供应商的地理位置

供应商地理位置的重要性因项目而异。如果配送材料的运输成本占买方采购成本的很大一部分,那么供应商的地理位置比买方的地理位置更重要。当采购的材料或设备需要双方密切合作,特别是在需要供应商参与新产品的开发时,地理位置将直接影响通信的便利性和相应的出行成本。此外,供应商的地理位置有时决定了某些原材料的稳定性和价格水平,这直接影响原材料的采购成本,进而影响买方供应商的选择。

(六)供应商的信誉

供应商信誉是指供应商在与采购公司或其他买家合作过程中获得的声誉。它作为供应商无形资产的一部分,可以获得买方更多的信任从而间接影响公司的业绩。为了保持良好的信誉,优秀的供应商更愿意保质保量地履行合同。

(七)供应商的财务状况

采购公司的采购部门有时还会将供应商的财务状况纳入评估指标体系。如果制造企业的货款支付制度是财务中心根据销售部门或其他资金进项的时间安排支付应付账款,不是按照应付账款到达财务部门的时间去筹措相应资金,那么采购员工必须考虑对方的财务状况,才能选择供应商。虽然采购公司是一家条件优越、财务管理严格的小型采购公司,但如果采购公司占供应商销售额的很大一部分,那么采购公司财务部门的贷款拖欠会给供应商带来较大的风险。这甚至会直接导致双方的停产,并产生诉讼或纠纷。对于财力雄厚的大型供应商来说,这种情况并不严重。

二、问题设计

现某公司数据分析运营专员准备运用决策树算法对市场部收集到的采购数据进行分析,对供应商的各方面进行评估,实现采购成本的最小化,同时有效提升采购工作的效率,确保企业可以更加平稳健康地运行,最终实现经济效益的提升。要想达成该构想,首先需要分析物料的属性特征,了解供应商的供货能力,再利用模型算法进行建模分析,确定是否选择该供应商进行采购及后续的采购方式。

三、问题解决思路

本章案例主要通过分析公司收集的大量采购数据,并根据分析结果为公司的物料采购提供建议。案例采用决策树算法,以确定在做出物料采购决策时,什么是企业应该优先考虑的属性,什么是次要考虑的属性。利用决策树算法制订采购方案的思路如下。

建立采购数据的决策树模型。决策树的建立需要处理几个问题:首先观察数据,以找到主要的特征属性,通过训练得到采购数据预测模型。再根据模型结果为公司采购决策提供建议。建立决策树可使物料属性看起来更加清晰明了,但是并不能给出实质性的建议。所以,建立决策树之后还需要根据决策树的结构和训练结果,为公司在采购方案制订方面提供建议。

第二节　供应商管理介绍

一、供应商管理的含义

供应商是指能够提供工具、原材料、设备和其他资源给企业生产的公司。供应商既可以是流通性企业也可以是生产性企业。

为了保持日常生产,公司必须发展一批可靠的供应商,为企业的生产提供丰富的物资和材料。供应商管理是指在了解供应商的基础上,根据企业自身情况筛选、开发、控制和利用供应商的一种综合性的管理方法。其中,了解是前提,筛选、开发、控制是手段,利用是目的。良好的供应商管理是采购管理的重要组成部分。

二、供应商管理的基本环节

(一)调查供应商

供应商调查的出发点是为公司探索潜在供应商及了解供应商的大致状况,帮助采购企业了解资源市场情况并为确定最终的供应商做好准备。

(二)开发供应商

通过研究供应商和资源市场,我们可以找到更好的供应商,但我们并不总能找到完全满足公司要求的供应商。这必须在现有基础上进一步调整。将现有原型供应商转变为基本满足公司需求的供应商的过程便是开发供应商的过程。它涉及深入的供应商调查、供应商辅助、供应商改进和供应商考核。

(三)考核供应商

任何时候都需要对供应商进行考核,这项重要的工作贯穿供应商开发、供应商选择和供应商合作的各个阶段。然而,对供应商考核的内容和形式在每个阶段都有所不同。

(四)选择供应商

对供应商进行考核后,应根据考核的结果合理地选择供应商。如果选择的供应商比较成功,那么将增加采购成功的可能性。采购商通常会管理供应商,要求供应商提高质量以实现双赢。买方可以与表现良好的供应商建立长期关系,以确保采供双方的共同发展。

(五)激励与控制供应商

在与供应商合作的期间,为了确保供应商提供的产品质量、数量等能够满足企业的需求,有必要对供应商实施有效的激励和控制措施。

三、供应商评估与选择的重要性

从狭义上来讲,供应商选择是一个公司在考虑所有报价和提议后选择一个或多个供应商的过程。从广义上来讲,供应商选择涉及从需求识别到最终确认供应商与评估供应商的循环过程。供应商的选择与评估,主要包含两方面的意思:一是选择,即从供应体系中的众多供应商中选择适合自己的企业进行合作;二是评估,即对供应商业绩进行评估,通过对供应商进行详细的了解,根据评估标准,给出客观公正的评价。根据评定的结果,判定其是否能够被选择确定为合格供应商。

供应商的选择是十分重要的一个环节,供应商选择的结果将直接影响采购的各个环节,采购人员选择的供应商需要可靠、适合企业,并能满足采购的需求。对供应商能力的分析过程可称作"供应商评估",供应商评估是供应链中供应商选择与合作的基础和前提,对供应商各方面能力的评估有助于降低采购不合格产品或服务的风险,以确保供应的连续性,以及产品、服务质量的可靠性。

在企业的采购管理中,供应商选择与评估是供应商管理中的重要内容,事关企业采购活动的成败。因此,只有确保企业能够选择最优的供应商,才能实现其采购成本的最小化,同时有效提升其开展采购工作的效率,确保企业可以更加平稳健康地运行,最终实现经济效益的提升。

四、供应商评估的标准

公司相关部门在评估供应商是否合格时,应综合考虑以下标准。

第一,供应商必须具有合法的营业执照和一定的资金实力。

第二,有符合国家标准的质量体系,通过认证的供应商优先考虑。

第三,对于关键性原料,不但需要检查供应商的生产能力,还需要核实其质量保证体系,其中包括以下 5 项要求:①是否对进料进行严格的检验;②在生产环节是否具有比较完善的质量保障体系;③是否具有满足采购方标准的出厂检验环节;④是否具有完善的生产配套设施、符合生产标准的环境、先进且足量的生产设备等;⑤检查供应商和主要客户的历史业绩,最好选择那些与知名的大型企业有合作的供应商,其产品质量必须稳定、合格且信誉良好。

第四,生产力足够强大,能够不断连续供货并且能满足扩大生产的需要。

第五,有能力处理特殊情况下产生的订单。

第六,售后服务措施具体化和专业化,服务令人满意。

第七,在供应商提供的价格相同时选择质量好的产品;在质量水平差不多时选择价格有优势的产品;在价格跟产品质量相同时选择距离近的供应商,方便沟通。

第八,有通过试用的合格样品。

第三节　利用决策树算法进行供应商选择

一、探索数据源

要求根据现有该公司的物料属性数据,制订一份采购方案,以满足公司的采购需求。此数据包含的信息如表 8-1 所示,共有 40 条数据,此处仅列示 10 条。

表 8-1　某公司物料采购数据

Material Code（物料编码）	Supplier Level（供应商等级）	Model Grade（型号等级）	Time Required（days）［所需时间（天）］	Credit Rating（信用等级）	Buy or Not（是否购买）
10010001	moderate	moderate	45	moderate	No
10010001	moderate	moderate	45	moderate	Yes
10010001	excellent	excellent	45	excellent	No
10010001	excellent	unqualified	20	excellent	No
10010001	moderate	moderate	20	moderate	Yes
10010001	unqualified	unqualified	20	unqualified	No
10010001	unqualified	unqualified	20	unqualified	No
10010001	unqualified	unqualified	20	unqualified	No
10010001	excellent	excellent	20	moderate	Yes
10010001	moderate	excellent	45	moderate	Yes
……	……	……	……	……	……

其中"Material Code"字段类型为文本型,是某种物料对应的编码,具有唯一性;"Supplier Level""Model Grade""Credit Rating"字段类型为文本型,分别对应了供应商等级、型号等级、信用等级。

这 3 个字段为物料属性的优劣程度,从次到优分为"unqualified"(不合格)、"qualified"(合格)、"moderate"(中等)、"excellent"(优秀)4 个等级;"Time Required (days)"字段为供应商供货能力,其中的"45""20"并不一定表示一个确切的数字,而是代表了供应商生产某产品的能力,数值越小代表供货能力越强。根据物料属性的优劣程度与供货所需时间长短,在"Buy or Not"列给出了是否购买该物料的建议。在平台中导入的数据如图 8-1 所示。

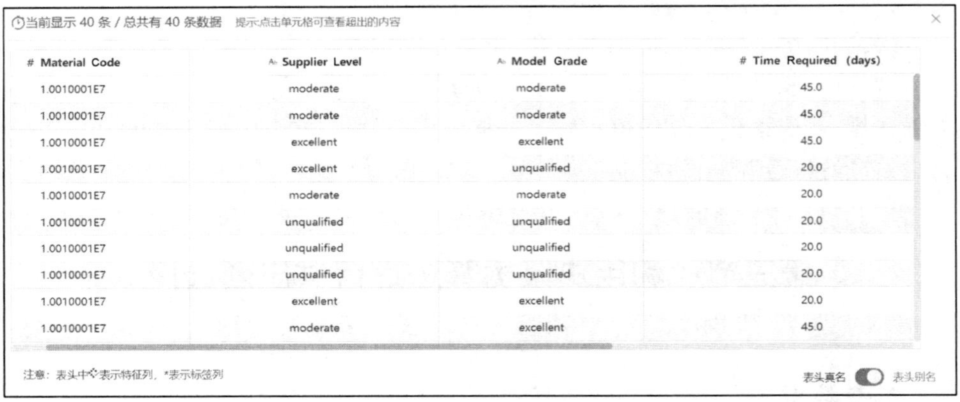

(1)

(2)

图 8-1 数据源

根据决策树算法的概念,首先需要判断选择哪一个属性作为根节点。此处的决策树模型采用的是 Cart 算法,即使用 Gini 指数来检测属性的纯度,选择 Gini 指数小的属性作为根节点。在确定根节点之后需要确定根节点的子节点,即内部节点及相关的叶节点,同样根据 Gini 指数来选择特征属性。

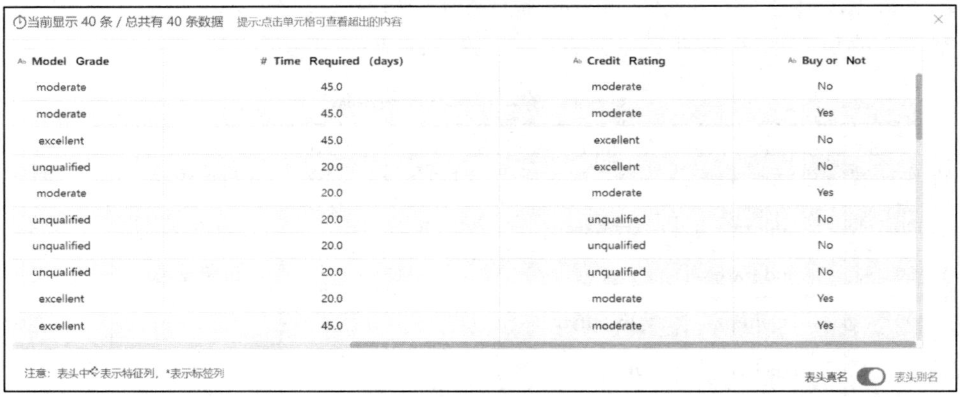

二、对数据进行预处理

(一)选择用于变换特征的特征列

由于模型不可以识别出字符型数据,所以需要将内容为字符型数据的相关字段进行

"特征转换"，图 8-2 是一个完整的转换过程。

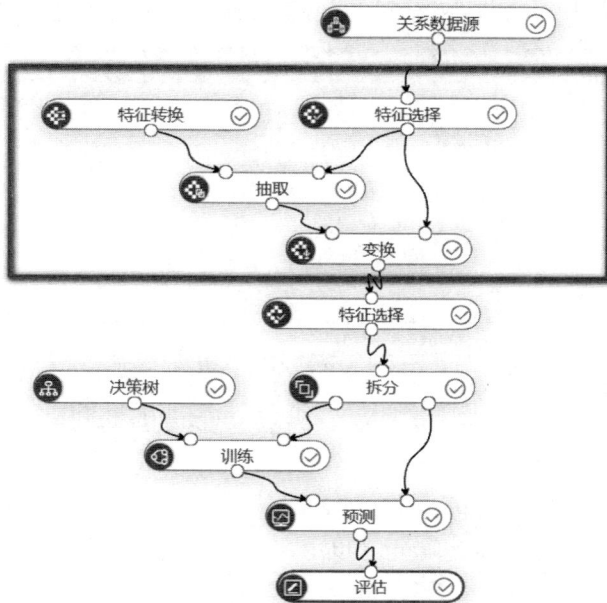

图 8-2　数据类型转换过程

特征转换前需要选择特征列。在特征选择中，我们将添加除"Material Code"字段外的所有字段到"选择特征列"对话框中的"已选字段列表"，即将这些字段设置为特征列，用于将字符型的字段转变为数值型字段，为后续决策树模型的训练做准备，如图 8-3 所示。

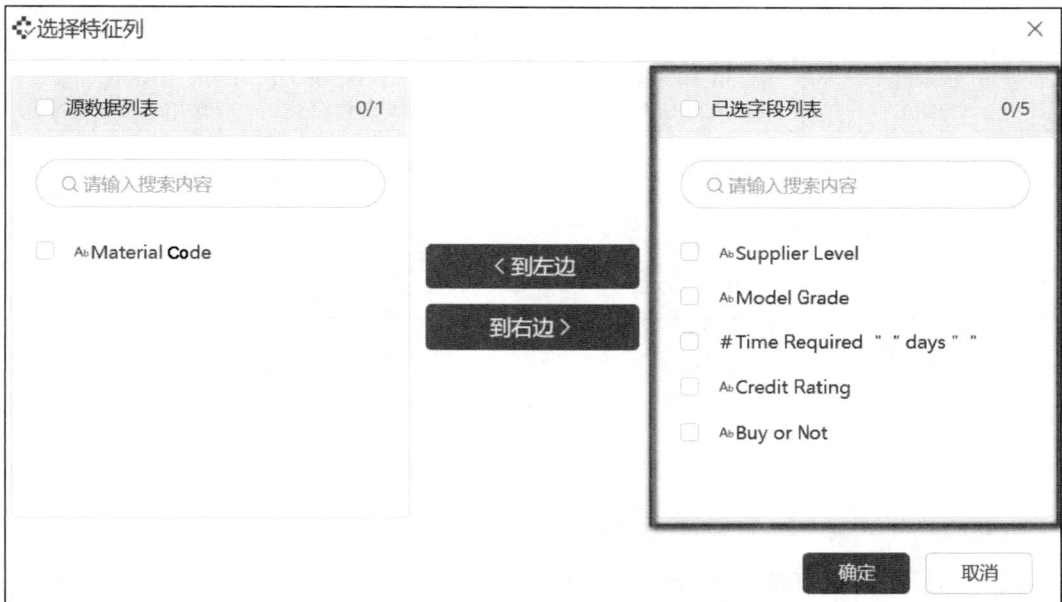

图 8-3　选择用于变换特征的特征列

（二）变换数据类型

通过变换得到变换后的新列，变换后的列名末尾都带有"Index"字样，详见图 8-4。

# Supplier Level Index	# Model Grade Index	# Column1 Index	# Credit Rating Index	# Buy or Not Index
0	2.0	1.0	0	0
0	2.0	1.0	0	1.0
1.0	0	1.0	2.0	0
1.0	1.0	0	2.0	0
0	2.0	0	0	1.0
2.0	1.0	0	1.0	0
2.0	1.0	0	1.0	0
2.0	1.0	0	1.0	0
1.0	0	0	0	1.0
0	0	1.0	0	1.0
0	1.0	1.0	0	0

图 8-4　变换前后数据

变换后的字段为数值型字段，用于为决策树模型的训练提供特征属性。其中变换前后字段对应关系如下。

（1）Supplier Level——Supplier Level Index。

（2）Model Grade——Model Grade Index。

（3）Time Required（days）——Column1 Index。

（4）Credit Rating——Credit Rating Index。

（5）Buy or Not——Buy or Not Index。

"Supplier Level" "Model Grade" "Credit Rating" 3 个字段的值从次到优排序分别为 "unqualified" "qualified" "moderate" "excellent" 4 个等级，而在转换之后，原本字符型的字段值转变为数值型数据。由于数据原因，每个字段等级对应的数据会有不同，对应关系如表 8-2 所示。

表 8-2　字段与等级对应表

Level （等级）	Supplier Level Index （供应商等级指数）	Model Grade Index （型号等级指数）	Credit Rating Index （信用等级指数）
unqualified	2.0	1.0	1.0
qualified	NAN	3.0	3.0
moderate	0	2.0	0
excellent	1.0	0	2.0

"所需时间（天）"与"是否购买"字段转换前后的数据对应关系如下。

（1）20.0——1.0。

（2）45.0——0。

（3）Yes——1.0。

（4）No——1.0。

（三）选择用于训练决策树模型的特征列

平台决策树模型要求训练集中用于特征选择的字段为数值型字段，在完成变换之后，需要重新选择特征列和标签列。与上方特征转换阶段不同的是，此次"特征选择"是为了模型的建立,本案例我们需要根据多种物料属性数据去推断是否应该进行采购,"特征选择"设置如图 8-5 和图 8-6 所示。

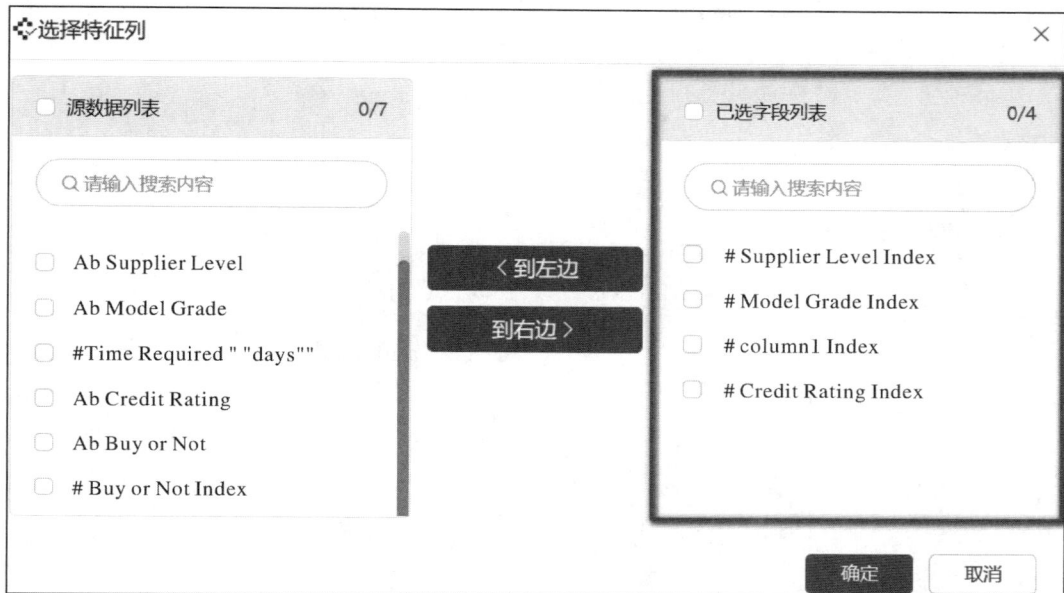

图 8-5　选择用于训练模型的特征列

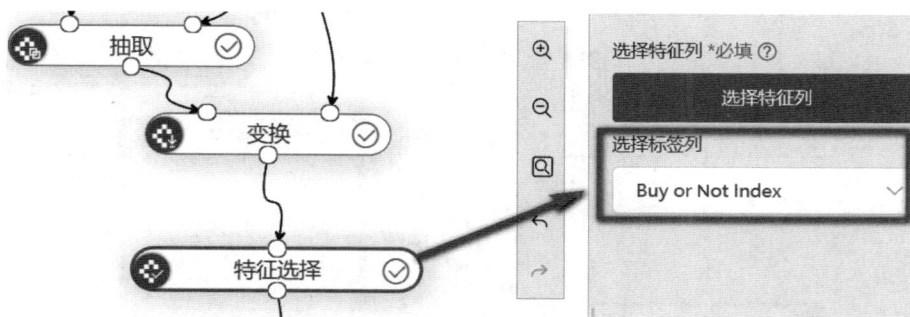

图 8-6　选择用于训练模型的标签

　　决策树算法是根据将某属性作为节点时,该节点纯度大小来判断是否选择该属性作为节点,即决策树是不断递归的"if... then... "(如果……就……)的过程。此处选择的物料代码的 4 个特征列用来在决策树算法中判断是否要将此属性作为根节点,根据最后决策树模型训练得出的结果可知 4 个属性中哪个(些)属性是采购过程中的重要依据,哪个(些)是次要依据,从而为企业的采购方案制订提供建议。

三、构建决策树模型

　　在完整的决策树模型建立的过程中,我们需要将源数据集分为训练集、预测集这两个数据集。训练集用于模型训练,经过训练后的模型可以对预测集进行预测。整体流程如图 8-7 所示。而数据集"拆分"的设置如图 8-8 所示,"随机种子"为 1 表示我们将对源数据的所有数据进行拆分,"数据集占比"为 0.7 表示拆分后训练集和预测集的比例为 7∶3。

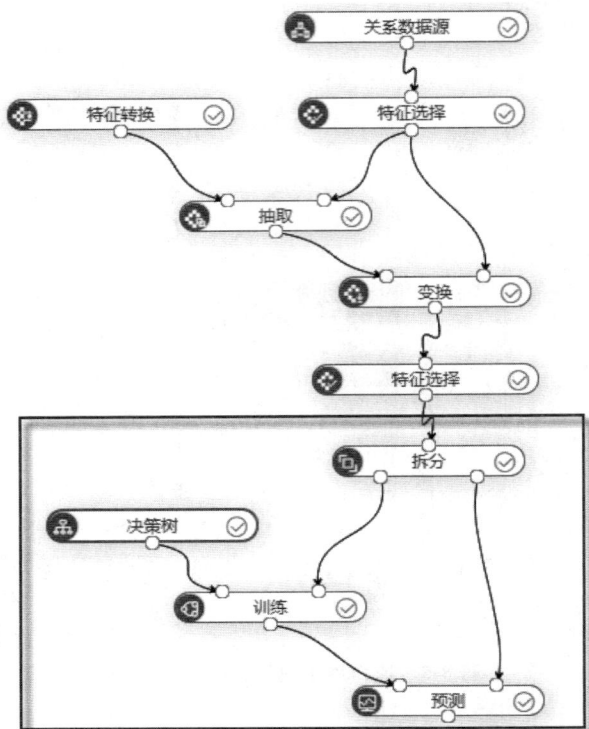

图 8-7　模型建立整体流程

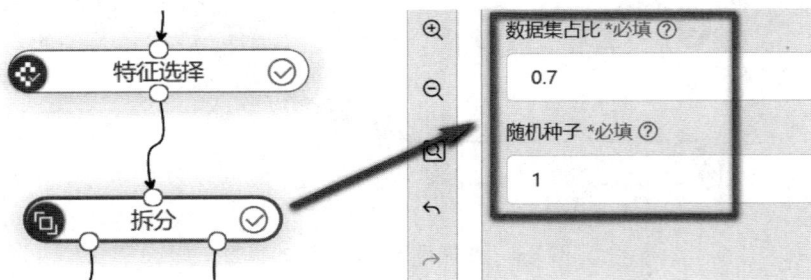

图 8-8　数据集"拆分"设置

在用训练集训练决策树模型时,决策树的相关参数设置如图 8-9 所示,其中"计算信息增益的方式"为"Gini",即采用 Gini 指数计算节点纯度大小的 Cart 算法。

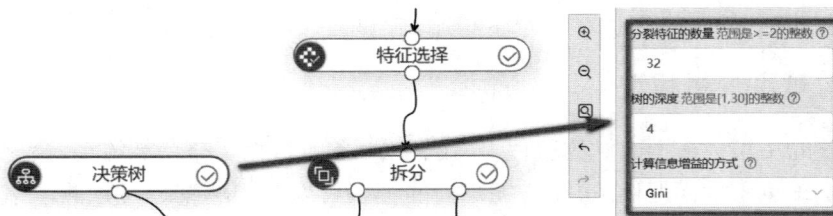

图 8-9　决策树模型参数设置

四、预测得到供应商选择决策路径

用 Cart 算法训练出的决策树结果如图 8-10 所示,根据步骤 3 中讲述的对应关系,可知决策树的根节点是"Credit Rating",对于 Credit Rating 为"1.0"和"2.0",即"unqualified"和"excellent"的物料,其叶节点为"0",即不购买。而对于"Credit Rating"为"not in(1.0,2.0)"即"qualified"或"moderate"的物料,则需要考虑"Supplier Level",即供应商等级。对于供应商等级为"not in (2.0)",即供应商等级不为"unqualified"的物料,则需要再一步考虑"Credit Rating"是否为"3.0"即"qualified",如果是"qualified",则该物料可以购买。如果不是,则需要考虑最后一个叶节点"Model Grade"。

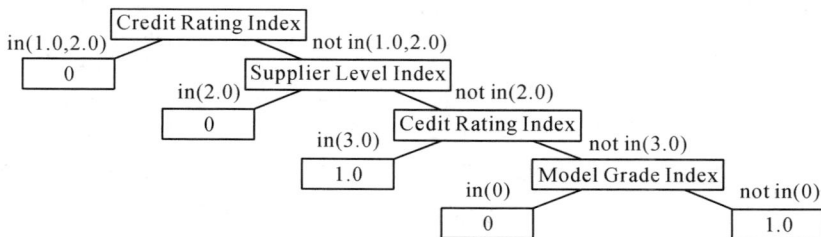

图 8-10　决策树模型训练结果

观察整个模型训练结果,我们发现有两条路径最终的结果是"1.0",即可以购买。

(1)Credit Rating 为"qualified"或"moderate"→Supplier Level 为"moderate"或"excellent"→Credit Rating 为"qualified"→1.0。

(2)Credit Rating 为"qualified"或"moderate"→Supplier Level 为"moderate"或"excellent"→Credit Rating 为"moderate"→Model Grade Index 不为"excellent"→1.0。

商家结合实际情况考虑两条路径,至此,案例目标已经达成。

按照 4 个属性的重要性从大到小排序为:Credit Rating ＞Supplier Level＞Model Grade ＞ Time Required (days)。需要指出的是,此重要性是根据该公司的物料数据得出的,仅适用于指导该公司该阶段的物料采购计划。对于不同的公司,其侧重点可能有所不同,完全有可能出现另外的排序情况,包括但不限于以下情况。

(1)Credit Rating ＞Supplier Level ＞Model Grade＝Time Required(days)

(2)Time Required(days)＞Credit Rating＝Supplier Level＞Model Grade

……

在实际商业供货中,未必品质不高的物料就一定不可被选用。以快消衣物为例,对于核心卖点是款式而非质量的商品而言,由于其使用时间可能仅有一个季度,出于成本考虑,所以在用料上无须选择品质最好的物料,这体现了物料采购中的现实性。由于资金、技术、型号搭配等种种因素,有的时候制造一个产品并不要求每一个配件都是最好的,可以考虑将不同等级型号的物料进行搭配,从而得到一个实用且性价比高的产品。从决策树的结构来说,虽然现实性需要考虑,但其重要性仍然不可忽略,这也充分说明,模型的解读需要结合实际的商业情况,并非一成不变。

📖知识拓展

📖应用拓展

本章小结

提前评估供应商的供货能力,并选择合适的供应商是供应链合作体系运行的基础。为确定采购物料方案,实现采购成本最小化,本案例首先收集并分析物料属性的数据,了解供应商的供货能力;其次,利用决策树算法进行建模分析,建立采购数据的决策树模型,得出采购路径;最后,根据模型结果确定采购方案。

为了提升采购工作的效率,本案例的具体实现流程如下:①获取该公司的物料属性数据,共有40条数据,将其导入"关系数据源",在"关系数据源"节点可选择查看详细数据。②在对数据进行基础探索之后,由于算法模型的字段仅支持数值型格式,因此需要将字符型字段,即除"Material Code"字段外的所有字段通过"特征转换"转换成数值型。③对数值转换后的字段进行特征选择操作,所选择特征列的字段为物料的4个特征属性数据。④完成对数据的预处理后,选择"决策树"中的Cart算法作为本案例的算法。⑤确认算法后,需要对训练集数据进行拆分,将数据拆分成训练数据集和测试数据集,比例为7∶3,再进行模型训练;设置好参数,对训练数据集进行"训练",同时引入测试数据集对训练结果进行预测,执行成功之后,在"预测"中,查看分析结果。

根据模型运行结果可知,供应商选择决策共有两条路径。①信用评级若为"合格"或"中等"的物料,则供应商等级需要达到"中等"或"优秀"。②如果供应商等级为不合格的物料,则需要进一步考虑信用等级是否合格;如果供应商等级合格,则需要考虑最后一个叶节点"型号等级"。在物料的4个属性中,重要性从大到小的顺序为:信用等级>供应商等级>型号等级>所需时间(天)。公司可以结合具体情况,将两条路径与物料属性结合考虑,确定物料的采购方案。

▶ 拓展实训

决策树算法的营销运用

【实训目的】

巩固决策树算法的原理;通过教师讲解与实际操作,了解决策树算法的深层意义,借助算法原理与数据处理,实现多个数据库之间的匹配与衔接,帮助企业进行产品策略的优化与动态管理。

【思考与练习】

1.通过学习相关模块,掌握决策树算法在商品营销中的应用,思考决策树算法的优点。

2.了解并思考决策树算法在其他领域中的应用价值。

第九章

库存预测与动态管理

▶ 教学目标

1.了解大数据在库存管理中的应用。

2.了解什么是库存数据分析。

3.掌握利用回归算法预测销量需求的方法。

▶ 学习重点、难点

学习重点

1.大数据背景下的库存动态管理。

2.回归模型的应用。

学习难点

1.回归模型的构建。

2.销量需求数据预测。

▶ 思维导图

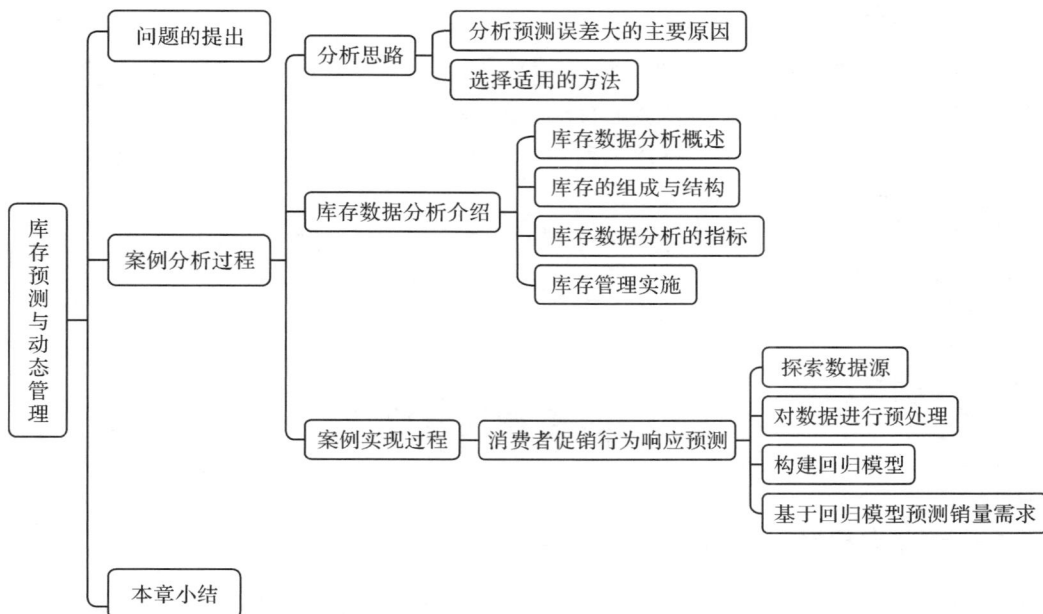

第一节　问题的提出

一、库存预测理论

库存是企业持有、暂时闲置、维持企业正常经营所需、有价值的相关资源的总和。其主要目的是保证制造业企业平稳的生产、提高制造柔性、从容应对市场需求的波动、及时向客户交付,从而获得经济订货规模效应。

在经营过程中,卖家通常会根据商品近期的销售情况、自身的经营经验人为预测下一时期的商品销量,通过预测的结果来对库存的商品数量进行控制,这样能够避免出现仓库货物不足或货物堆积的情况,从而减少店铺损失。

但经营者对比预测结果和实际值,会发现两者之间总会存在误差,销售预估量绝对准确只是一种理想状态。当店铺刚起步时,预测存在的误差不会对店铺造成太大影响。随着店铺的不断发展,误差大小会直接影响决策结果,造成店铺损失,所以经营者会对预测结果准确度的要求越来越高,这时候就需要一种能够减少预测误差的方法。

二、问题设计

某跨境电商企业数据分析运营专员准备运用线性回归算法对市场部收集到的销售数据进行预测,根据未来店铺商品的销售情况,对仓库的商品数量进行控制,以便企业做好库存的动态管理。要想达成该构想,首先需对历史数据进行整理,根据数据的特点和跨境电商企业的特定需求,利用线性回归预测的方法及相关历史数据,对未来的需求情况进行预测,有效控制仓库爆仓的问题。

三、问题解决思路

经营者若想要减少人为预测带来的误差,我们需要选择定量预测,即通过建立回归算法的预测模型来对商品销量进行预测,预测方案的思路如下。

第一,探索数据源。获取某跨境电商卖家 2020 年 1 月—2021 年 2 月份的销售数据,并对销售数据进行预处理。

第二,构建回归模型。运用历史数据进行线性回归算法训练,再预测卖家 2021 年 3 月—2021 年 8 月的销售数据。

第三,根据模型预测结果为公司提供库存管理建议。

第二节　库存数据分析介绍

一、库存数据分析概述

当商品在市场上的需求量增多,出现库存不足且来不及补充的情况,就会错过销售的大好时机。如果商品市场需求量降低,过多的库存会浪费仓库的资源,增加成本。因此,健全的库存管理对企业的正常经营有着重要的影响。所以,应该明确如何在不影响市场销售的情况下,尽可能减少库存,甚至达到零库存。由此,如何将信息化技术与库存管理相结合是需要企业不断探索的,应利用数据分析工具对库存数据进行分析,进而做到科学高效地管理库存。

库存数据分析即利用数据分析方法对历史的数据进行分析,并预测未来的库存变化,以便企业做好库存的动态管理。

二、库存的组成与结构

库存可以分为有效存货和无效存货两种,可以进行售卖的商品库存被称为有效库存。无效库存大致有两种情况:一种是可以继续销售,但对销售帮助不大的库存,如滞销产品、过季产品等,这类产品的库存被称为假库存;另一种是由于过期、下架等原因不能再出售的存货,被称为死库存。

SKU 是衡量库存输入和输出的标准单位。在大型连锁超市配送中心的物流管理中,SKU 是一个常用的概念,商品统一编号可以简称为 SKU。每个产品都有自己的商品编号。对于同一产品,如果其品牌、型号、配置、质量、颜色、包装容量、单位、生产日期、保质期、用途、价格、原产地等属性与其他产品不同,那它们的 SKU 是不同的。例如,一家网上商店有蓝色、红色和黑色 3 种颜色的拖鞋,那么这款拖鞋包括 3 个 SKU。

同一个 SKU 的不同批次的库存,既可以是有效库存,也可以是死库存。例如,某品牌 500 毫升的饮料总共有 800 瓶的库存,虽然 SKU 相同,但其中 100 瓶已经过了保质期,这属于死库存,还有 50 瓶为退货且表面略有划痕,属于假库存,所以这个品牌的饮料只有 650 瓶有效库存。

店铺利用"总量—结构—SKU"这个系统,可以从宏观到微观来逐层分解,从而掌握店铺库存的构成。

三、库存数据分析的指标

跨境电商卖家可以通过简单的库存结构数据去了解基本的库存信息,但是不能确定是否具有能够满足销售需求的库存,也不能判断库存数据的安全性。所以还需要通过库存天数和库存周转率来对库存进行量化,从而确保库存数据充分、合理且安全。

(一)安全库存数量

服装、电子等行业常用绝对数量或金额作为安全库存的标准,这具有直观和明显的优势,也就是说可以直接与现有库存进行比较以找出差异,但这与销售数据无关,所以在当前商品销售具有节奏性和季节性的情况下,它似乎是不够准确和灵活的。

(二)库存天数

库存滚动变化的情况可以通过库存天数(day of stock,DOS)这一指标加以有效衡量,也是可持续销售期间库存跟踪的指标。库存天数的优点是它不但考虑了销售变化对库存的影响,又可以将"总量—结构—SKU"体系的安全库存进行标准统一化管理。库存天数

的计算公式为

$$库存天数＝期末库存数量/（某销售期的销售数量/该销售期天数）$$

如果库存天数用于确定库存安全性,还可以将每一个 SKU 的库存天数进行量化,并将其与标准库存天数进行比较。根据这一理论,可以使用 Excel 创建 SKU 库存日监控表,也就是说利用每个 SKU 的库存数据和销售数据计算出 SKU 相应的库存天数,然后比较标准库存天数,及时补充低于标准的库存,想办法退货或提升销量以降低高于标准的库存。

(三)库存周转率

库存周转率以财务的视角来对库存的安全进行监控,一般以月、季度、半年或年为周期,计算公式为

$$库存周转率＝销售数量/[（期初库存数量＋期末库存数量)/2]$$

对库存周转率进行分析的时候,先通过公式计算出各商品或 SKU 的库存周转率,随后建立四象限图来进行研究。

分析库存时,还常涉及动销率、广度、宽度、深度等数据指标,其含义分别如下。

1. 动销率

动销率即动态销售率,是指销售的商品数量与库存商品总数在一定时期内的比率。店铺动销率越高,店铺的权重相对动销率低的店铺就越高,不仅能够获得系统给予的更多的曝光机会,而且报名参加官方活动时的通过率也会更高。商品的动销率越高,链接的搜索权重就会越靠前,会大概率地获得更多的流量。此外,新产品的库存不应太大,在后期可根据实际销售量增加库存,或下架、删除动销率低的产品,以优化动态销售率数据。

2. 广度、宽度、深度

一般来说,如果库存结构比较合理,那么这 3 个指标也会很合理,其中,广度是指销售的商品的类目,宽度是指商品各类目下的种类,深度是指商品 SKU 的数量。可以通过对3 个维度进行分析,跟计划值对比出差异来找出库存结构存在的问题。

四、库存管理实施

(一)统计库存

有些卖家并未进行库存管理,因为其所需要存储的商品库存量较小,但随着商品数量的增加,企业变得越来越繁忙,对库存统计和数据的准确性的要求会也越来越高。库存管理的最低要求是入库出库商品数量的统计,及时掌握每日销售数据,随时检查不同商品的出入库情况、销量和库存数量。任何熟悉 Excel 软件的人都可以通过填写简单的表格来计算和管理店铺的库存。

注意及时更新库存数据很重要,如果你忘记及时更新,数据就会不准确。需要查找并计算尚未更新的产品,这将大大增加工作量。因此,只要买家一付款,就需要立即更新库存信息,至少每天更新一次,以避免长期丢失某些数据。

如果每天只记录一次担心遗漏商品,那么可以充分利用跨境电商平台的功能,买家支付后,可以在店铺"已卖出的宝贝"里,单击"备忘录"选项,记录下交易状态,如产品规格、

颜色、数量等,可以使用不同颜色的小符号来区分这些注释的内容。整理好后记录到库存管理表里面,这样一天即使只记录一次也不容易出现问题。

此外,可以用打印机将库存表打印出来装在身上,只要看到有商品的进出都可以做好相应的记录,使用铅笔会更加便捷。只要库存表在手,查看任意产品的库存也会变得十分方便,而不需要临时性地去一件件盘点后确认。进货时对库存做到心中有数也能够有效防止批发商随意涨价。有需要的话可以根据供货商的不同建立不同的库存表,这样进出货会更加方便。

此外,库存商品摆放的位置和顺序也十分重要。如果商品种类较多,那么相同类型的商品可以放在一起,这样方便寻找。

(二)控制库存

经营网店的成本最主要来自两个方面,一是广告支出,二是进货的库存费用。很多的网店经营者并不具备大量的初始资金,因此什么时候进货及进多少货都需要好好计划。不然很可能出现虽然销量增加了,但是没有赚到钱的情况,因为辛苦赚来的利润很可能变成库存积压在仓库里了。

因此,库存管理对店铺运营来说十分重要,可以通过以下几个途径对库存情况进行分析。

1.根据销售类别分析

库存控制需要从进什么货、进多少货入手,以一天、一周或一个月作为一个周期来统计店铺的发货量,通过历史记录的数据对店铺下个月的进货量进行预测,在保证货物充足的情况下减少不必要的库存,防止频繁补货,这样不仅可以缩短进货的时间,还可以减少不必要的成本。可以通过发货量来确定需要统计的时间的长短,统计项目包括商品名称、发货数量、发货时间、进货价及销售价等。

2.根据销售数量分析

还可以把前几个月的销售数据记录下来,通过对历史销量进行分析来预测接下来一段时间所需要的采购数量。这是相对容易的一种分析计算的方式,将相应的系数乘以各个数得到的结果被称为加权系数,是用于评估数据参考值轻重的数值。

3.根据销售经验分析

不同的产品淡季和旺季的时间存在一定的差异,线下和线上销售量增加和下降的时间也不尽相同,所以前两种方法可能并不适合每个人。基本上,有经验的店主可以根据自己的销售经验分析得出基本的采购量。

首先,应该掌握商品的淡旺季,并根据经验来分析和预测市场的需求,根据几年前同期的采购量,通过乘以估计的销售发展系数来确定近似采购量。随着门店的不断发展和销售额的逐年增加,在使用实证估值方法预测采购时,必须充分考虑门店发展的重要因素。

(三)清理库存

除了检查和控制库存外,我们还需要学会对库存进行清理,这是一个完整的库存管理系统。对于运营商来说,库存的堆积和浪费影响到了企业的发展,几乎所有企业都会面临库存的问题。如果库存超载,必须清理。最常见的清仓方式有拍卖、买赠、特价促销等,以快速清仓和回笼资金。

1. 清仓促销活动的种类

(1)拍卖促销

拍卖促销是指将商品以拍卖的方式进行出售,由客户按照自身能够接受的价位来出价的方式,因为设置了一个低于日常售价的低价,所以会吸引很多的人参加,如"一元拍""荷兰拍"等。但是,通常拍卖设置的低价会低于成本价,因此存在一定的亏损风险。

(2)折价促销

折价促销是所有商家都会采用的一种对产品促销的方法,如"××折特价"销售等。客户通常会对那些折扣幅度大的商品更有购买意向。

(3)服务促销

服务促销是在价格保持不变或略有提升的情况下,通过给商品或者服务增加一定的附加价值吸引客户购买的一种促销手段,如"一年内只换不修",这样的服务容易给客户一定的安全感,在价格差不多的情况下,这样对的服务促销会让消费者更容易产生购买意愿。

(4)赠品促销

赠品促销是指在商品价格保持不变的情况下,通过发放一些赠品来激发消费者产生购买欲望的一种促销手段。如"买两盒送一盒""买鞋子送袜子"等。这种方式除了有利于库存的快速清除,还可以一举两得将其他产品也一起销售出去。

(5)积分促销

"会员积分"无论是传统销售还是互联网销售都是一种维护顾客的有效手段。越来越多的网店,尤其是品牌店铺都设置了会员卡功能,首次加入会员的顾客可以领取相应的新人奖励,购买同样可以获取一定的积分,买家可以通过积分兑换自己喜欢的礼品。

(6)联合促销

联合促销是指多家店铺合作一起共同销售产品的促销方式。不同商品的受众群体可以是相似的,产品之间可以是互补的,如销售服装的商家可以与销售鞋子的商家合作共销。这种方式的核心思想是优势互补,通过共享流量来提高彼此的销量,实现共赢。

除此之外,团购也是一种比较好的销售方式,团购的特点就是商品价格低、利润低,但是该方法能够吸引大量消费者购买。现在各平台基本上会专门设置促销界面,因为这种方式不但能够帮助商家获利,也可以帮助平台吸引大量的新用户。如限时抢购、周末疯狂购等,这些促销方式对于清理库存都很有帮助。

2. 清仓促销方案设计的原则

(1)结合产品和消费者的人群特征进行设计,不能不符合实际需求

比如商品属于慢消耗品,如洗衣机、电冰箱等,买家可能只需要购买其中一件产品,那么,捆绑销售的效果就不会很好。

(2)买家能够及时且快速地对商品产生购买欲望

无论传统电商还是直播电商,买家的消费都倾向于冲动消费,所以活动一定要具有足够的吸引力,足以让买家无暇考虑其他产品。

（3）活动需要具有难以复制性

网络销售过程中信息的传递速度非常快，如果设置的活动没有门槛，很容易被同行模仿，严重一点的还会引发价格大战，所以商家在设置促销活动的时候需要将活动的复制性考虑在内。

（4）活动通俗易懂，买家容易操作

参加促销活动的买家耐心都十分有限，所以商家不要将活动的规则设计得过于复杂，复杂的活动规则会增加买家的操作时间，消耗买家的耐心。

（5）不要舍本逐末

促销方案不光是清理库存的过程，也是一波引流的过程，可以为一下阶段产品上新做铺垫。如服装商家通常会在换季前对上一季的产品进行清仓，在清仓的同时对下一季的服装进行预告。

（6）量力而行

促销价格不能过多地低于成本价格，一旦销量跑起来就会超出商家的承受能力，所以商家在开始促销前需要核算清楚是否划算。

促销前，可以访问一些消费者论坛和网站，提前发布促销信息，以便更多的人关注即将到来的促销活动，取得更好的效果。

学习如何计算、控制和删除库存，有效地管理库存，能够使店铺运营进入良性循环。一旦形成良性循环，业务就能顺利发展，有更多的改进空间，取得更好的业绩。

第三节　消费者促销行为响应预测

一、探索数据源

有某电商卖家 2020 年 1 月—2021 年 2 月份的销售数据共 14 条，如表 9-1 所示。要求根据历史数据准确预测 2021 年 3 月—2021 年 8 月的销售数据（此处显示"Sales Volume"为 0 的 6 条数据），帮助卖家进行库存数量控制。源数据字段详解如表 9-2 所示。

表 9-1　销售数据

Date	Sales Volume
January-20	65908
February-20	59986
March-20	59202
April-20	70335
May-20	103290
June-20	126768

续　表

Date	Sales Volume
July-20	128829
August-20	145831
September-20	146910
October-20	157432
November-20	160392
December-20	183880
January-21	208123
February-21	236012
March-21	0
April-21	0
May-21	0
June-21	0
July-21	0
August-21	0

表 9-2　源数据字段详解

字段名称	详解
Date	数据的统计时间
Sales Volume	统计时间内，店铺/商品的销售量总和，销售量不为 0 则为历史数据

在平台中导入相关数据源，如图 9-1 所示(图中仅显示部分数据)。

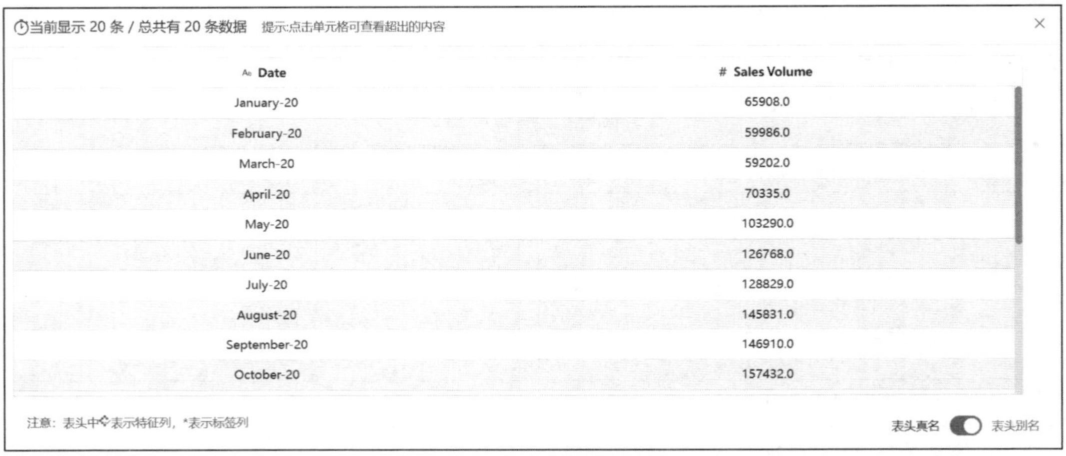

Date	# Sales Volume
January-20	65908.0
February-20	59986.0
March-20	59202.0
April-20	70335.0
May-20	103290.0
June-20	126768.0
July-20	128829.0
August-20	145831.0
September-20	146910.0
October-20	157432.0

图 9-1　平台关系数据源

二、对数据进行预处理

在平台线性回归算法中,特征列和标签列需要以整数或浮点数这两种数据类型来实现,所以我们提前增加序列号,对应源数据中的"Date"数据,拖拽"数据预处理"下面的"增加序列号"节点,并与"关系数据源"节点建立关联,如图9-2所示。

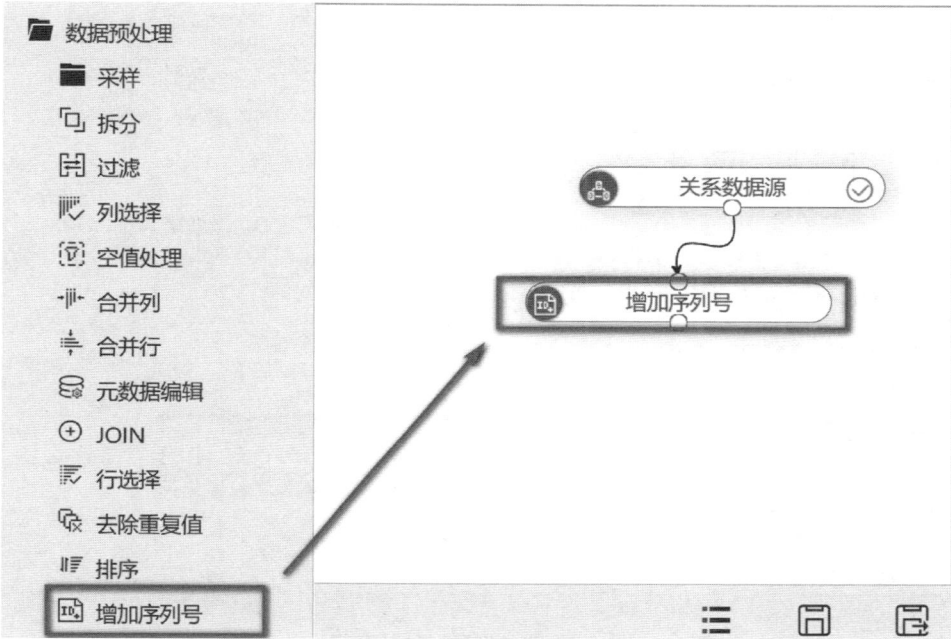

图 9-2　增加序列号

图 9-3 为增加序列号后的数据结果。

# Row_Number	ᴬᵇ Date	# Sales Volume
1	January-20	65908.0
2	February-20	59986.0
3	March-20	59202.0
4	April-20	70335.0
5	May-20	103290.0
6	June-20	126768.0
7	July-20	128829.0

当前显示 20 条 / 总共有 20 条数据　提示:点击单元格可查看超出的内容

注意:表头中⬧表示特征列, *表示标签列　　　　　　表头真名　⬤　表头别名

图 9-3　增加序列号后的数据输出结果

三、构建回归模型

(一)特征选择

本案例主要根据时间来预测销售量,所以在平台的"特征选择"中,需要将与时间对应的"Row_Number"设为特征列。首先,需要拖拽"特征工程"下面的"特征选择"节点,并与前序节点建立关联,如图 9-4 所示。

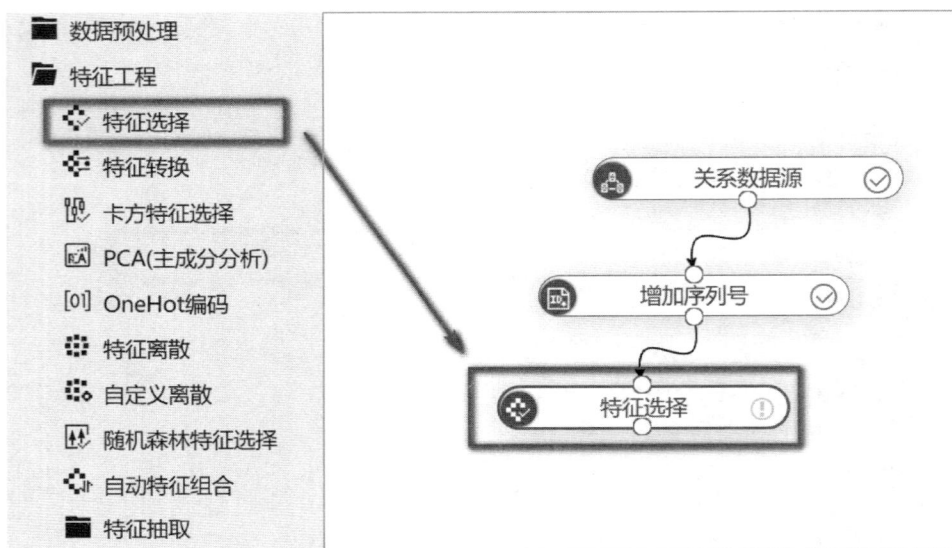

图 9-4　添加"特征选择"节点

将"Sales Volume"设为标签列,如图 9-5、图 9-6 所示。

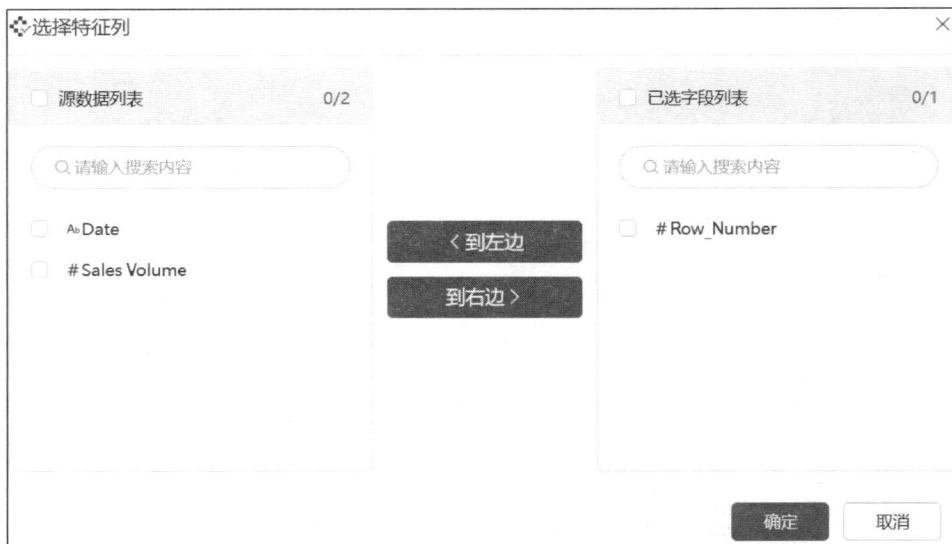

图 9-5　选择特征列

图 9-6　选择标签列

(二)选择历史数据

筛选出历史数据,为接下来的模型训练做好准备。首先拖拽"数据预处理"下面的"行选择"节点到画布区,并建立关联,如图 9-7 所示。

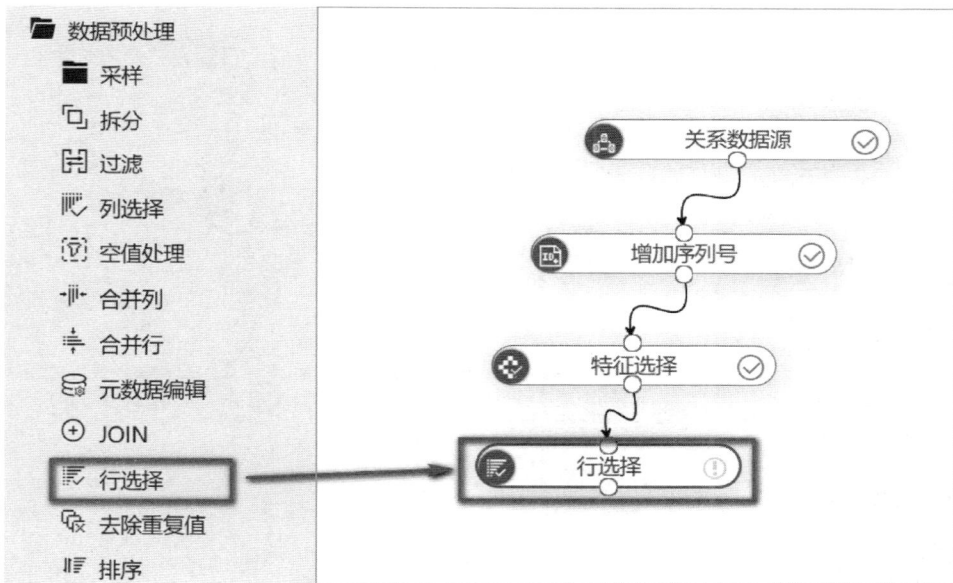

图 9-7　添加"行选择"节点

根据前期的数据探索结果,我们以 Sales Volume 的值不等于"0"作为筛选条件,如图 9-8 所示。

图 9-8　筛选出历史数据

(三)运用线性回归算法训练模型

选择线性回归算法,对算法进行设置,拖拽"机器学习"－"回归算法"－"线性回归"算法节点到画布区,如图 9-9 所示。

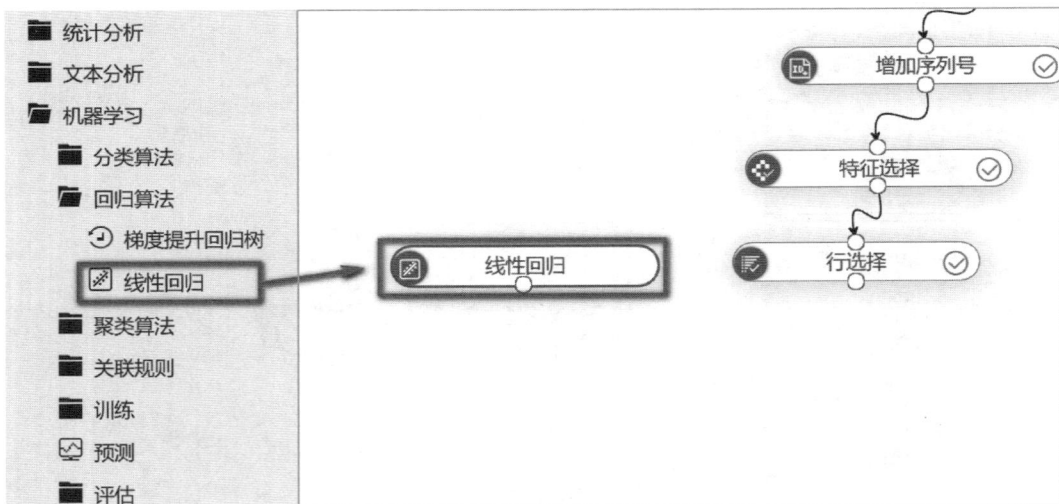

图 9-9　添加"线性回归"节点

所有参数设置皆为默认设置,设置结果如图 9-10 所示。

图 9-10　线性回归算法设置

设置完成之后连接历史数据,进行模型训练,如图 9-11 所示。

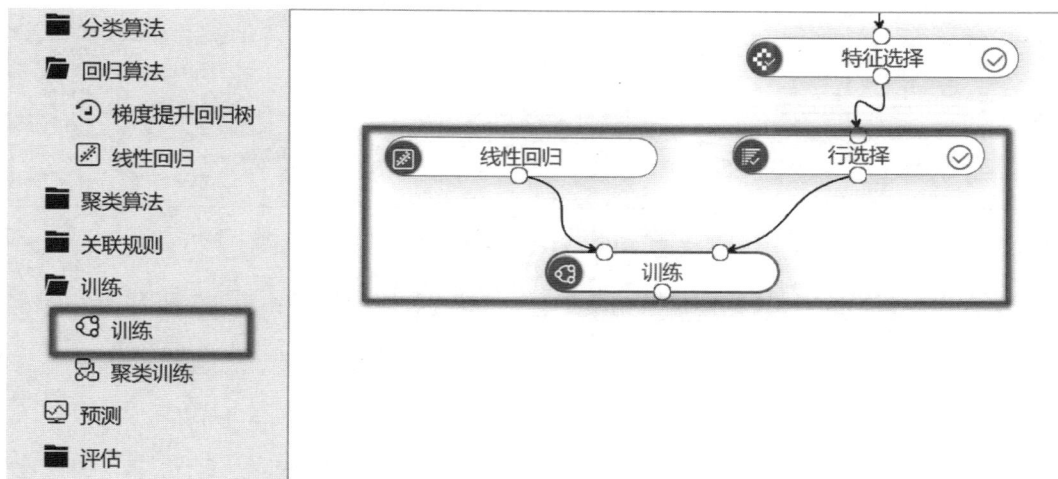

图 9-11　模型训练

四、基于回归模型预测销量需求

(一)得出预测结果

用运行训练后的模型预测 2021 年 3 月—2021 年 8 月的销售数据,首先需要拖拽"预测"节点到画布区,并与"训练"节点建立关联,如图 9-12 所示。

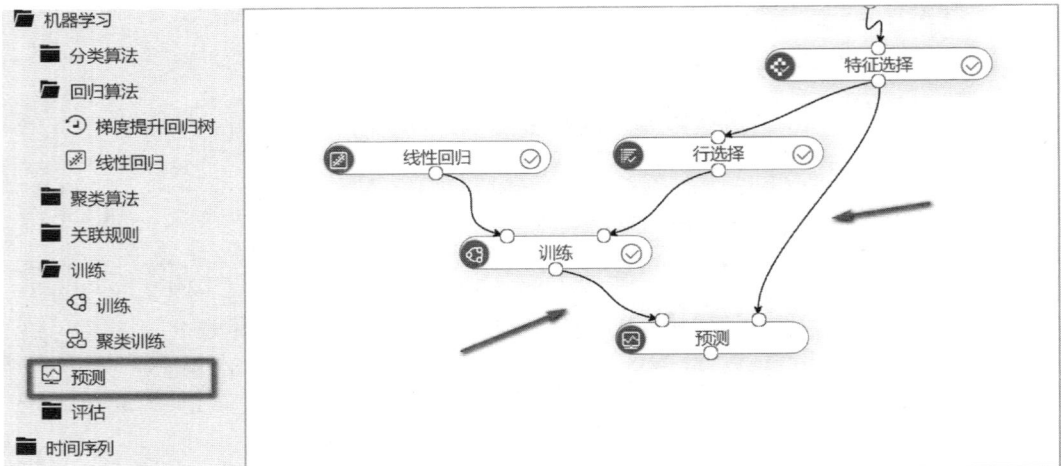

图 9-12　添加"预测"节点

其预测结果如图 9-13 所示,"Prediction"一列即为预测结果。

℗当前显示 20 条 / 总共有 20 条数据 提示:点击单元格可查看超出的内容		✕
Aᵦ Features	Aᵦ Features Normalized	# Prediction
[11.0]	[11.0]	178053.6879120879
[12.0]	[12.0]	191111.92527472528
[13.0]	[13.0]	204170.16263736263
[14.0]	[14.0]	217228.4
[15.0]	[15.0]	230286.63736263735
[16.0]	[16.0]	243344.8747252747
[17.0]	[17.0]	256403.11208791207

注意:表头中⚙表示特征列,*表示标签列　　　　　　　　　　　　　　表头真名 ⬤ 表头别名

图 9-13　销售量预测结果

结合原数据中的月份、销售量数据及平台预测数据,展示结果如表 9-3 所示。

表 9-3　销售预测结果

Date	Sales Volume	Prediction
January-20	65908	47471.314
February-20	59986	60529.552
March-20	59202	73587.789
April-20	70335	86646.026
May-20	103290	99704.264
June-20	126768	112762.5
July-20	128829	125820.74
August-20	145831	138878.98
September-20	146910	151937.21
October-20	157432	164995.45
November-20	160392	178053.69
December-20	183880	191111.93
January-21	208123	204170.16
February-21	236012	217228.4
March-21	0	230286.64
April-21	0	243344.87
May-21	0	256403.11
June-21	0	269461.35
July-21	0	282519.59
August-21	0	295577.82

(二)解读结果

预测结果与历史销售量数据对比,得出大部分数据的误差在±10％以内,属于正常范围,商家可以针对预测结果进行决策。即模型预测的结果能够为库存计划的制订和落实提供有效的支撑和合理的数字依据,提高库存管理的透明度,并提升企业的核心竞争力。计算公式有以下两种

误差＝(模型预测结果－实际销售额)/实际销售额

误差＝(实际销售额－模型预测结果)/模型预测结果

知识拓展

本章小结

预测公司的未来销售状况,并根据预测结果对仓库的商品数量进行控制,可以有效地避免仓库货物积压或短缺的情况,有利于提高公司的盈利能力。为合理控制公司的商品

库存数量,本案例首先需要分析店铺的历史销售数据,再利用模型算法进行建模分析,构建回归模型,根据模型运行结果预测出该店铺的未来销量,从而及时调整仓库的商品数量。

为实现对库存的动态管理,本案例的具体实现流程如下:①获取某电商卖家2020年1月—2021年2月份的销售数据,共14条,将其导入"关系数据源",在"关系数据源"节点可选择查看详细数据。②在对数据进行基础探索之后,再加以预处理,增加序列号。③将带有序列号的数据进行特征选择,需要将与时间对应的"Row_Number"设为特征列,将"Sales Volume"设为标签列。④以Sales Volume的值不等于"0"作为筛选条件,筛选出历史数据,为接下来的模型训练做好准备。⑤将以上经处理后的历史数据运用线性回归算法进行模型训练,所有参数皆为默认设置。⑥用运行训练后的模型预测2021年3月—2021年8月的销售数据,预测结果显示在"Prediction"一列。

根据预测结果与历史销售量数据对比的结果,可知大部分数据的误差在±10%以内,说明利用线性回归模型预测店铺销量较为有效,商家可以利用预测结果做出决策。库存需求预测的准确性对公司的发展非常重要。库存需求预估偏高意味着实际的产品销售量少于原来的预估量,按预估量来订货,就会造成一定程度上的库存积压。库存需求预估偏低,意味着实际的产品销售量多于原来的预估量,按预估量来订货,就会出现库存短缺的现象,库存短缺最终会导致客户流失。因此,该模型所预测出的结果为管理库存提供了有效的数据支撑,企业可以实现对库存的动态管理,从而提高企业的核心竞争力。

> **拓展实训**

卖家库存需求预测

【实训目的】

巩固回归算法的原理;通过教师讲解与实际操作,动手操作卖家库存需求预测的案例,帮助企业进行库存的动态管理。

【思考与练习】

1.根据本案例的结果,给公司在采购方案制订方面提出建议。

2.思考回归算法还可以应用于哪些场景。

Chapter 10

跨境电商物流管理

▶ 教学目标

1. 了解大数据在跨境电商物流管理中的应用。

2. 了解时间序列的基本概念和应用。

3. 掌握利用时间序列算法预测物流订单趋势的方法。

▶ 学习重点、难点

学习重点

1. 大数据背景下跨境电商物流订单的管理。

2. ARIMA 算法的应用。

学习难点

1. ARIMA 模型的构建。

2. 物流订单趋势预测。

▶ 思维导图

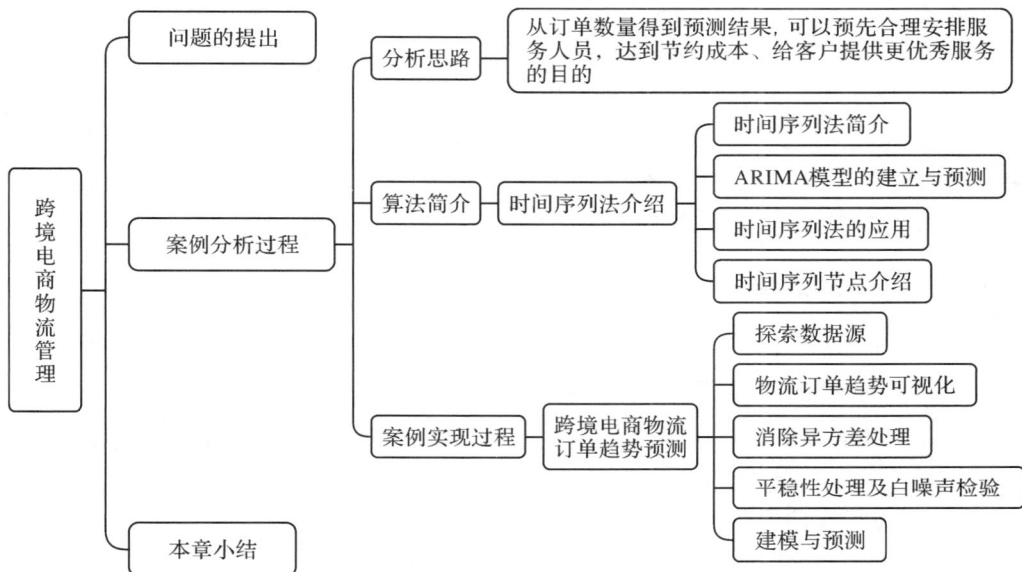

第一节　问题的提出

一、物流管理理论

物流管理是运用计划、组织、指挥、协调、控制等基本职能对物流信息进行搜索、检索、研究、报道、交流和提供服务的过程,能有效利用人、财、物等基本要素,实现物流管理的总体目标。物流管理主要涉及运输管理、存储管理、收发货管理、包装管理、转运加工管理、物料配送管理、物流信息系统管理和成品发货管理。

运输管理包括运输类型和服务类型的选择、运输路线的规划、运输车辆的规划和组织等。存储管理包括仓库策略、库存统计,以及原材料、半成品和成品的控制。收发货管理包括进货和发货系统的设计、物流设备的规划和布局等。包装管理包括包装方案的设计,包装材料的选择,包装工艺方法的改进和优化,包装的标准化、自动化等。转运加工管理包括选择生产地点,配置生产和制造设施,研究、改进生产加工技术和方法,以及制定和优化生产和制造流程。物料配送管理包括材料选择、优化批次现场布局、有效配置和使用批次设备、优化批次管理等。物流信息系统管理旨在进行物流信息的收集、存储、传输、加工整理、维护和输出,为物流管理者及其他组织管理人员提供战略、战术及运作决策的支持,其在物流管理中发挥着越来越重要的作用。成品发货管理主要组织和监控物流活动中的客户满意度,例如,收集并分析客户对物流配送及服务的反馈,重视客户的需求等。

二、问题设计

近年来,跨境电商在欧洲、美国和东南亚地区的渗透率不断上升。无论是跨境进口还是跨境出口,都呈现出显著的增长态势。因此,对跨境电商物流订单趋势进行预测是具有重要的意义。

某跨境电商物流公司为预测电商物流订单数量,数据运营专员准备通过电商物流的历史订单数据,运用时间序列法进行分析,从商品在各个国家(地区)销售的数量和总重量等数据判断 2021 年物流的订单数量,以便提前安排商品及服务人员,节约商品在各环节的流通时间及成本,提高公司的竞争力。

三、问题解决思路

对收集到的历史订单信息进行分类,通过训练模型对预设时间段内的任一订单类型的订单数量进行预测并得到预测结果,再建立预测模型,可大大提高预测结果的准确性,之后便可据此预先合理地安排服务人员,达到节约成本和给客户提供更优质服务的目的。本章案例具体分析思路如下。

第一,进行物流订单数据可视化分析,判断时间序列的平稳性。

第二,序列不平稳,因此需要进行消除异方差处理,对序列进行取对数处理。

第三,在进行收集和预处理后,得到了序列 $\{LNX\}$,为了检验 ARIMA 模型建模的可能性,对序列$\{LNX\}$进行平稳性检验,然后进行平稳性处理,直至序列平稳。

第四,通过$\{LNX\}$序列进行白噪声检验,判断序列的偏自相关系数图和自相关系数图存在拖尾现象,确定指标去拟合 ARIMA 模型。

第五,对数据做最后的处理,拟合 ARIMA 模型进行预测,得到最终的预测数据。

第二节 时间序列法介绍

一、时间序列法简介

时间序列法是指对收集的过去和现在的数据进行分析,找出两者之间的联系,然后用得到的这种关系对未来的数据进行预测的方法。

时间序列,或称动态数列,是指将相同统计指标的数值根据它们发生时间的先后顺序排列而成的数列。通过对历史数据的分析对未来的情况进行预测是时间序列分析的主要目的。经济学方面的问题很多都可以用时间序列法来处理,数据的时间可以是年、月、日或其他的时间计量单位。

时间序列模型的提出,源于乔治·E. P. 博克斯、格威利姆·M. 詹金斯与格雷戈里·C. 莱因泽尔等所著的《时间序列分析——预测与控制》一书,这是一种被称为博克斯—詹金斯(BJ)方法论或 ARIMA 方法论的新预测方法。常用的时间序列模型有 4 种:自回归模型 AR(p)、移动平均模型 MA(q)、自回归移动平均模型 ARMA(p,q)、自回归差分移动平均模型 ARIMA(p,d,q),可以说前 3 种都是 ARIMA(p,d,q)模型的特殊形式。

ARIMA 模型是时间序列法的一种,差分整合移动平均自回归模型,又称整合移动平均自回归模型(移动也可称作滑动)。在 ARIMA(p,d,q)中,"AR"是"自回归",p 为自回归项数;"MA"为"移动平均",q 为移动平均项数,d 为使之成为平稳序列所做的差分次数(阶数)。"差分"一词虽未出现在 ARIMA 的英文名称中,却是很重要的一部分。

二、ARIMA 模型的建立与预测

(一)数据平稳化处理

时间序列的数据需要先进行平稳性检验。通过时间序列的散点图或折线图可以初步地判断序列的平稳性。如果时间序列不平稳,需要对数据进行差分处理或取对数,再判断处理好序列的平稳性。不断重复此过程,直到序列平稳。此时差分的次数即为 ARIMA(p,d,q)模型中的阶数 d。

数据经平稳化处理后,ARIMA(p,d,q)模型即转化为 ARMA(p,q)模型。

(二)模型定阶

引入偏自相关系数和自相关系数这两个统计量来识别 ARMA(p,q)模型的系数特点和模型的阶数。若平稳序列的偏相关函数是截尾的,而自相关函数是拖尾的,可断定序列适合 AR 模型;若平稳序列的偏相关函数是拖尾的,而自相关函数是截尾的,则可断定序列适合 MA 模型;若平稳序列的偏相关函数和自相关函数均是拖尾的,则序列适合 ARMA 模型。自相关函数成周期规律的序列,可选用季节性乘积模型。自相关函数规律复杂的序列,可能需要做非线性模型拟合。

(三)模型检验

完成模型的识别与参数估计后,应对估计结果进行诊断与检验,从而判断模型是否适用。不适用则需要对模型进行修改。这一阶段主要检验拟合的模型是否合理:一是检验模型参数的估计值是否具有显著性,二是检验模型的残差序列是否为白噪声。其中参数估计值的显著性检验是通过 t 检验完成的,模型残差序列采用 Q 检验。Q 检验(也叫 Ljung-Box 检验,即 LB 检验)的原假设为:残差序列是白噪声序列,即序列中的观测值之间没有相关性。如果原假设成立,那么残差序列的自相关系数应该在统计上不显著。Q 检验公式为

$$Q(m) = n(n+2) \sum_{k=1}^{m} \frac{r_k^2}{n-k}$$

其中 n 是序列的观测值数量,r_k 是残差序列的自相关系数,而 k 是滞后阶数。在假设原假设成立的情况下,$Q(m)$ 的分布近似服从自由度为 m 的卡方分布。计算出 Q 统计量的 p 值之后,如果 p 值大于 0.05,说明无法拒绝原假设(该序列是白噪声序列),反之则不是白噪声序列。

以上结论和随机性检验说法一致:随机性检验使用 LB 统计量,当检验结果的 p 值小于等于显著性水平(0.05)时,认为时间序列不是白噪声,即不是随机的。

ARIMA 模型是对预测对象随时间产生的数据序列的描述。一旦模型确定,就可以根据时间序列的过去值和现在值预测未来值,这在一定程度上有助于公司预测未来发展的趋势。

三、时间序列法的应用

时间序列法可应用于以下领域。

第一,可以用于研究社会经济现象的发展,描述现象的发展状况和结果。

第二,可以研究社会经济现象的发展趋势和发展速度。

第三,可以对某一现象发展变化的规律进行探寻,预测一些特殊的社会经济现象。

第四,作为统计分析的重要方法之一,时间序列能够将不同国家或地区结合起来进行对比分析。

四、时间序列节点介绍

(一)随机性检验

1.说明

随机性检验使用 LB 统计量,当检验结果的 p 值小于等于显著性水平(0.05)时认为时序不是白噪声,即不是随机的。

2.参数

(1)选择检验列:选取需要做随机性检验的时间序列字段,仅可选数值型字段。

(2)滞后阶数:可为整数值或整数数组,如果为整数值,则会检验该滞后阶数;如果为数组,则会检验数组中的所有的滞后阶数。

3.结果说明

(1)滞后阶数:LB 检验的滞后阶数。

(2)统计量:LB 检验的统计量值。

(3)p 值:LB 检验的结果 p 值。

(二)平稳性检验

1.说明

平稳性检验使用 Augmented Dickey-Fuller(即 ADF)单位根检验,单位根检验是指检验序列是否存在单位根,如果存在单位根即为非平稳时间序列。

零假设为:存在单位根。如果 p 值大于显著性水平(0.05),则不可拒绝原假设,即检验序列存在单位根。

2.参数

(1)选择检验列:选取需要做平稳性检验的时间序列字段,仅可选数值型字段。

(2)maxlag:单位根检验中最大的滞后阶数,取值范围为[1,nobs/2-1]的正整数。

(3)确定滞后阶数的方法:自动确定滞后阶数的方法。

(4)None:如果选择 None,滞后阶数则使用 maxlag 参数值。

(5)AIC/BIC:如果选择"AIC"或"BIC",即选择以最小化 AIC 值或 BIC 值为评分标准来选择滞后阶数。

(6)t-stat:基于 maxlag 值,从 maxlag 开始逐步减 1 计算检验统计量,直到检验统计量在显著性水平 0.05 以上显著为止。

3.结果说明

(1)统计量:单位根检验的统计量值。

(2)p 值:单位根检验的结果 p 值。

(3)滞后阶数:单位根检验确定的滞后阶数。

(三)自相关系数

1.说明

计算并输出时间序列的自相关系数。

2.参数

(1)选择自相关列:选取需要计算自相关系数的时间序列字段,仅可选数值型字段。

(2)滞后阶数:需要计算自相关系数的最大滞后阶数,取值范围为正整数。

3.结果说明

(1)滞后阶数:小于等于最大滞后阶数的所有滞后阶数。

(2)自相关系数:对应滞后阶数的序列自相关系数。

（四）偏自相关系数

1.说明

计算并输出时间序列的偏自相关系数。

2.参数

（1）选择偏自相关列：选取需要计算偏自相关系数的时间序列字段，仅可选数值型字段。

（2）滞后阶数：需要计算偏自相关系数的最大滞后阶数，取值范围为正整数。

3.结果说明

（1）滞后阶数：小于等于最大滞后阶数的所有滞后阶数。

（2）偏自相关系数：对应滞后阶数的序列偏自相关系数。

（五）差分

1.说明

计算并输出时间序列的差分。

2.参数

选择差分列：选取需要差分的时间序列字段，仅可选数值型字段。

差分阶数：差分的阶数，举例如下。

一阶差分：$\Delta_1 x = x_2 - x_1 ; \Delta_2 x = x_3 - x_2 ; \cdots ; \Delta_n x = x_{n+1} - x_n$。

二阶差分：$\Delta_1^2 x = \Delta_2 x - \Delta_1 x ; \Delta_2^2 x = \Delta_3 x - \Delta_2 x ; \cdots ; \Delta_n^2 x = \Delta_{n+1} x - \Delta_x$。

......

k 阶差分：$\Delta_n^k x = \Delta_{n+1}^{k-1} x - \Delta_n^{k-1} x$。

一步差分：$\Delta_1 x = x_2 - x_1 ; \Delta_2 x = x_3 - x_2 ; \cdots ; \Delta_n x = x_{n+1} - x_n$。

二步差分：$\Delta_1 x = x_3 - x_1 ; \Delta_2 x = x_4 - x_2 ; \cdots ; \Delta_n x = x_{n+2} - x_n$。

......

k 步差分：$\Delta_n x = x_{n+k} - x_n$。

3.结果说明

输出的结果表会增加一列差分列，字段名后缀为"差分"。

（六）移动平均

1.说明

取长度为窗口数 n 的时间序列值的均值作为预测值，则

$$\hat{x}_1 = \frac{x_1 + x_2 + \cdots + x_n}{n} ; \hat{x}_2 = \frac{x_2 + x_3 + \cdots + x_{n+1}}{n} ; \cdots ; \hat{x}_n = \frac{x_n + x_{n+1} + \cdots + x_{2n}}{n}$$

注：移动平均节点前需接"特征选择"节点，特征列选择"时间值"字段，标签列选择"时间序列值"字段。

2.参数

（1）窗口数：移动平均的窗口数。

（2）开始日期：预测的开始日期。

（3）结束日期：预测的结束日期。

(4)频率:按照“特征选择”中“时间值”字段的时间频率来选择,可选整数值、年、月、天、时、分、秒、季度、星期。

3. 结果说明

在原始数据表的末尾添加移动平均预测值。

第三节 跨境电商物流订单趋势预测

本章案例以跨境电商物流为研究对象,收集某公司 2018—2020 年每个月的物流订单作为样本数据,通过 ARIMA 模型预测 2021 年 1 月—6 月该公司的订单数量。

一、探索数据源

本案例初始数据如图 10-1 所示,共计 6 个字段,42 条数据(最后 6 条为预测数据),此处展示部分数据。

	A	B	C	D	E	F
1	Invoiec_Date	Invoice_No	Total_Price	Country	Quanity	Total_Weight
2	2018/1/1	97722	1807	UK	213453	861
3	2018/2/1	179242	1650.54	UK	151343	512
4	2018/3/1	160762	1493.883	UK	284131	500
5	2018/4/1	122081	1337.22	UK	181201	10150
6	2018/5/1	123801	1180.565	UK	340210	612
7	2018/6/1	105320	1023.9068	UK	313160	10000
8	2018/7/1	186840	867.247	UK	231618	8510
9	2018/8/1	168360	710.5	UK	256153	9512
10	2018/9/1	149879	553.92	UK	281219	700
11	2018/10/1	131399	397.27	UK	261613	694
12	2018/11/1	112918	240.612	UK	311976	8491
13	2018/12/1	194438	183.95	UK	351301	9421
14	2019/1/1	175958	72.7	UK	362138	9984
15	2019/2/1	157477	229.36	UK	376130	10031
16	2019/3/1	238997	386.024	UK	280545	12621
17	2019/4/1	641516	1039.12	UK	213453	19823
18	2019/5/1	541313	154.89	UK	151343	10113
19	2019/6/1	311841	2078.73	UK	284131	15530
20	2019/7/1	416269	508.24	UK	181201	12230
21	2019/8/1	376700	1002.89	UK	340210	15230
22	2019/9/1	200997	808.87	UK	313160	12316
23	2019/10/1	183575	1506.32	UK	331618	15331
24	2019/11/1	10375	906.45	UK	356153	15867

图 10-1 初始数据

在“数据源”中的“关系数据源”节点上传跨境电商物流订单数据,输出数据源如图 10-2 所示。

当前显示 42 条 / 总共有 42 条数据 提示:点击单元格可查看输出的内容

Invoiec_Date	Invoice_No	Total_Price	Country	Quanity	Total_Weight
2018-01-01	97722	1807.0	UK	213453	861
2018-02-01	179242	1650.54	UK	151343	512
2018-03-01	160762	1493.883	UK	284131	500
2018-04-01	122081	1337.22	UK	181201	10150
2018-05-01	123801	1180.565	UK	340210	612
2018-06-01	105320	1023.9068	UK	313160	10000
2018-07-01	186840	867.247	UK	231618	8510
2018-08-01	168360	710.5	UK	256153	9512
2018-09-01	149879	553.92	UK	281219	700
2018-10-01	131399	397.27	UK	261613	694
2018-11-01	112918	240.612	UK	311976	8491
2018-12-01	194438	183.95	UK	351301	9421
2019-01-01	175958	72.7	UK	362138	9984
2019-02-01	157477	229.36	UK	376130	10031
2019-03-01	238997	386.024	UK	280545	12621

图 10-2 输出数据源

2021年该跨境电商物流信息为空,作为预测集使用。

所有字段的详解及字段类型如表10-1所示。

表 10-1　跨境电商物流数据字段详解及字段类型

字段名称	详解	字段类型
Invoice_Date	交易发生的日期,以月为统计时间	日期型
Invoice_No	发票代码	字符型
Total_Price	商品总价格	数值型
Country	客户所在国家(地区)的名称	字符型
Quantity	商品数量、交易的件数	数值型
Total_Weight	商品总重量	数值型

二、物流订单趋势可视化

选取2018—2021年每个月的跨境电商物流订单数据,将2018—2020年的36个样本数据作为训练集,记为$\{X\}$。为了方便观察,需增加一个序列号Row_Number,给每一个月标上序号,即$\{X\}=X_1,X_2,X_3,\cdots,X_{36}$,将2021年的数据作为测试集,如图10-3所示。拖拽"数据预处理"下的"增加序列号"节点到画布区,并建立关联,如图10-4所示。

图 10-3　增加序列号结果

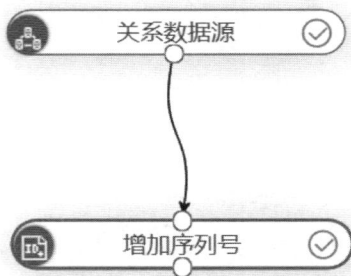

图 10-4　添加"增加序列号"节点

拖拽"统计分析"中的"高维数据可视化"节点进行 2018—2020 年跨境电商物流订单的时间序列样本数据时序图的绘制,高维数据可视化的采样比例为"1",如图 10-5 所示。

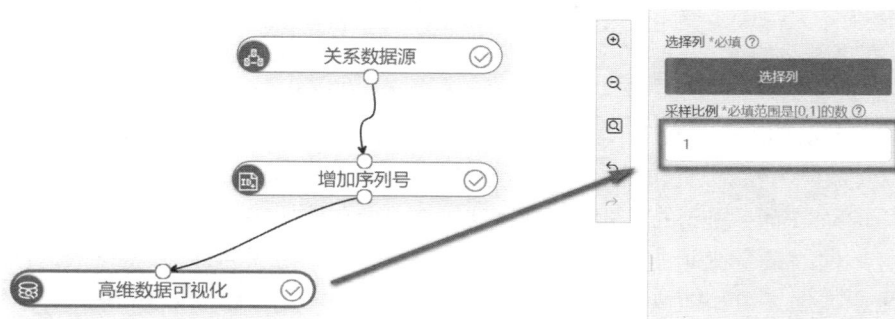

图 10-5　添加"高维数据可视化"节点

其中所选择的列为"Row_Number"和"Quantity",如图 10-6 所示。

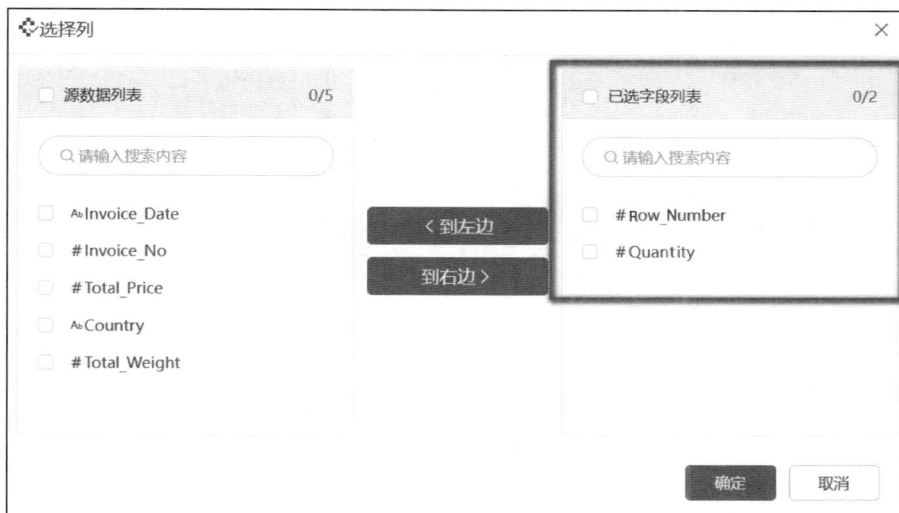

图 10-6　高维可视化列字段选择

可视化结果如图 10-7 所示。

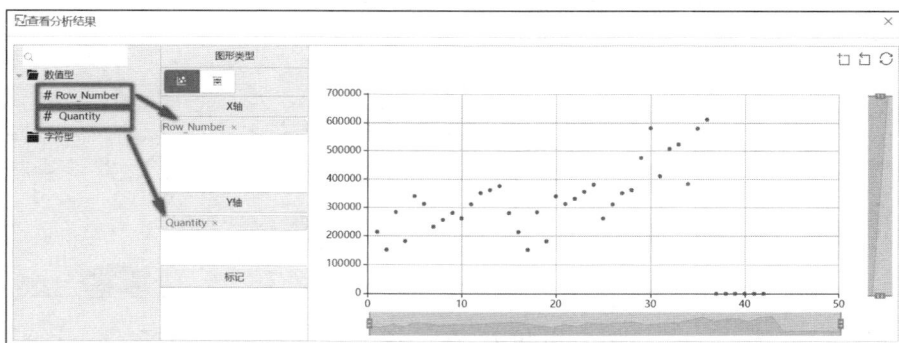

图 10-7　2018—2020 年物流订单趋势

由图 10-7 可知,2018—2020 年该跨境电商物流订单数量呈波动上升趋势,且有非常明显的季节周期变化,变化的波动幅度较大,很显然可以判定 $\{X\}$ 为非平稳的时间序列,需要对其进行平稳化处理。

三、消除异方差处理

首先,该跨境电商物流订单数量的时间序列 $\{X\}$ 呈现上升趋势,所以应采取对时间序列 $\{X\}$ 取对数的方法,以此消除 $\{X\}$ 的异方差性。

这里取对数需要用到的是"派生列"节点,它用于在数据集中生成可行的新特征字段,可对现有数据的某个特征进行操作,允许用户自定义生成特征名称,并将生成的新特征字段添加到原数据集中。拖拽"数据预处理"下的"派生列"节点,建立如图 10-8 所示关联。

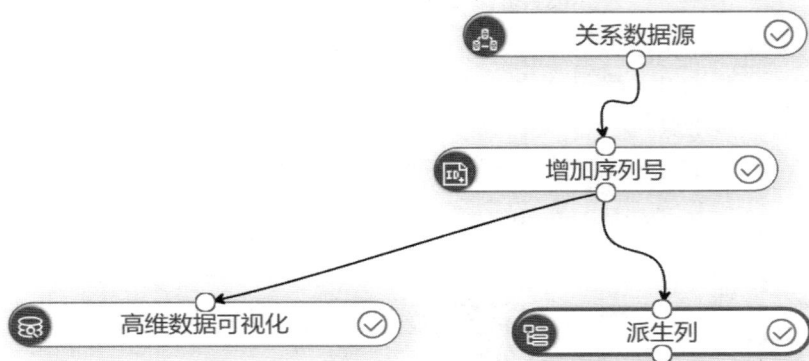

图 10-8　添加"派生列"节点

我们的目的是对时间序列 $\{X\}$ 取对数,因此编辑的表达式为"ln([Quantity])",并对派生列取名为"ln_Quantity",具体配置如图 10-9 所示。最终的派生列输出如图 10-10 所示,可以发现已有字段的最后又新增了一列——"ln_Quantity",即为已取对数的"Quanity"字段数据。

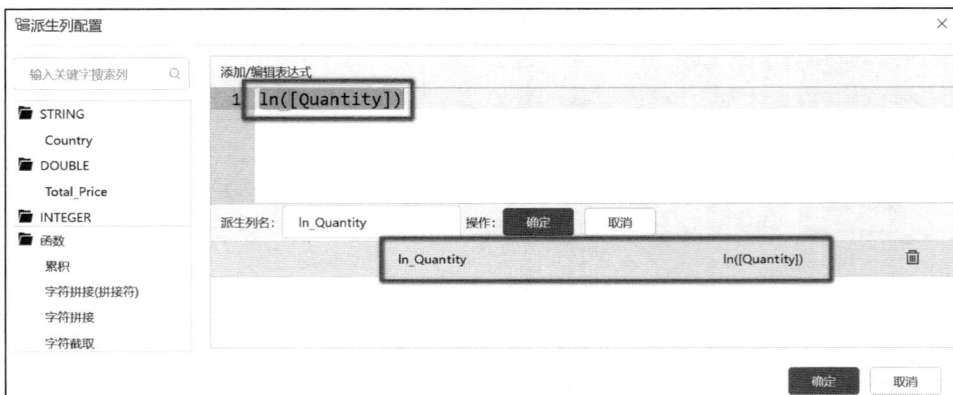

图 10-9　派生列配置

/ 总共有 42 条数据　提示:点击单元格可查看超出的内容

Country	# Quantity	# Total_Weight	# ln_Quantity
UK	213453	861	12.271171946901115
UK	151343	512	11.927304062967332
UK	284131	500	12.557190678397777
UK	181201	10150	12.107362191339584
UK	340210	612	12.737318352985728
UK	313160	10000	12.65446952102185
UK	231618	8510	12.352844741868171
UK	256153	9512	12.45353020118633

示特征列，*表示标签列　表头真名　表头别名

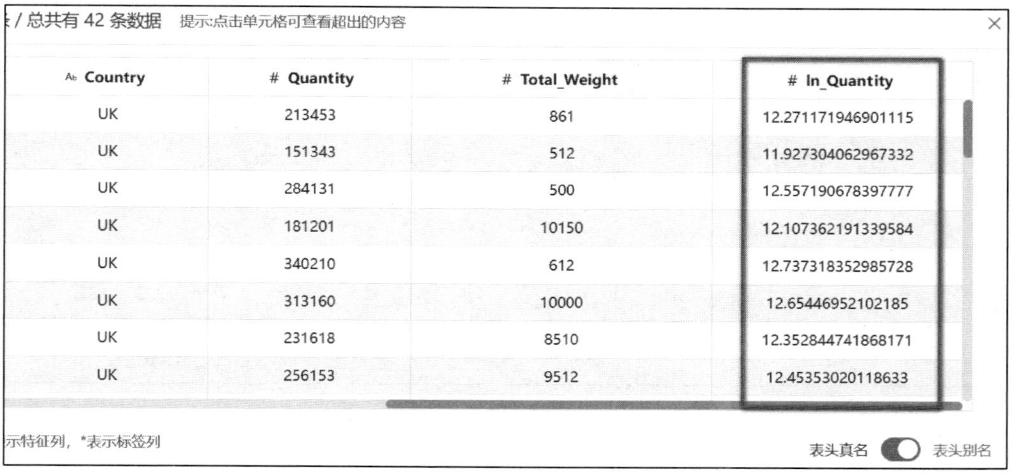

图 10-10　派生列输出

将新生成的字段“ln_Quantity”与“Row_Number”作为“消除异方差后的时序图”的两个变量，利用“高维数据可视化”节点作图观察，如图 10-11 所示。

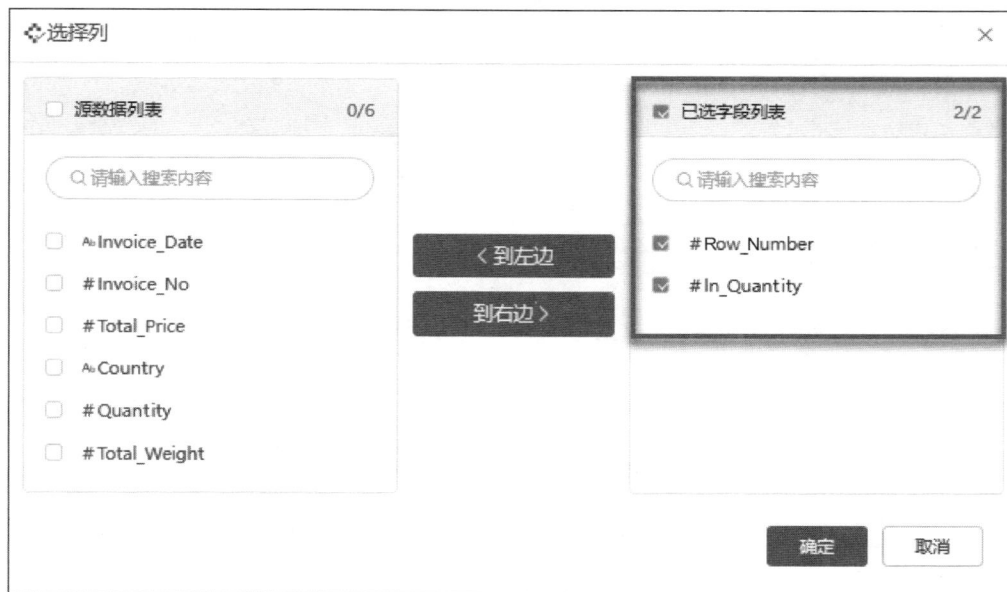

图 10-11　新生字段后高维可视化字段列选择

消除异方差后，观察图 10-12 可以发现序列 $\{LNX\}$ 的趋势。

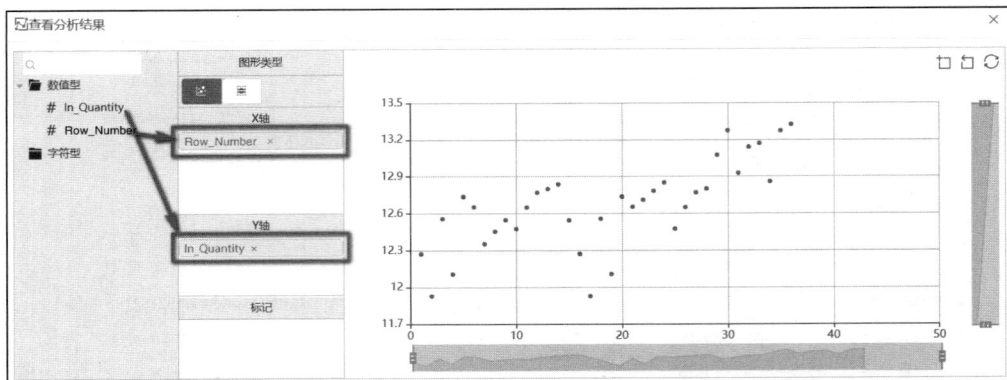

图 10-12　消除异方差后的《LNX》时序图

由于数据源中需预测的行数据为空值,则需要运用"行选择"节点将非空值的行数据筛选出来,拖拽"数据预处理"下的"行选择"节点,并建立如图 10-13 所示关联。

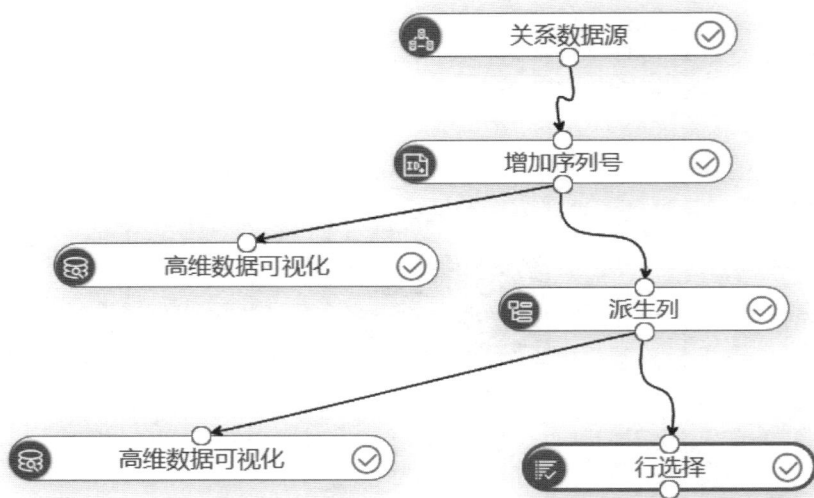

图 10-13　添加"行选择"节点

具体配置如图 10-14 所示,行选择输出结果如图 10-15 所示。

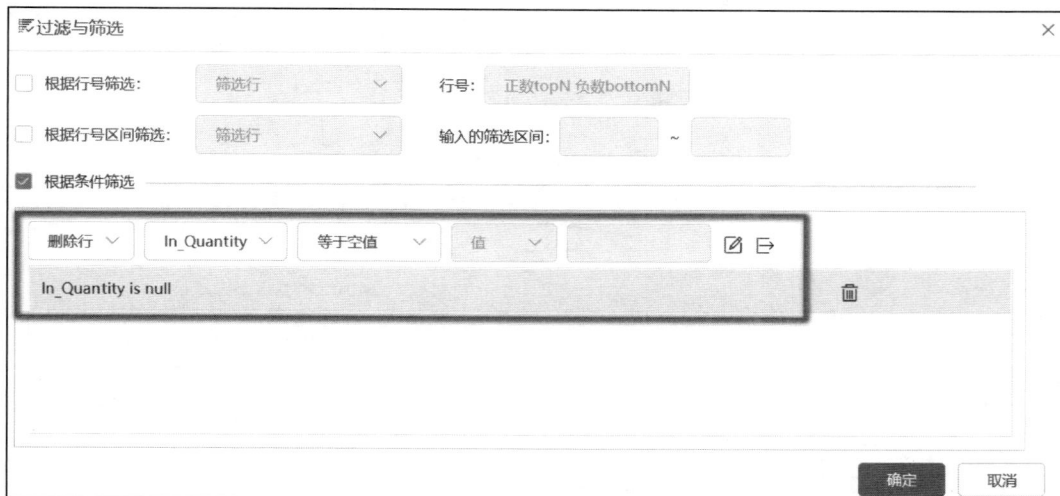

图 10-14　行选择配置

当前显示 36 条 / 总共有 36 条数据　提示:点击单元格可查看超出的内容

# Row_Number	Invoice_Date	# Invoice_No	# Total_Price	Country
1	2018-01-01	97722	1807.0	UK
2	2018-02-01	179242	1650.54	UK
3	2018-03-01	160762	1493.883	UK
4	2018-04-01	122081	1337.22	UK
5	2018-05-01	123801	1180.565	UK
6	2018-06-01	105320	1023.9068	UK
7	2018-07-01	186840	867.247	UK
8	2018-08-01	168360	710.5	UK
9	2018-09-01	149879	553.92	UK
10	2018-10-01	131399	397.27	UK
11	2018-11-01	112918	240.612	UK

注意：表头中✿表示特征列，*表示标签列　　表头真名　表头别名

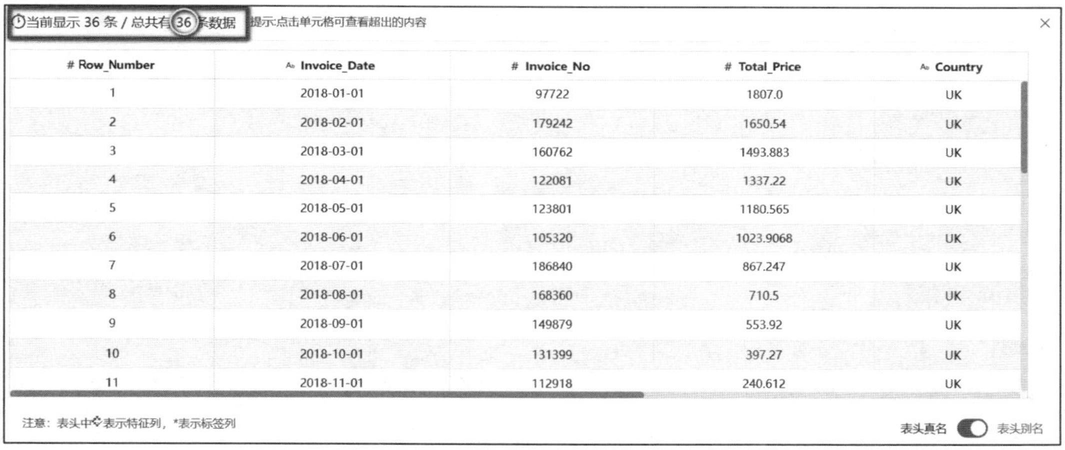

图 10-15　行选择输出结果

四、平稳性处理及白噪声检验

通过收集和预处理后，得到了序列$\{LNX\}$，为了检验 ARIMA 模型建模的可能性，需要对序列$\{LNX\}$进行平稳性检验，平稳性检验采用单位根(ADF)检验。将经过了移动平均法处理的序列$\{LNX\}$连接“平稳性检验”节点，如图 10-16 所示。

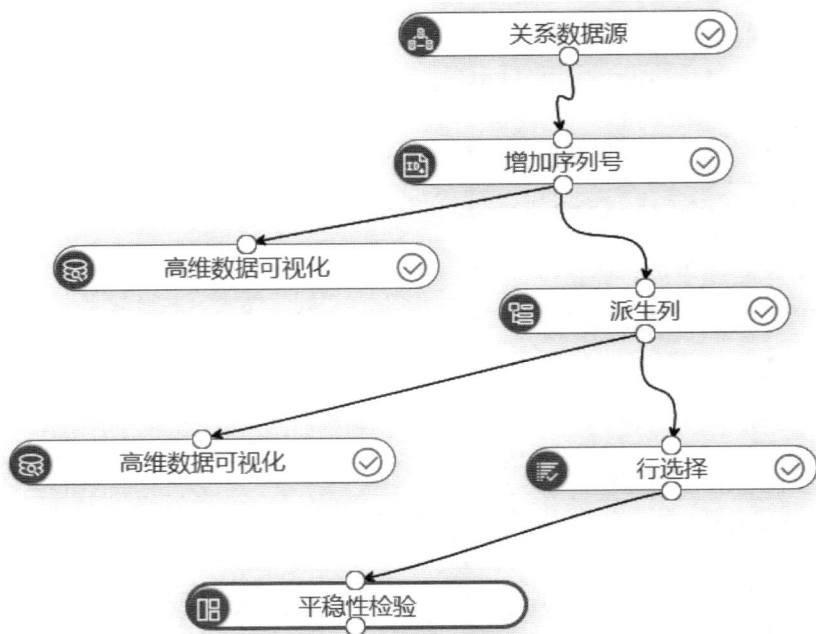

图 10-16　添加"平稳性检验"节点

具体的平稳性检验参数配置如图 10-17 所示,最终的平稳性检验结果如图 10-18 所示。

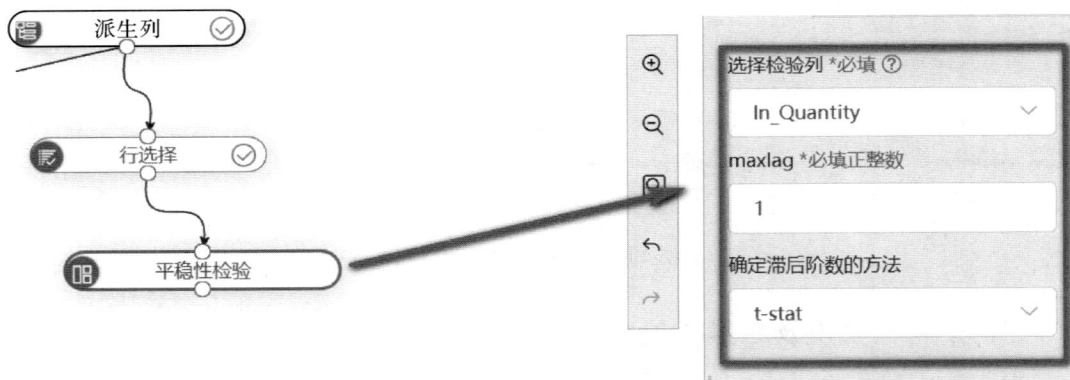

图 10-17　平稳性检验参数配置

图 10-18　平稳性检验结果

通过对序列$\{LNX\}$进行的 ADF 检验,可以发现没有差分的$\{LNX\}$ADF 检验的 p 值高于 0.05,说明序列$\{LNX\}$是非平稳的,需要差分处理。

拖拽"时间序列"中的"差分"节点至画布区,承接"行选择"节点,如图 10-19 所示。

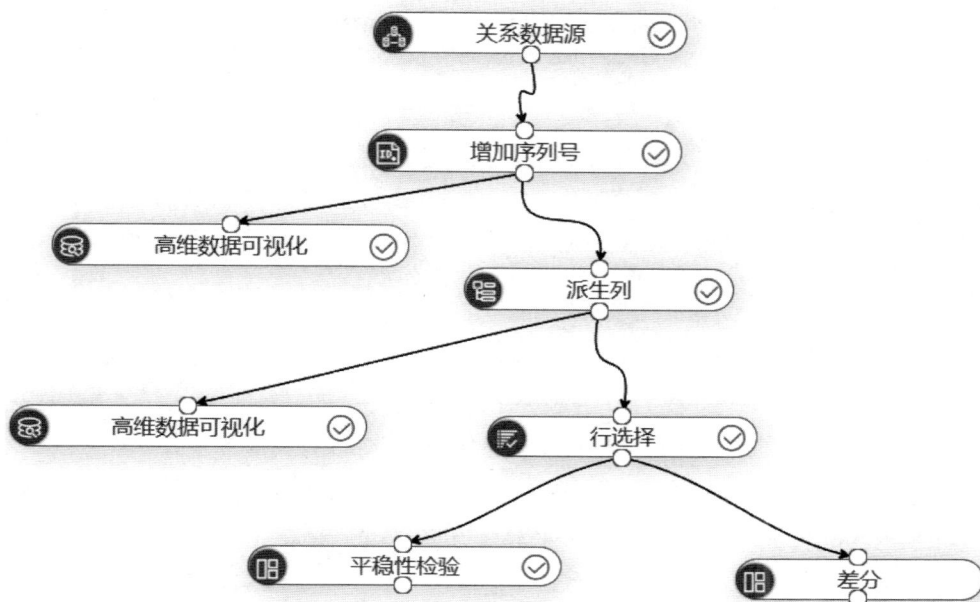

图 10-19　添加"差分"节点

"差分"节点的参数配置如图 10-20 所示,需要注意的是"差分阶数"应设置为"1","差分空值填补"为"删除"。

图 10-20　一阶差分参数配置

差分后的结果如图 10-21 所示。

Aᵃ Country	# Quantity	# Total_Weight	# ln_Quantity	# ln_Quantity_差分
UK	281219	700	12.546889004203631	0.09335880301730093
UK	261613	694	12.47462159152007	-0.07226741268356207
UK	311976	8491	12.650681540755965	0.17605994923589563
UK	351301	9421	12.76939868481975	0.11871714406378508
UK	362138	9984	12.799780633633366	0.030381948813616333
UK	376130	10031	12.837690107296964	0.03790947366359809
UK	280545	12621	12.544489418885211	-0.29320068841175306
UK	213453	19823	12.271171946901116	-0.27331747198409495
UK	151343	10113	11.927304062967303	-0.3438678839337843
UK	284131	15530	12.557190678397774	0.6298866154304417
UK	181201	12230	12.107362191339586	-0.4498284870581877

注意：表头中◇表示特征列，*表示标签列　　　　　　　　　　　　　　表头真名 ⬤ 表头别名

图 10-21　一阶差分结果

接下来再次对进行了一阶差分处理后的$\{LNX\}$序列进行平稳性检验，判定序列的平稳性。具体的参数配置如图 10-22 所示，检验结果如图 10-23 所示。

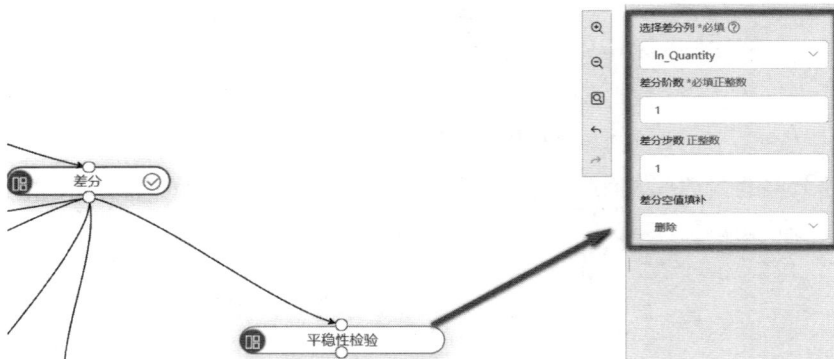

图 10-22　一阶差分后平稳性检验参数配置

# 统计量	# p值	# 滞后阶数
-10.77034563930887	2.393180779103352E-19	0.0

图 10-23　一阶差分后平稳性检验结果

观察平稳性检验得到的$\{\Delta LNX\}$的 p 值小于 0.05，说明经过一阶差分后的序列趋于平稳，可以进行下一步分析，即纯随机性检验。

纯随机性检验采用的检验方法是白噪声检验，如果序列$\{\Delta LNX\}$经过检验后是白噪声序列，说明该序列没有任何有价值的信息可供提取，建模结束；若序列$\{\Delta LNX\}$经过检验后为非白噪声序列，则可以建立 ARIMA 模型。拖拽"随机性检验"节点到画布区，并建立关联，如图 10-24 所示。

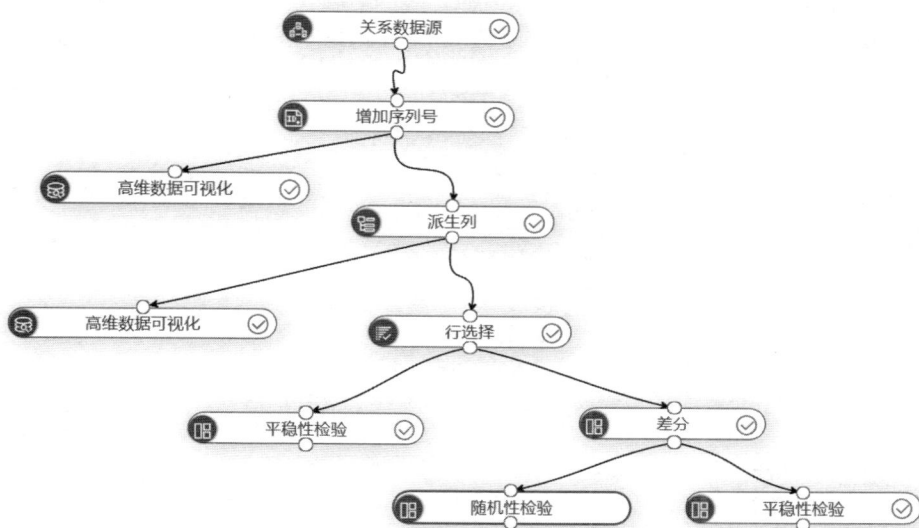

图 10-24　添加"随机性检验"节点

对序列 $\{\Delta LNX\}$ 进行随机性检验，具体的随机性检验参数配置如图 10-25 所示。

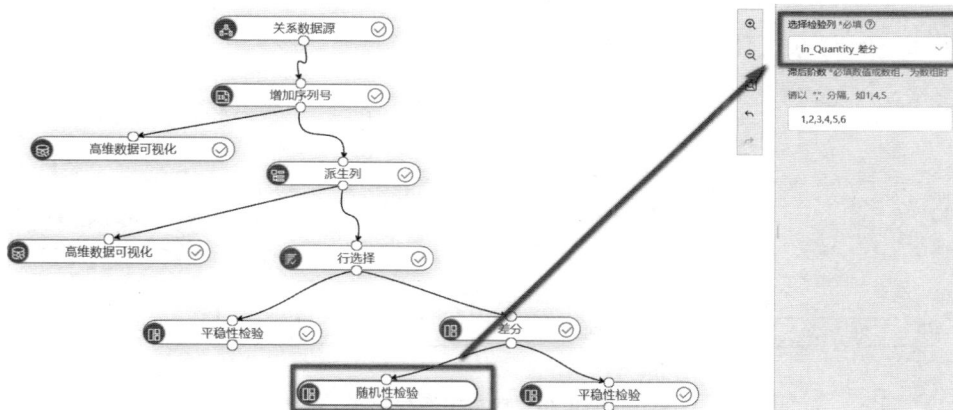

图 10-25　一阶差分后随机性检验参数配置

检验结果如 10-26 所示。

# 统计量	# 滞后阶数	# P值
11.329340023201885	1	7.629201092820622E-4
13.357409900219196	2	0.0012574053212095057
13.41334198625438	3	0.0038228848268798948
14.267013742696923	4	0.006489857591247806
15.546876869744528	5	0.008264185566732888
17.89560474157677	6	0.006498449101700742

图 10-26　一阶差分后随机性检验结果

通过随机性检验可发现 p 值均小于 0.05。再对该序列的自相关系数和偏自相关系数作自相关系数图和偏自相关系数图,首先拖拽"自相关系数"节点到画布区并建立如图 10-27 所示关联。

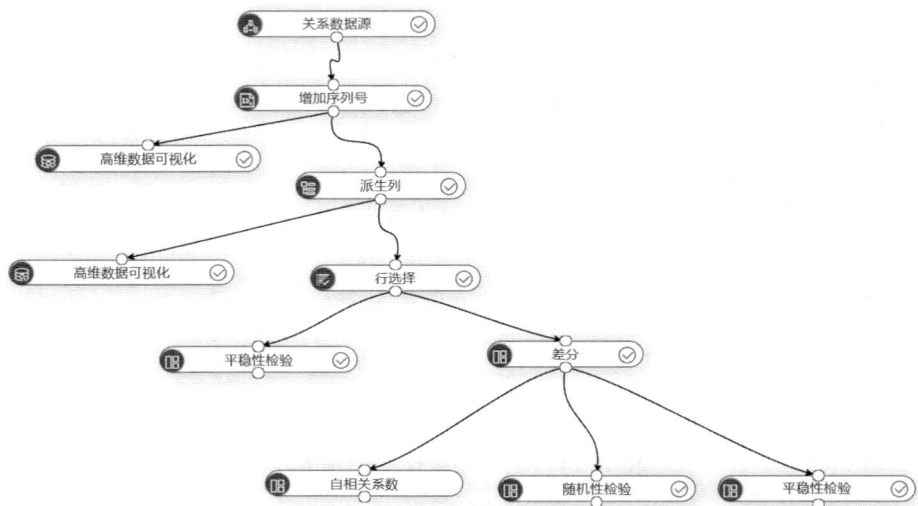

图 10-27　添加"自相关系数"节点

采样比例均为 1,具体配置如图 10-28 所示。

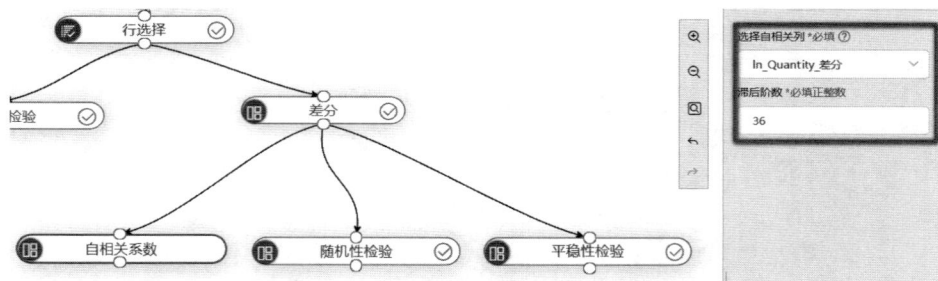

图 10-28　自相关系数配置

利用"高维数据可视化"节点制作可视化图,输出的自相关系数图如图 10-29 所示。

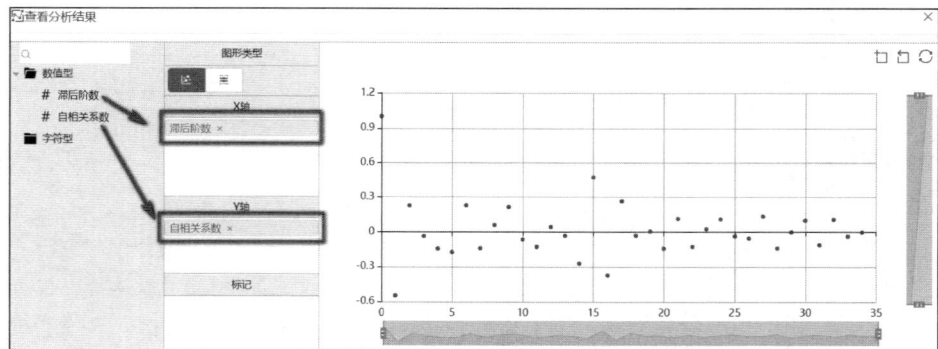

图 10-29　自相关系数图

同理,再做出偏自相关系数图,结果如图 10-30 所示。

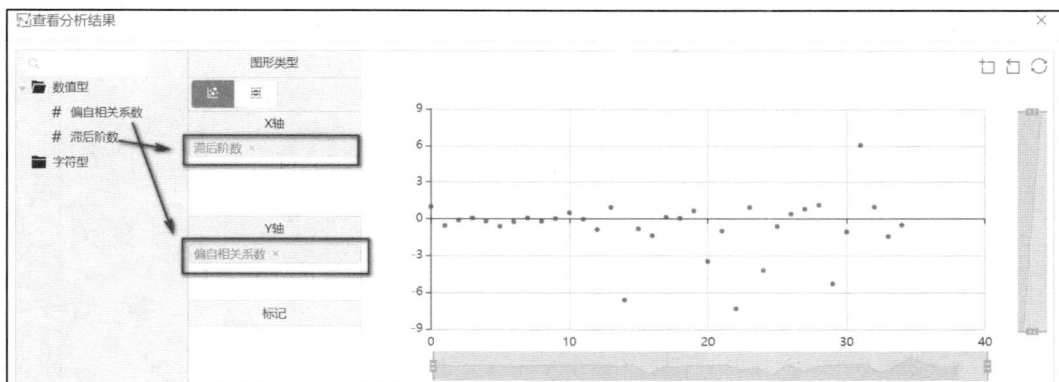

图 10-30　偏自相关系数图

通过$\{\Delta LNX\}$的序列进行白噪声检验,可以看到该序列的偏自相关系数图存在 2 阶拖尾,自相关系数存在 1 阶拖尾的现象,可认为序列$\{\Delta LNX\}$呈现一定的相关性,因为该序列消除差异性时,是通过一阶差分处理的,所以可以拟合 ARIMA 模型。

五、建模与预测

在预测之前,首先要重新设置一下时间格式,可以用到"数据预处理"下的"元数据编辑"节点,拖拽节点到画布区,与"行选择"节点建立关联,如图 10-31 所示。

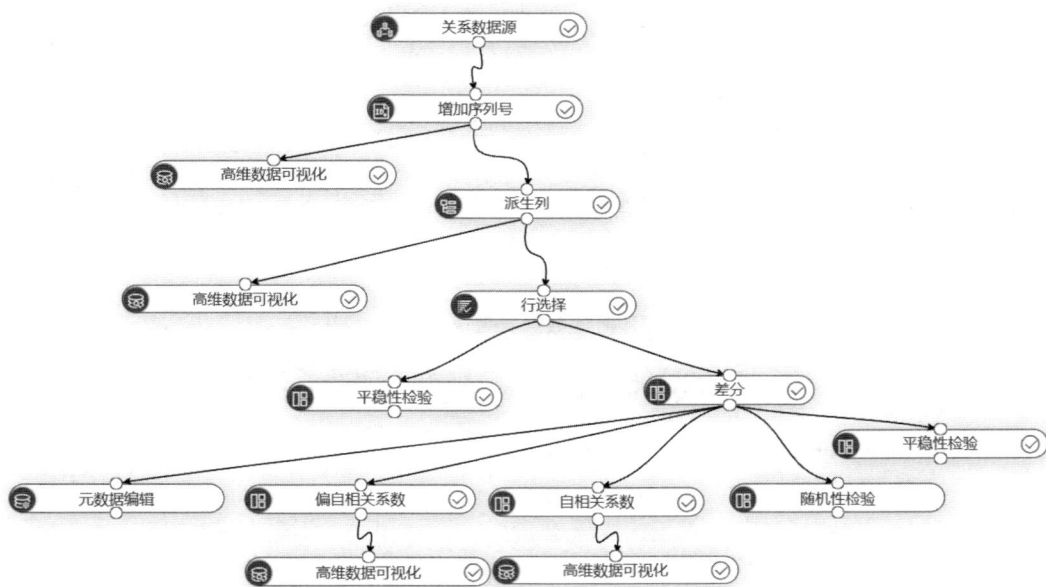

图 10-31　添加"元数据编辑"节点

“元数据编辑”节点的属性设置如图 10-32 所示。

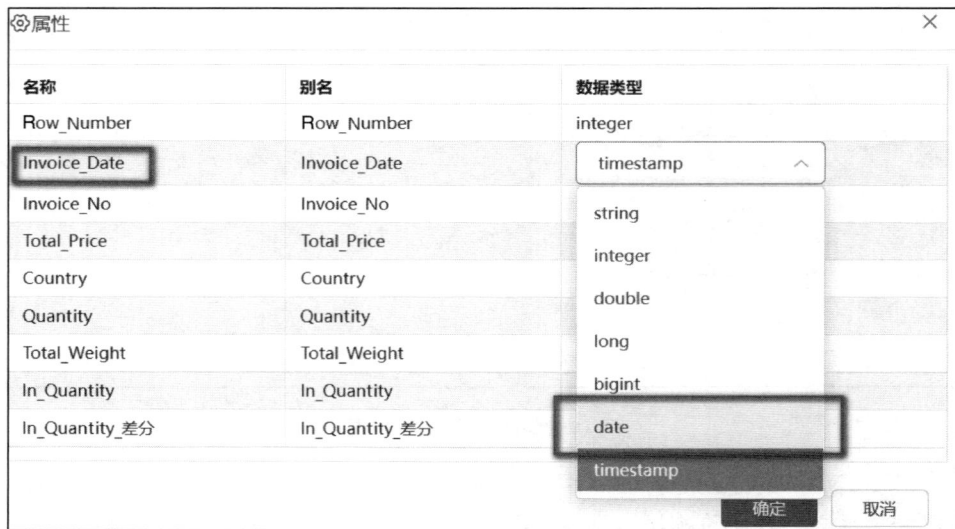

图 10-32 “元数据编辑”节点属性设置

执行之后，右键查看输出，即可看到更改后的时间数据，如图 10-33 所示。

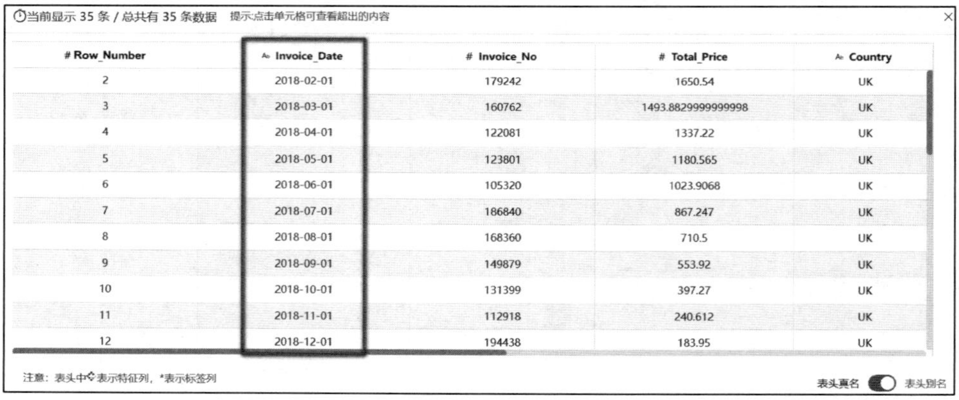
当前显示 35 条 / 总共有 35 条数据　提示:点击单元格可查看超出的内容

# Row_Number	Invoice_Date	# Invoice_No	# Total_Price	Country
2	2018-02-01	179242	1650.54	UK
3	2018-03-01	160762	1493.8829999999998	UK
4	2018-04-01	122081	1337.22	UK
5	2018-05-01	123801	1180.565	UK
6	2018-06-01	105320	1023.9068	UK
7	2018-07-01	186840	867.247	UK
8	2018-08-01	168360	710.5	UK
9	2018-09-01	149879	553.92	UK
10	2018-10-01	131399	397.27	UK
11	2018-11-01	112918	240.612	UK
12	2018-12-01	194438	183.95	UK

注意：表头中◇表示特征列，*表示标签列　　表头真名　表头别名

图 10-33 时间数据类型更改后的结果

接着拖拽“特征工程”下的“特征选择”节点到画布区，并建立如图 10-34 所示连接。

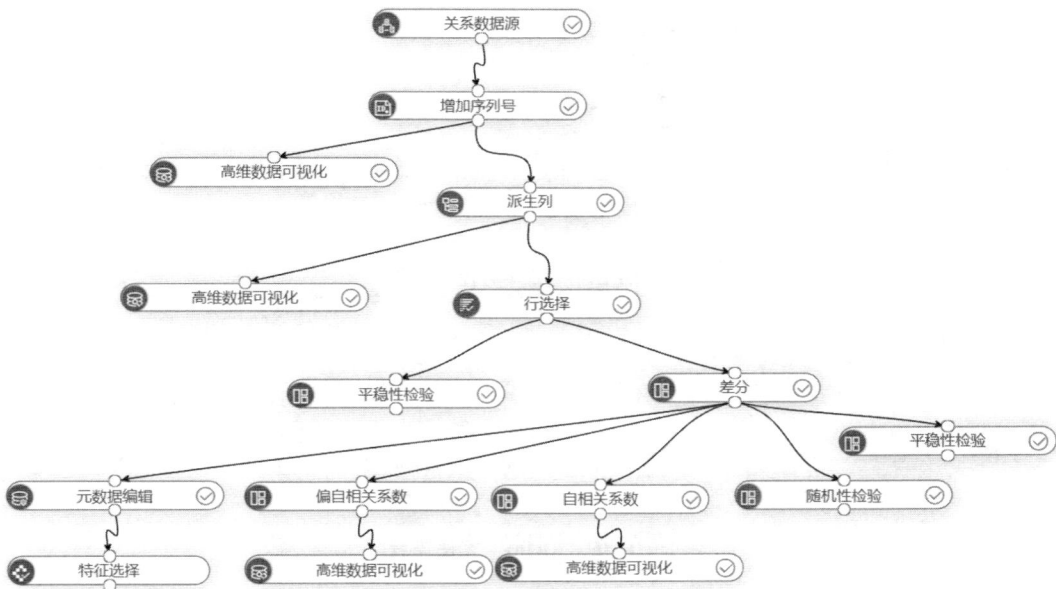

图 10-34　添加"特征选择"节点

选择"Date"特征列进行后面几个月的 ln_Quantity 的预测,并且与分类和回归预测一样,需要设置标签列,如图 10-35 所示。

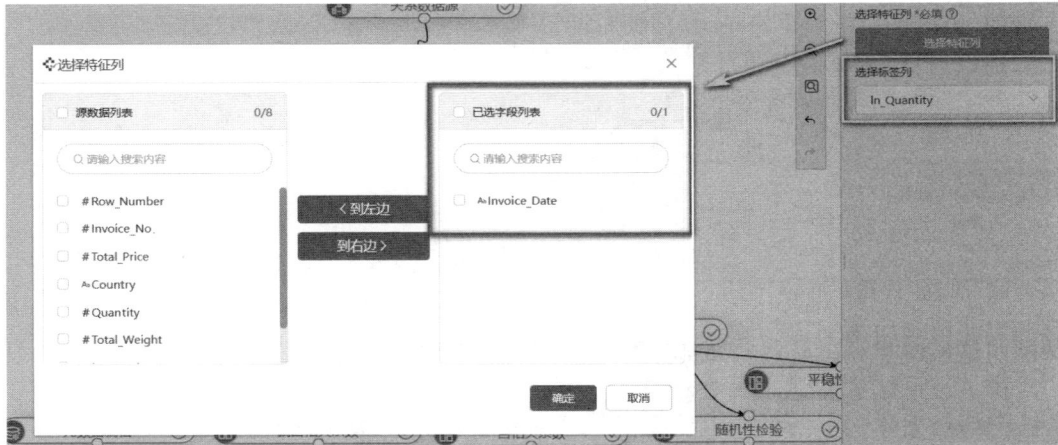

图 10-35　选择特征列和标签列

配置完成之后执行,执行成功之后拖拽"ARIMA"算法节点,建立关联,如图 10-36所示。

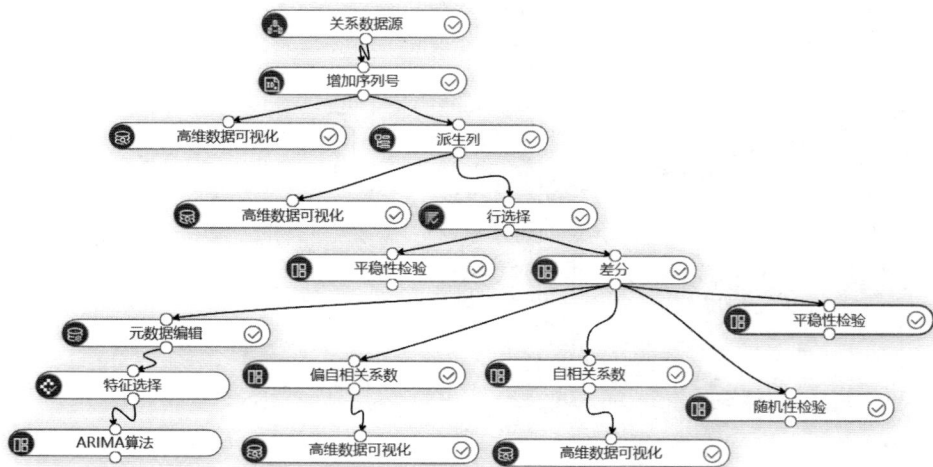

图 10-36 ARIMA 算法流程

ARIMA(p,d,q)参数根据上述的设置为"p＝2""d＝1""q＝1",具体的参数配置如图 10-37 所示。

图 10-37 ARIMA 模型参数设置

最终 ARIMA(2,1,1)模型预测得到的 2021 年 6 个月的预测值如图 10-38 所示。观察该预测结果可以发现,该预测值只是取对数后的预测值,因此需要将该预测值进行数值还原。

当前显示 6 条 / 总共有 6 条数据 提示:点击单元格可查看超出的内容

Invoice_Date		# Prediction
2021-01-01 00:00:00.0		13.305257441573078
2021-02-01 00:00:00.0		13.380354869014806
2021-03-01 00:00:00.0		13.39132750285177
2021-04-01 00:00:00.0		13.435300168522826
2021-05-01 00:00:00.0		13.466773827503562
2021-06-01 00:00:00.0		13.50064556193905

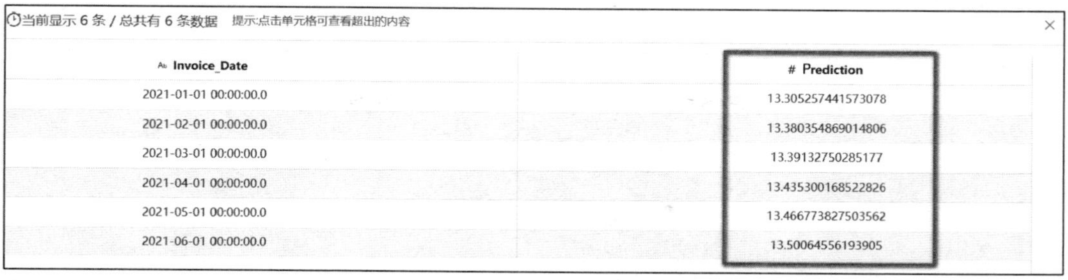

图 10-38 预测结果

还原数值需再次用到“派生列”节点,还原表达式为“exp([prediction])”,具体的配置如图 10-39 所示。

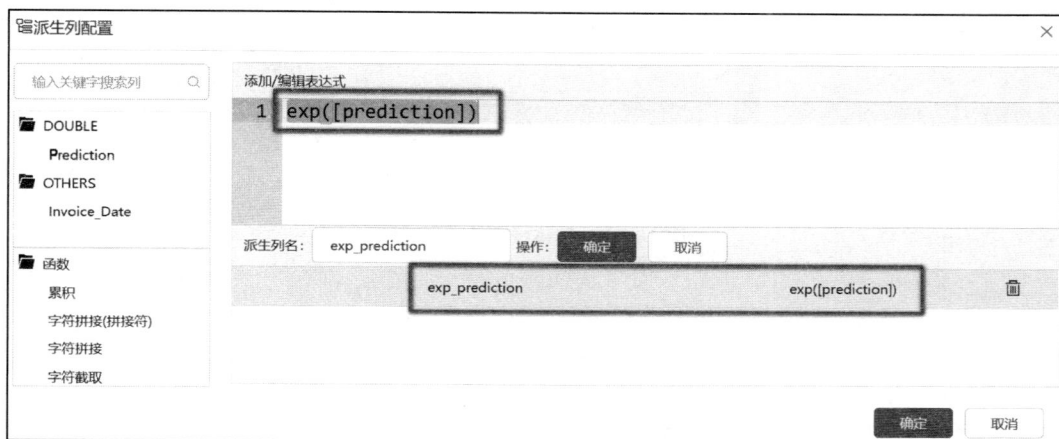

图 10-39 派生列配置

最终还原的具体的 2021 年 6 个月的预测值如图 10-40 所示,分别为(精确到小数点后 3 位):600343.603、647163.903、654304.097、683717.547、705578.863、729887.405。

当前显示 6 条 / 总共有 6 条数据 提示:点击单元格可查看超出的内容

Invoice_Date	# Prediction	# exp_prediction
2021-01-01 00:00:00.0	13.305257441573078	600343.6027730523
2021-02-01 00:00:00.0	13.380354869014806	647163.902966122
2021-03-01 00:00:00.0	13.39132750285177	654304.097235463
2021-04-01 00:00:00.0	13.435300168522826	683717.5471265061
2021-05-01 00:00:00.0	13.466773827503562	705578.863242222
2021-06-01 00:00:00.0	13.50064556193905	729887.4053187227

注意:表头中✧表示特征列,*表示标签列 表头真名 表头别名

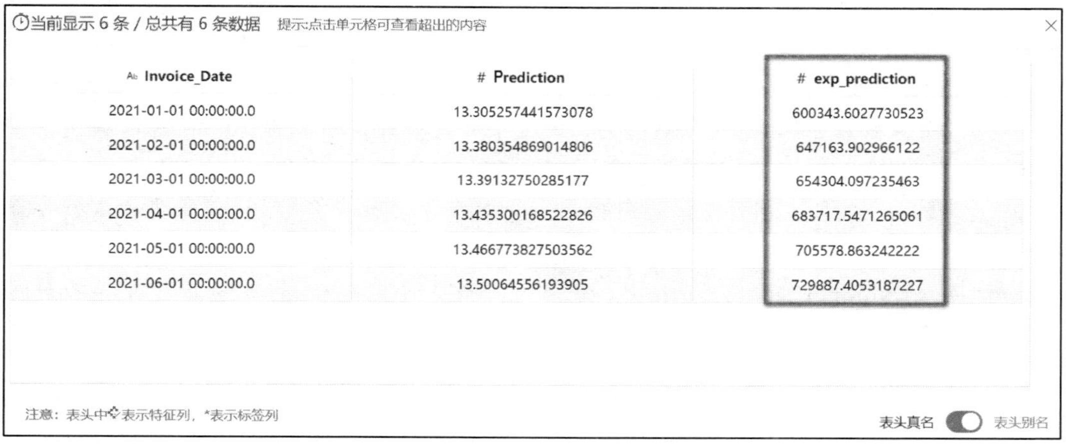

图 10-40 还原的现金流预测值

整体模型工作流程如图 10-41 所示。

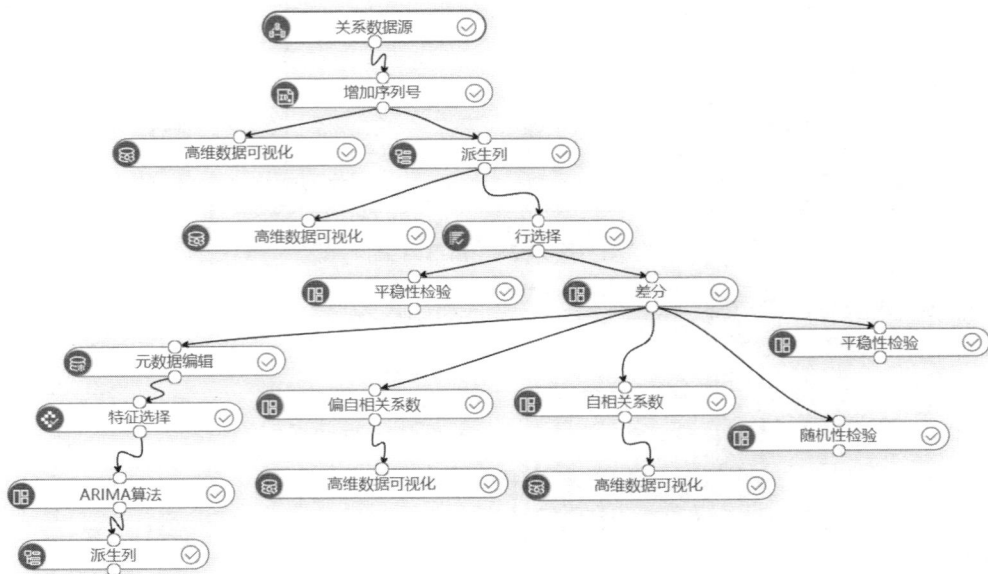

图 10-41　整体模型工作流程

本章小结

对物流订单量趋势进行预测是跨境电商行业中运营店铺的一项重要职能,建立完善的现金流量管理体系是确保企业生存与发展、提高企业市场竞争力的重要保障。本章案例以跨境电商物流为研究对象,收集某公司 2018—2020 年每个月的物流订单作为样本数据,在对每个月的物流订单数据做平稳化和白噪声检验后,确定 ARIMA 模型的参数值,最后用建立的 ARIMA(2,1,1)模型预测某跨境电商商家在 2021 年 1 月—6 月的订单数量。

案例的具体实现流程如下:①获取 2018—2021 年每个月的跨境电商物流订单数据,将其导入"关系数据源",在"关系数据源"节点可选择查看详细数据。②在对数据进行基础探索之后,将 2018—2020 年的 36 个样本数据作为训练集,记作{X},并给每一个月标上序号,同时将 2021 年的数据作为测试集。③对数据进行拆分后,将训练集样本数据通过"高维数据可视化"分析,绘制时序图。高维数据可视化的采样比例为"1",其中所选择的列为"Row_Number"和"Quantity"。④通过可视化结果可知,样本数据为非平稳的时间序列,需要对其进行平稳化处理。在此之前,需要先对数据进行取对数,表示为{LNX},以此消除{X}的异方差性,派生列中的表达式为"ln([Quantity])"。运行后,可得新的派生列字段"ln_Quantity",再次通过"高维数据可视化"进行验证。在这一步骤中,需要运用"行选择"节点将非空值的行数据筛选出来,对行选择进行配置。⑤消除异方差性后,需要对{LNX}进行平稳性检验。设置平稳性检验的参数配置,对序列{LNX}进行

ADF 检验,可以发现没有差分的{LNX}ADF 检验的 p 值高于 0.05,说明序列{LNX}是非平稳的,需要差分处理。对差分的参数进行配置,需要注意的是差分阶数应设置为"1",差分空值填补为"删除"。对经一阶差分处理后的序列{ΔLNX}再次进行平稳性检验,检验结果判定序列趋于平稳。⑥在建模前,还需要对序列{ΔLNX}进行白噪声检验,即随机性检验。通过随机性检验可发现,p 值均小于 0.05。再对该序列的自相关系数和偏自相关系数作自相关系数图和偏自相关系数图,最后根据结果判定本案例可以建立ARIMA 模型。⑦完成对数据的检验后,需要对数据进行一系列预处理。首先要重新设置一下时间格式;其次选择"Date"特征列进行后面几个月的 ln_Quantity 的预测,并且与分类和回归预测一样,需要设置标签列。⑧完成数据预处理后,开始进行建模与预测分析。将 ARIMA(p,d,q)模型的参数设置为"p＝2""d＝1""q＝1",运行模型可得 2021 年 6个月的预测值,但只是取对数后的预测值,还需要将该预测值进行数值还原。还原数值需再次用到"派生列"节点,还原表达式为"exp([prediction])"。还原后,可得 2021 年 6 个月跨境电商物流公司的订单数量预测数。

在利用 ARIMA 模型预测跨境电商物流的订单数量时,发现该预测模型存在其优点,但也不乏缺点。ARIMA 模型的优点是比较简单,不需要其他外生的变量,只要内生变量即可。该预测模型的缺点在于对时序的数据要求较高,需要数据本身或者是差分化后是稳定的才行,而且该预测模型一般只可以对线性关系进行捕捉,对非线性关系不能进行捕捉。

📋知识拓展

▶ 拓展实训

跨境电商物流订单趋势预测

【实训目的】

巩固时间序列算法的原理;通过教师讲解与实际操作,动手操作跨境电商物流订单趋势预测的案例,帮助跨境电商企业进行物流管理。

【思考与练习】

1.通过学习相关模块,掌握跨境电商物流订单趋势预测模型的应用方法,并进行实操练习。

2.思考时间序列法在大数据时代更广泛的应用。

第十一章

跨境电商数据分析报告

> ## 教学目标

1. 了解数据可视化相关理论及其应用场景。

2. 了解自助仪表盘的功能模块。

3. 掌握利用自助仪表盘进行跨境电商可视化报表的制作方法。

> ## 学习重点、难点

学习重点

1. 数据可视化的步骤。

2. 可视化分析报告撰写。

学习难点

1. 自助仪表盘的创建。

2. 利用自助仪表盘进行可视化报表制作。

> ## 思维导图

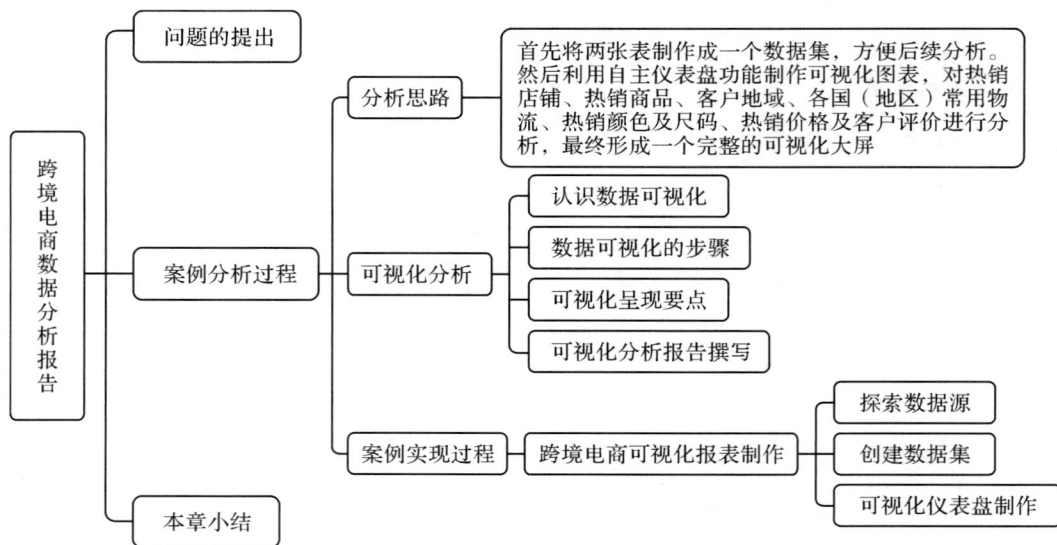

第一节　问题的提出

一、数据可视化理论

随着互联网和信息技术的迅速发展,数据可视化分析技术成为日益重要的研究方法,它可以帮助数据分析工作人员迅速地找到数据中的规律和模式。数据可视化的本质是视觉效果会话。数据可视化将技术与造型艺术完美结合,通过图形界面,清楚合理地传递与交流信息。一方面,数据使数据可视化具有使用价值;另一方面,数据可视化提升数据的灵气,二者紧密联系,协助公司从信息中获取专业知识、从专业知识中获得使用价值。精心设计的图形不仅可以生动形象地展示信息,而且可以通过强大的显示方式来提升信息的知名度,引起人们的关注并维持他们的兴趣。这是单纯的表格形式所无法企及的。

二、问题设计

在大数据时代背景下,跨境电商成了新的国际贸易方式。跨境电商注重顾客的体验,因此,针对顾客的精准营销也是各跨境电商企业考虑的重点。本章案例采集某跨境电商平台女鞋类目的热销商品数据及客户评价数据,通过可视化分析,对该行业进行整体的分析与解读,同时给相关行业或企业提供商业建议。

三、问题解决思路

本章案例主要涉及两个数据表格,一个是热销商品数据表,一个是客户评论数据表。首先通过自助数据集将两张表制作成一个数据集,方便后续分析。然后利用自助仪表盘功能制作可视化图表,对该跨境电商平台女鞋类目的热销店铺、热销商品、客户地域、各国(地区)常用物流、热销颜色及尺码、热销价格及客户评价进行分析,最终得到一个完整的可视化大屏。

据此,结合数据源,本案例的基本操作思路如下。

第一,探索数据源,制作数据集。

第二,结合数据源情况,创建自助仪表盘。

第三,分析热销店铺 TOP 10。

第四,分析客户国家(地区)分布。

第五,分析各国家(地区)常用的物流方式。

第六,分析热销颜色及尺码。

第七,分析热销价格。

第八,分析客户评价舆情。

第九,对整体可视化大屏进行优化。

第二节 可视化分析

数据可视化技术借助人脑的视觉思维能力,帮助人们掌握大量的数据信息,在深入探究数据细节层面信息的同时总结数据规律,从而提高数据的使用率和决策判断的科学性。

一、认识数据可视化

数据可视化是一种关于数据视觉表现形式的科学技术研究。其数据视觉表现形式是一种以概要形式提炼出来的信息,其中包括相应信息单位的各种属性和变量。数据可视化是一个不断演变的概念,其外延也在不断扩大,涉及越来越多较为高级的技术方法,同时这些技术方法可以利用图形、图像处理、计算机视觉及用户界面加以处理,对数据进行可视化表达。通俗地讲,我们可以理解为数据可视化是一种通过图形、图表等展现形式,对数据进行展现或加以解释的方法。在生活和工作中,图片所传递的信息常常比文字传达得更直观和清楚。正所谓"字不如表,表不如图",图表表现方式也是极其重要的。通过对产品和客户画像等方面的统计分析,可以提高从业者的数据可视化能力。常见的"一图看懂××"等信息互动方式就是用图表来传递信息的,这就是比较典型的数据可视化成果。

数据可视化的优势在于它可基于简单的逻辑和视觉体验让用户快速把握信息要点,通过借助大脑视觉系统,本能地将图形信息转化为长期记忆。同时,数据可视化还可以改变人们解读世界的方式,即相同的数据通过不同的表达方式就能产生不同的效果。在展现数据时,一张比较独特的数据图表能够让受众群体直接获得其中的信息和意图,同时也更有说服力,从而实现商务数据价值的最大化。

二、数据可视化的步骤

对数据进行可视化处理,主要按照以下流程进行。

(一)明确可视化需求,寻找数据背后的故事

在创建数据可视化图表时,首先需要明确什么是数据可视化的需求,在这之前,设计人员要先试着回答一些问题,即这个可视化项目以什么为出发点?怎样为客户服务?得出这些问题的答案后可以很好地避免一种常见现象:比较一些不相干的数据。

在确定跨境电商可视化项目的目标之后,再进行信息的整理,寻找实现可视化的方式,并通过观察与比较,总结数据关系,建立基本数据关系结构,最后思考如何用定义清晰表达视觉元素,将这些数据包装成有趣的"故事"。

(二)选择合适的数据可视化类型

在确定需求之后,需要确定合适的可视化类型。有些设计人员会使用各种各样的图表,但事实上这种做法并不是最佳的。虽然数据可视化效率很高,但前提是必须准确运用,并且精确传达信息。由于不同类型的数据具有不同的独特属性和特点,那么设计人员

选用不恰当的图表去展现数据,就很容易造成误解。

(三)确定最关键的信息指标并给予场景联系

实现高效数据可视化不仅取决于信息可视化的类型,关键是取得一种平衡:既要保证它具有通俗易懂的信息,又要在一些关键点上突出重点;既要有深刻、独特的信息解读,又要能提供合适的场景来联系上下文,从而更加合理高效地展现数据。最终目的是通过视觉设计挖掘出数据的潜在价值,并引导用户得出相应结论。

(四)为内容而设计,优化展现形式

一个糟糕的设计形式,即使内容再美好,数据再有吸引力,用户也不会被吸引。因此,一个优秀的设计形式非常关键,它有助于设计人员高效转换信息,利用精美外观吸引用户注意力。

三、可视化呈现要点

精美的可视化呈现可以说是一种挑战,要呈现良好的可视化效果不是简单的图文混排就能实现的,还需要从视觉上精准传达数据主旨,这要求设计人员必须熟悉数据内容框架,同时掌握一定的技巧。要想呈现良好的数据可视化效果,可以从以下 10 个方面进行改善。

(一)颜色

颜色使用要适度,突出关键信息,不要使用 5 种以上的颜色。

(二)字体

文字需要字体清晰、大小合适,能够让用户快速捕捉信息。

(三)版式

需要提供符合逻辑的版式,引导用户进行信息阅读,为保证视觉一致性,尽可能让图表元素保持对齐。

(四)标注

标注用于标出关键信息即可。

(五)留白

要有足够的留白,简单直接。

(六)插图

需要符合主题基调,有利于提高内容传递效率。

(七)图标

图标应简约、易懂且具有普遍性,便于内容的理解。

(八)数据

数据需分别对应图表。

(九)比例

保证数据可视化设计中有比例合适的组成元素,方便用户快速阅读。

（十）简约

设计简约，忽略不必要的元素和配图。

四、可视化分析报告撰写

跨境电商数据可视化报告的撰写步骤如下。

（一）背景简介

需要有一个对企业或组织的基本情况进行简单说明的背景简介，商业报告的背景介绍可以从企业发展历程、前景及制作该报告的意义等方面展开。

（二）报告目标

一般情况下，报告要明确分析报告的目标。首先表明客户的经营疑虑，再针对客户的疑虑提出解决方案。

（三）制作流程

可视化分析报告的制作流程包括制作商业报告的思路，总结商业报告写作的步骤和每个步骤所涉及的方法。

（四）数据来源

数据来源内容需要向客户说明商业计划中的数据来源，并指出选择这些数据源的原因及数据的获得渠道。企业可以使用数据统计工具，获得相关数据，比如分析会员数据的CRM(customer relationship management，客户关系管理)软件等。

（五）数据展示

这一部分内容需要将制作分析报告所收集的数据以可视化的图表形式展现出来。

（六）数据分析

数据分析主要是结合数据展示结果进行分析并阐述。文字部分通常包括客观与主观阐述两种。客观阐述是基于数据的客观表述，不加入自身的主观分析，如"销售额下降了26.66%，销量下降至去年的80%"；主观阐述是报告者对数据的信息的高度提炼及分析，如"预测2024年市场规模缩减至去年的70%，市场竞争将持续加剧，从事相关行业的商家应根据市场行情及时调整市场策略"。

（七）结论

在撰写商业报告结论时，要以企业的诉求为出发点，为企业提供建议。

第三节　跨境电商可视化报表制作

一、探索数据源

某跨境电商平台女鞋类目商品数据如图 11-1 所示，客户评价数据如图 11-2 所示。此处仅展示部分数据。

	A	B	C	D	E	F	G	H	I	J
1	Product ID	Product Name	Picture	Web	Store Number	Store Name	Price	Orders	Product Type	
2	10000000694031	Sneakers Shoes Vulcanize White	http://ae01.alicdn.com/kf/H455e6bf25a9c4c65967c2165	https://www.a	5239172	Your shoe ark S	15.8	118	women-shoes	
3	10000000933546	Shoes Wedges Comfortable Flats	//ae01.alicdn.com/kf/H06759c43945a4be68328c247a11	https://www.a	5256204	Shop5256204 St	6.98	276	women-shoes	
4	10000003907236	Sandals Sexy Heels Gauze Mesh	http://ae01.alicdn.com/kf/H17caddaea8954d7f8028a635	https://www.a	5379185	Shop5379185 St	10.41	233	women-shoes	
5	10000004179070	Sneakers Cushion Sports-Shoes I	//ae01.alicdn.com/kf/H7b2fcb621e3a43219fb45921958	https://www.a	5376263	GYsport Store	8.53	635	women-shoes	
6	10000004339953	Winter Boots Shoes Platform Wa	http://ae01.alicdn.com/kf/H8edc35efb2be4860ae6f5220	https://www.a	5367378	Mr H Factory St	10.55	1133	women-shoes	
7	10000004349704	Flip Flop Slippers Flat Sandals S	//ae01.alicdn.com/kf/Hc7e4dd99a2854011a0e216c24f1	https://www.a	5367378	Mr H Factory St	7.19	439	women-shoes	
8	10000004356383	Boho Sandals Shoes Vintage Plu	http://ae01.alicdn.com/kf/Hc5146c7771d6484799cfc0d	https://www.a	5367378	Mr H Factory St	12.31	116	women-shoes	
9	10000004365214	Women Shoes Sneaker Autumn \	//ae01.alicdn.com/kf/Hfc23e35bebdc42369ecc2866509	https://www.a	5367378	Mr H Factory St	7.99	230	women-shoes	
10	10000004733417	Sneakers Basket Vulcanize-Shoe	http://ae01.alicdn.com/kf/Hac87bf080a9b4b95aa07e84	https://www.a	5367378	Mr H Factory St	9.48	239	women-shoes	
11	10000004740015	Lightweight Sneakers Sports-Sho	//ae01.alicdn.com/kf/He70785caebd14ab0aa2c153ffd16	https://www.a	5367378	Mr H Factory St	7.08	974	women-shoes	
12	10000005073703	Winter Boots Warmer Bowtie W	//ae01.alicdn.com/kf/H20f9d721c74a4087836b9946edf	https://www.a	5367378	Mr H Factory St	7.97	761	women-shoes	
13	10000005240725	Casual Sneakers Snow-Boots Pla	//ae01.alicdn.com/kf/H9940f25c2f9541f99283755f41c7	https://www.a	5367378	Mr H Factory St	12.29	499	women-shoes	
14	1000002101649	Winter Boots Female Black Whit	//ae01.alicdn.com/kf/HTB1BYyHNXXXXXasXFXXq6	https://www.a	702725	XinYi Specialty	15.99	1160	women-shoes	
15	10000033636171	Mesh Shoes Sneaker-Air-Cushio	//ae01.alicdn.com/kf/Hd35e70ffe30841398e46ec1f7514	https://www.a	5367378	Mr H Factory St	7.14	448	women-shoes	
16	10000035495443	Women Shoes Basket Platform S	http://ae01.alicdn.com/kf/Hac0bfc5ca1bd44d49c2510ff	https://www.a	5256204	Shop5256204 St	9.28	257	women-shoes	
17	1000005897446	Akexiya Female Shoes Platform-	//ae01.alicdn.com/kf/UTB8qLdyzarFXKJk43Ovq6ybnp	https://www.a	4194009	Shop4194009 St	13.65	287	women-shoes	
18	1000005909633	Akexiya Wedges Sneakers Shoe	//ae01.alicdn.com/kf/UTB89_KfzXfFXKJk43Otq6xIPF	https://www.a	4194009	Shop4194009 St	10.12	320	women-shoes	
19	1000006270084	Woman Platform Sandals Flower	//ae01.alicdn.com/kf/UTB87RO7gVPJXKJkSahVq6xyz	https://www.a	4434013	DongDong Shoe	24.84	106	women-shoes	
20	1000006703849	Women Sneakers Sport-Shoes F	//ae01.alicdn.com/kf/HTB10KXrKv9TBuNjy0Fcq6zeiF	https://www.a	4438011	KipeRann LQEA	10.54	189	women-shoes	
21	1000007019263	Winter Shoes Platform Women B	http://ae01.alicdn.com/kf/Hb96a837adf0e42a8a7b61c71	https://www.a	2957084	Tanabata Store	19.46	302	women-shoes	
22	1000007350664	Sneakers Footwear Soccer-Shoes	http://ae01.alicdn.com/kf/Hdc04c8a33cd54b8d910a901	https://www.a	4989064	LION SCREAM	6.61	221	women-shoes	
23	1000007356344	Shoes Women Spring 40-Ballet-F	//ae01.alicdn.com/kf/HTB1swHXacfrK1RkSmLyq6xGA	https://www.a	2217173	SDWK Shoe Sto	10.49	148	women-shoes	
24	1000007384112	Women Shoes Sneakers Footwea	http://ae01.alicdn.com/kf/H24e4b59ae12b4e518dffce36	https://www.a	4708021	HuanChi Store	7.98	106	women-shoes	
25	1000007430641	Winter Shoes Non-Slip-Boots Pla	http://ae01.alicdn.com/kf/Hb97a33ce4f434a4ead2a9f99	https://www.a	5009226	YASEN Official	22.43	459	women-shoes	

offline_cat_product

图 11-1　某跨境电商平台女鞋类目商品数据

	A	B	C	D	E	F	G	H	I	J	K
1	SKU	Product ID	Customer Reviews	Additional Feedbac	Photo	ImageNum	untry_Chin	Country Cod	untry_Engli	Customers	Date
2	10003684829055698	1000008129287			["https://ae(	1	阿尔巴尼亚	AL	Albania	S***i	2019-12-23 10:43:00
3	10009967312072815	32228636625	The shoes never c	never,ever		0	阿尔巴尼亚	AL	Albania	S***i	2020-01-27 16:29:00
4	10011608460182128	1000008057875				0	阿尔巴尼亚	AL	Albania	X***i	2020-02-07 04:19:00
5	10002872258106078	10000004179070	Great value for m	great	["https://ae(	2	阿尔及利亚	DZ	Algeria	A***t	2019-12-18 03:11:00
6	40537012151463362	1000007614073	Beau produit, Merci vendeur		["https://ae(	1	阿尔及利亚	DZ	Algeria	AliExpress Shopp	2019-11-30 05:27:00
7	10014025630524470	10000004740015				0	阿富汗	AF	Afghanistan	S***i	2020-03-02 02:42:00
8	10000231011866897	1853051965				0	阿根廷	AR	Argentina	A***r	2019-12-03 05:31:00
9	10001706903926032	1704294008				0	阿根廷	AR	Argentina	AliExpress Shopp	2019-12-11 09:14:00
10	10001847351752915	1000006703849	Very good produc	good		0	阿根廷	AR	Argentina	J***f	2019-12-12 04:45:00
11	10002404397766203	1000002101649				0	阿根廷	AR	Argentina	G***g	2019-12-15 13:50:00
12	10002999073723080	10000004339953				0	阿根廷	AR	Argentina	AliExpress Shopp	2019-12-18 18:01:00
13	10004860294994754	10000004179070	Waist correctly, v	correctly,nicely,comfortable		0	阿根廷	AR	Argentina	N***r	2019-12-30 04:55:00
14	10007856597102099	1000008057875				0	阿根廷	AR	Argentina	G***a	2020-01-15 17:36:00
15	10009777222902024	1901937085				0	阿根廷	AR	ArGentina	AliExpress Shopp	2020-01-27 07:00:00
16	10010885192597336	1000007430641	Perfect everything	good	["https://ae(	3	阿根廷	AR	Argentina	C***l	2020-02-01 05:38:00
17	10011148890946444	1000007384112				0	阿根廷	AR	Argentina	A***s	2020-02-04 09:22:00
18	10011656585727211	1000007384112				0	阿根廷	AR	Argentina	A***r	2020-02-06 13:46:00
19	10012799053959957	10000004179070				0	阿根廷	AR	Argentina	C***e	2020-02-13 11:46:00
20	10013507287366897	1903995101				0	阿根廷	AR	Argentina	AliExpress Shopp	2020-02-22 07:46:00
21	10013741867384558	1000008129287				0	阿根廷	AR	Argentina	AliExpress Shopp	2020-02-21 20:17:00
22	10014443205768270	10000004179070				0	阿根廷	AR	Argentina	D***v	2020-03-10 18:46:00
23	40511734186526273	1903995101	Re comodos			0	阿根廷	AR	Argentina	AliExpress Shopp	2019-09-22 14:03:00
24	40514571994926890	1000002101649	Very good Quality	good		0	阿根廷	AR	Argentina	A***v	2019-09-20 17:22:00
25	40515466352027614	32228636625			["https://ae(	1	阿根廷	AR	Argentina	AliExpress Shopp	2019-09-23 18:24:00

comments

图 11-2　某跨境电商平台女鞋类目客户评价数据

数据源字段详解及数据类型如表 11-1、表 11-2 所示。

表 11-1　商品数据源字段详解及字段类型

字段名称	详解	字段类型
Product ID	商品 ID	字符型
Product Name	商品名称	字符型
Picture	商品图片	字符型
Web	商品详情页	字符型
Store Number	店铺编号	字符型
Store Name	店铺名称	字符型
Price	商品价格	浮点型
Orders	订单量	整型
Product Type	产品类别	字符型

表 11-2　评价数据源字段详解及字段类型

字段名称	详解	字段类型
SKU	最小存货单位	字符型
Product ID	商品 ID	字符型
Customer Reviews	客户评价	字符型
Additional Feedback	补充反馈	字符型
Photo	图片评论	字符型
Image Number	图片数量	整型
Country_Chinese	收货国家（中文）	字符型
Country Code	国家缩写	字符型
Country_English	收货国家（英文）	字符型
Customers	客户名称	字符型
Date	评论时间	日期型
Star Level	评论星级	整型
Color	颜色	字符型
Shoe Size	女鞋尺码	整型
Logistics	物流方式	字符型
Ships From	发货地	字符型

现利用该数据制作一份某跨境电商平台女鞋类目数据分析报告。

二、创建数据集

将表 11-1、表 11-2 分别导入平台之后，创建新的数据集，如图 11-3 所示。

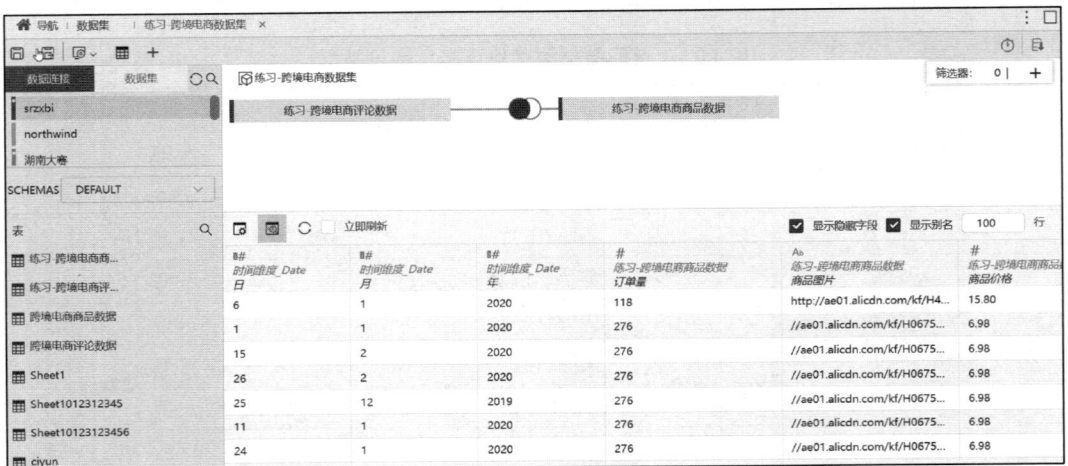

图 11-3　创建数据集

创建时间维度,同时还可以调整数据格式及隐藏性,如图11-4所示。

名称	别名	数据类型	数据格式	可见性	脱敏规则	元数据
📁 维度						
🗂 custom-Date	时间维度_Date			👁		
⊪# Date_Year	年	INTEGER	默认值	👁		
⊪# Date_Month	月	INTEGER	默认值	👁		
⊪# Date_Day	日	INTEGER	默认值	👁		
📁 commentstest	练习-跨境电商评论数			👁		
Ab SKU	SKU	STRING	默认值	👁	请选择	srzxbi.default.default.comment
Ab Product ID	商品ID	STRING	默认值	👁	请选择	srzxbi.default.default.comment
Ab Customer Reviews	客户评价	STRING	默认值	👁	请选择	srzxbi.default.default.comment
Ab Additional Feedback	补充反馈	STRING	默认值	👁	请选择	srzxbi.default.default.comment
Ab Photo	图片评论	STRING	默认值	⌀	请选择	srzxbi.default.default.comment
Ab Country_Chinese	收货国家	STRING	默认值	👁	请选择	srzxbi.default.default.comment
Ab Country_Code	国家缩写	STRING	默认值	⌀	请选择	srzxbi.default.default.comment
Ab Country_English	收货国家英	STRING	默认值	👁	请选择	srzxbi.default.default.comment

图11-4　数据集设置

三、可视化仪表盘制作

(一)热销店铺可视化

分析热销店铺,可以快速了解该跨境电商平台女鞋类目最热销的店铺是哪些,形成一个以店铺为横坐标、以订单量为纵坐标的柱形图。首先需要将"店铺名称"字段拖入列,将"订单量"字段拖入行中,将"订单量"设置为"合计"并对订单量按降序排列,如图11-5所示。

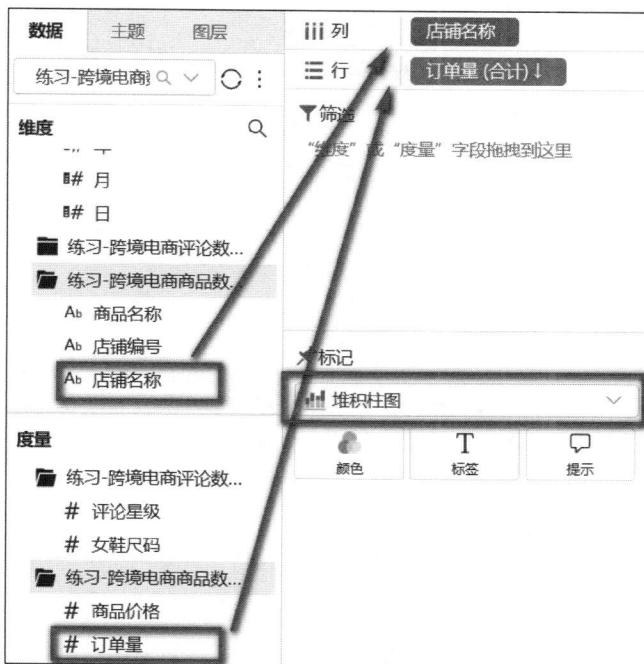

图11-5　字段的选择与筛选

刷新图形后在"组件设置"中设置标题为"热销店铺 TOP 10",自定义合适的标题和字体的格式,如图 11-6 所示。

图 11-6　"组件设置"

由于想查看的是 TOP 10 的店铺,因此在"高级"设置里设置"输出行数"为"10",如图 11-7 所示。

图 11-7　"输出行数"设置

最终可视化输出如图 11-8 所示,通过图表可以判断出该跨境电商平台女鞋类目的热销店铺 TOP 10。

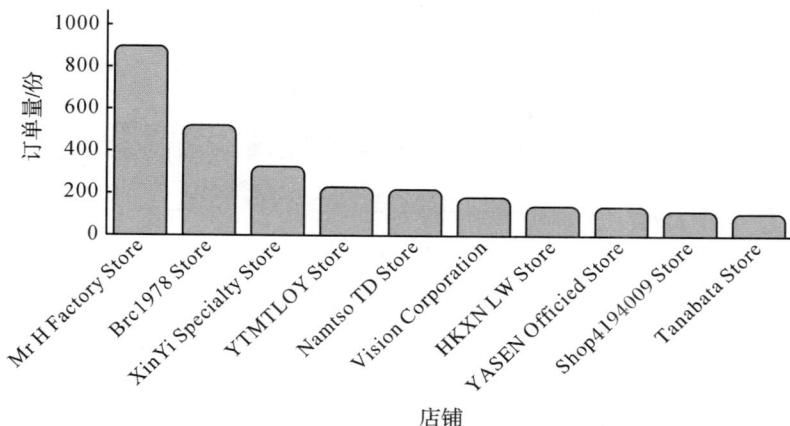

图 11-8　热销店铺 TOP 10

(二)客户国家(地区)分布

接着来分析一下女鞋类目客户的地域,看哪些国家(地区)的客户最多。拖拽"组件"后选择"地图",由于默认显示的是中国地图,而数据源是全球数据,因此需要在"标记"中选择"world";然后将"收货国家(地区)"拖拽到列,将"客户评价"拖拽到颜色区并设置为"计数"(作为订单量呈现),如图 11-9 所示,具体绘制过程与上一步操作类似,后续不再说明。

图 11-9　地图配置

设置完标题后,最终以地图呈现客户在全球分布的状况,从中可知买家大多来自俄罗斯、美国、西班牙等。

(三)物流数据可视化

接下来分析客户常用的物流方式。将"收货国家(地区)""物流方式""客户评价"分别拖拽到列,将"客户评价"设置为"计数"(作为订单量呈现),并进行降序排列,如图 11-10 所示。

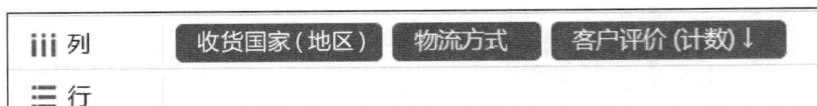

图 11-10　字段设置

图表形式采用默认的"清单表",最终呈现效果如图 11-11 所示。

客户常用物流明细

收货国家	物流方式	客户评价
俄罗斯	AliExpress 无忧物流-标准	5523
西班牙	AliExpress 无忧物流-标准	2400
美国	e邮宝	1404
法国	AliExpress 无忧物流-标准	1143
波兰	AliExpress 无忧物流-标准	873
以色列	中国邮政挂号小包	585
以色列	e邮宝	516
美国	AliExpress 无忧物流-标准	492
荷兰	AliExpress 无忧物流-标准	438

图 11-11　客户常用物流明细

(四)热销商品可视化

上文分析了热销店铺,接下来分析一下具体的热销商品,将"订单量"拖拽到列并设置为"合计",对"订单量"进行降序排列;将"商品 ID"拖拽到行,设置图形为"横条图"。如图 11-12 所示。

图 11-12 热销商品可视化图字段设置

最终呈现效果如图 11-13 所示。

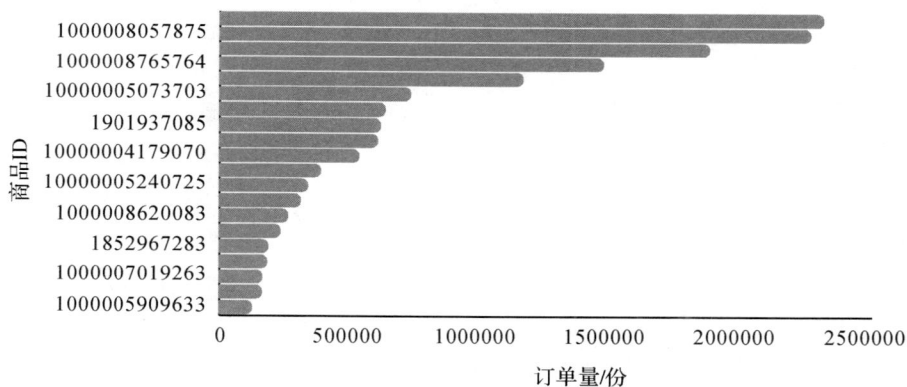

图 11-13 热销商品 TOP 20

(五)热销颜色及尺码分布

对热销颜色及尺码分布的分析可以帮助企业进行动态库存管理,避免出现库存积压的情况,可以多采购热销的颜色和尺码,少采购冷门的颜色和尺码。这里我们采用"热力图"的形式来呈现,将"女鞋颜色"拖拽到列,将"女鞋尺码"拖拽到行,将"客户评价"拖拽到颜色标记区,并设置为"计数"进行降序排列,如图 11-14 所示。

图 11-14　热销颜色和尺码分布图字段设置

　　最终呈现效果如图 11-15 所示。从图中可以判断出最热销的颜色是黑色,最热销的尺码是"250"。根据此图也可以判断出最热销的产品是"黑色＋250"的组合。

热销颜色尺码分布

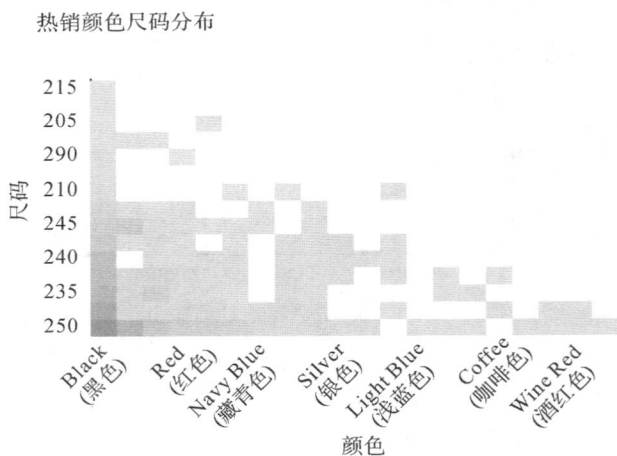

图 11-15　热销颜色和尺码分布

(六)热销产品价格分布

　　热销产品的价格分析可以帮助企业进行定价参考。这里选择"数图"进行呈现,将"客户评价"分别拖入颜色标记区和大小标记区,并设置为"计数",将"商品价格"拖拽到标签区,如图 11-16 所示。

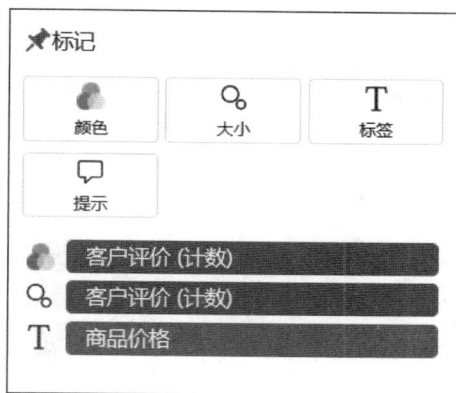

图 11-16　热销产品价格分布图字段设置

最终呈现效果如图 11-17 所示,可见热销款的价格基本在 11～16 美元之间。

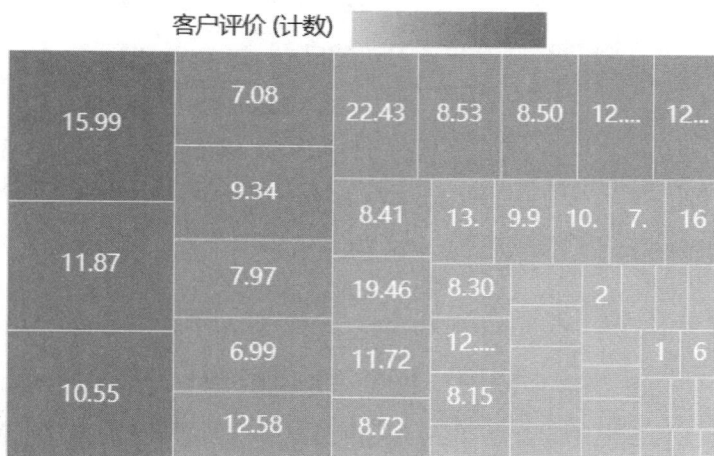

图 11-17　热销产品价格分布

(七)热销商品评价可视化

最后来分析一下热销商品的评价,可制作词云图来判断该跨境电商平台女鞋类目最热销的商品的舆情情况。将"客户评价"字段分别拖入颜色标记区、大小标记区和标签标记区,并且将大小标记区的"客户评价"设置为"计数"并进行降序排列,如图 11-18 所示。

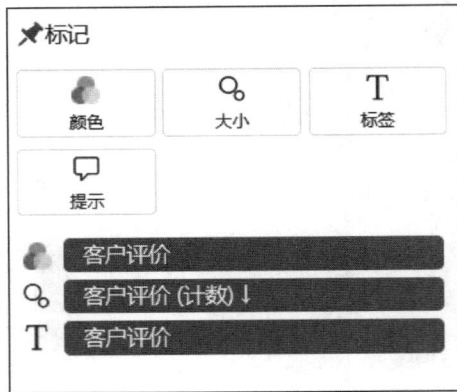

图 11-18　热销商品评价词云图字段设置

最终呈现效果如图 11-19 所示。

图 11-19　热销商品评价词云图

从评价词云图可以判断出女鞋类目的评价多数是正面评价。

(八) 筛选器设置

为整个可视化仪表盘添加"年",这样可以根据年份进行筛选,查看具体年份的数据情况,如图 11-20 所示。

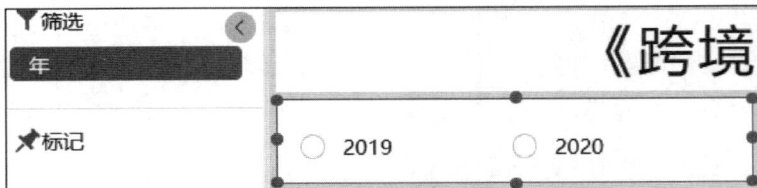

图 11-20　年筛选器设置

(九) 标题设置

最后给整个可视化仪表盘添加一个标题,该步骤可以在最开始时添加,也可以根据自已的喜好添加。拖拽文本组件,进行标题设置,然后给标题添加上文设置的年筛选器,如图 11-21 所示。

图 11-21　标题设置

最终标题可以参考年份的筛选结果来决定。

（十）主题设置

仪表盘默认是浅色主题,可以修改为深色主题,使仪表盘整体更具科技感,如图 11-22 所示。

图 11-22　主题设置

本章小结

　　数据可视化技术利用人类大脑的视觉思维能力对海量数据进行分析,在对其进行更深层次研究的同时从中挖掘出隐藏在数据中的规律,即查找、分析、揭示数据隐含的信息,从而帮助人们更好地利用数据,提高决策的准确性。简单来说,我们可以把数据可视化看成是一种通过图形、图表等表现方式来展示或说明数据的一种方法。同时,数据可视化也会影响我们对这个世界的理解,同样的数据,不同的表达,会带来不同的结果。在展示数据的时候,一份清楚而又独一无二的数据图可以帮助他人更好地了解我们要传达的信息和意图,并且显得更有说服力,从而实现商业数据价值的最大化。

　　本章案例基于某跨境电商平台女鞋类目的热销商品数据及客户评价数据,通过可视化分析,对该行业进行整体的分析与解读,具体流程如下:①将某跨境电商平台女鞋类目商品数据和客户评价数据导入平台,同时创建时间维度。②为快速了解该跨境电商平台女鞋类目最热销的店铺是哪些,可生成热销店铺可视图。通过绘制以店铺为横坐标、以订单量为纵坐标的柱形图,可得出该跨境电商平台女鞋类目的热销店铺 TOP 10。③依据平台操作,还可分析女鞋类目客户的地域,即看哪些国家(地区)的客户最多,同时还可根据平台导入的数据,生成物流数据可视化图表、热销商品可视化图、热销颜色及尺码分布图、热销产品价格分布图及热销商品评价可视图等。④如果想要根据年份来查看具体的数据情况,也可为整个可视化仪表盘添加"年"筛选器。还可根据个人的喜好自主添加标题和选择主题颜色。

　　案例利用某跨境电商平台女鞋类目的商品数据和客户评价数据进行可视化分析,制作可视化大屏,通过大屏的呈现来对某行业进行分析,最终得出分析结论:该跨境电商平台女鞋类目热销前三的店铺是"Mr H Factory Store"、"Brc1978 Store"和"XinYi Specialty Store";该跨境电商平台女鞋类目买家大多来自俄罗斯、美国、西班牙和法国等国家;俄罗斯、西班牙、法国等国家最热门的物流方式是"AliExpress 无忧物流一标准",美国最热门的物流方式是"e 邮宝";黑色是最畅销的颜色,最热销的尺码是250;热销款的价格基本在10~16 美元之间;在舆情分析上,大部分都是正面的评价;等等。

▶ 拓展实训

跨境电商女鞋类目数据分析报告

【实训目的】

　　巩固数据可视化相关知识;通过教师讲解与实际操作,动手操作某跨境电商平台女鞋类目数据分析报告制作案例,掌握可视化大屏的制作方法。

【思考与练习】

　　1.通过学习相关模块,掌握可视化分析在数据分析报告制作中的应用,进行案例实操练习。

　　2.思考还可以从哪些方面进行可视化的展现与分析。

第十二章

跨境电商伦理

▶ 教学目标

1. 了解跨境电商中的伦理问题。
2. 了解跨境电商中的贸易安全。
3. 了解跨境电商中的税务公平。

▶ 学习重点、难点

学习重点

1. 跨境电商中的贸易安全隐患。
2. 数字化背景下的跨境电商税收征管问题。

学习难点

1. 跨境电商中贸易安全隐患的治理措施。
2. 数字化背景下的跨境电商税收征管问题的治理措施。

▶ 思维导图

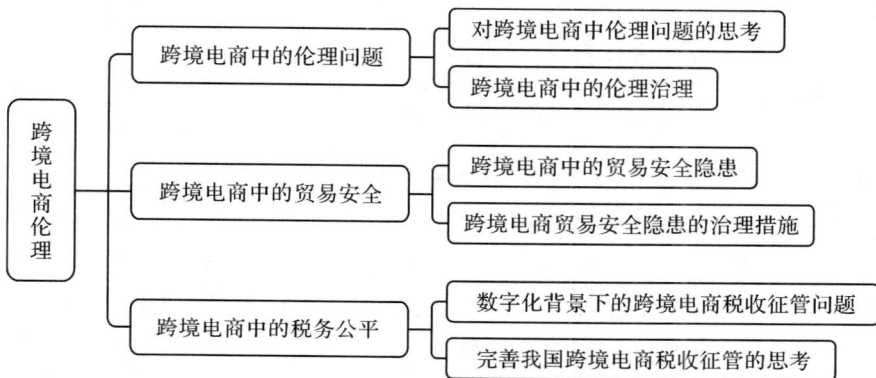

第一节　跨境电商中的伦理问题

一、对跨境电商中伦理问题的思考

顾名思义,跨境电商伦理就是指在跨境电商活动的开展过程中所产生的伦理关系的总和,它是新时代人类社会生活领域不断拓展而诞生的新的伦理学研究对象。伦理学是将人作为研究的主体继而探究人际道德规范的学科。那么,跨境电商伦理的研究对象便是考察跨境电商相关道德主体的伦理关系及其道德规范,即跨境电商伦理也可以转述为:跨境电商伦理是指在跨境电商活动中,各利益相关者在商务活动中处理人与人之间、人与社会、人与自然的利益关系时所应遵循的善恶价值取向的道德规范,它一般通过社会舆论、传统习俗、内心信念等来发挥作用。

理查德·A.斯皮内洛(以下简称斯皮内洛)是美国伦理学领域的著名学者,其所著的《世纪道德——信息技术的伦理方面》一书将大量的商业案例与伦理学基础理论和信息技术发展相关背景相结合,对信息技术广泛应用的时代背景下出现的"信息时代的隐私""软件的法律保护""信息安全"等诸多具有"革命性"意义的问题做了深入的探讨。同时,该书的研究与思考十分广泛与深刻,因此对法学、社会学、伦理学的研究也极具参考价值。这也是国内较早引进的与电子商务伦理研究有关的经典著作之一。在斯皮内洛教授的另一部著作《铁笼,还是乌托邦——网络空间的道德与法律》中还提出了一个观点,即"伦理道德是可以调控技术的,它可以渗透到技术中并成为互联网空间的主导力量"。

T.莱斯特在《隐私的再创新》一文中提出,电子商务企业不能以提供更优质的服务为借口而任意获取和搜集顾客的身份数据、购物情况、购物习惯等,甚至把数据信息转手卖给其他商家,这是严重侵犯顾客隐私权的行为。

J.瓦克劳斯基在《现实世界——电子商务革命比子弹还要快》一文中通过研究和分析发现,"交易安全"是在电子商务伦理问题中最受大家关注的,而"欺诈"、"隐私"和"网络信息的真实性"等很可能涉及非法行为的问题也在关注之列。

电子商务的伦理问题研究必然离不开伦理学的基本理论和道德规范,因此,对跨境电商伦理的理解应当精简而突出重点,无须预设过于繁杂的理论来限定电子商务中伦理考察的范畴。简言之,跨境电商伦理就是人们通过借助信息技术、互联网和物联网等高新技术手段,在进行经济贸易活动过程中理应遵守的伦理规范和道德准则。由于跨境电商具有全方位的产品呈现和服务供给,以及全周期、流程化、透明化等贸易直通的特点,使其明显区别于传统商务模式的基本特征,其所涉及的伦理环境亦在一定程度上有别于传统的商务模式,在保护隐私、保障安全、遵守规范、中肯评价等方面,对它都有更高的时代要求。因此,跨境电商伦理应当归属于商业伦理的附属领域,它是人类社会发展对传统伦理道德体系在实践中提出的新要求、新规制,是基于传统伦理道德体系而衍生出的新的伦理实践领域,更是人类文明进步的必然产物。

二、跨境电商中的伦理治理

打破跨境电商的伦理困境,有效解决其中存在的伦理问题,需要从政府层面、社会层面,以及行业和企业内部着手进行治理,只有多管齐下、多方联动,才能尽可能解决跨境电商伦理问题,在遍布风险和挑战的市场竞争环境中实现跨境电商行业长足的良性的发展。

(一)跨境电商交易伦理下的安全规范

随着跨境电商的发展,越来越多的境外交易的安全性问题受到了广泛的关注,解决交易安全性问题势在必行。

网络信息的安全在交易行为中尤为重要,网络信息安全指的是信息在网络中的生成、传输的安全,如个人隐私和商业机密等。同时,隐私安全和交易安全是相互联系的,例如,病毒感染可能对网络系统造成破坏,也可能导致重要信息的泄露,从而出现交易虚假反馈和货币汇率欺诈等问题。此外,在网络中也可能出现传统交易风险的延续,如不可抗力对硬件设施的损坏等。

为规范跨境电商交易中的伦理风险,首先需要规定合法的交易形式,才能保证跨境电商交易的合法性、公平性、安全性,最终使交易顺利进行;其次是权责要规范,需要明确交易当事人的主体资格和各自的权利、义务和责任等,尽量做到权责统一,交易透明;最后,需明确未知因素的风险,且能够及时发现交易中心存在的风险问题并及时处理,以防交易不当或破坏交易。

(二)商业诚信伦理下的信用监管

由于网络信息技术的迅速发展,跨境电商交易主体、交易方式、交易行为也趋于多元化、虚拟化,超越了时空的限制。跨境电商环境下的商业诚信建设,不仅对企业行为提出了伦理自律的新要求,也对法制、政府监管、舆论监督等提出了新要求。换言之,跨境电商环境下的商业伦理文化,不只是企业行为的诚信问题,也是法治环境、政府监管、舆论监督的建立健全和完善问题。因此,跨境电商企业应加强自身诚信建设。同时,各国(地区)政府也要积极发挥引导的作用,如建立统一的诚信标准,推动诚信信息共享等,尤其是需要完善信用监督管理,以此来抑制不诚信的行为。还应加快行业立法,进一步推行经济活动实名制,构建行业规范,用法律为诚信建设提供保障。

(三)消费者权益伦理下的公开透明

跨境电商消费成为近几年电商发展的重要促进因素,同时也是电商高速发展的重要组成部分。相较于境内电商消费而言,跨境电商消费具有更高的消费风险,并且跨境电商消费者维权也面临更大的挑战。无论是在跨境银行业务还是在跨境网上消费等活动中,跨境电子支付中的金融消费者都应关注跨境金融消费者权益的保护。跨境电子支付中的金融消费者有和境内金融消费者基本相似的内容与权利,除具备一般消费者所具有的权利外,还具备与跨境金融业相适应的特殊权利,如跨境金融消费自主权、金融资产安全保密权、金融消费求偿求助权、金融服务权等。想要在复杂的跨境电商贸易中更好地维护消费者的权益,首先需要严格执行跨境电商中消费者权益保护的相关法律;其次,政府需要加大力度保证跨境消费者对于其自主权、保密权、求助权等权利的掌握及使用;最后,需要对《中华人民共和国电子商务法》中规定的消费者权益保护监管部门的行为和成果进行监督和检验。

第二节　跨境电商中的贸易安全

一、跨境电商中的贸易安全隐患

(一)虚假商品信息充斥市场

信息作为一种战略资源,在日常生活中的地位越来越重要。然而,由于缺失信息发布过程和内容的监管制度,导致一些跨境电商平台充斥着虚假信息,这不利于跨境电商行业信息环境的发展。有害的和虚假的信息会污染网络环境,从而导致信息传播效率低下,甚至影响人们的生活质量。

在跨境电商平台发布产品信息,商家不会受过多的制约,消费者只能通过商家发布的文字和图片来了解商品情况,但是文字和图片可以是虚假的,商家也可能发布虚假的信息以假乱真,而消费者却无从得知。

由于跨境电商物流运输费用贵且物流时效长,当消费者发现自己收到的物品跟描述不符时,很少会选择退货。这种现象不仅挫伤了消费者对跨境电商交易模式的信心,也反映出有关部门对跨境电商平台销售管控及第三方卖家资质审核的缺失,跨境电商商品质量问题又再次引起了人们的关注。

(二)知识产权问题突出

网络社会中的信息具有及时共享性,任何人都可以进行复制粘贴,这使得侵犯知识产权的行为变得轻而易举,其他的商家未经允许就将其他商家的产品信息通过技术手段直接复制粘贴到自己的页面中来,这也属于一种盗窃他人劳动成果的行为,然而这种行为由于缺乏制度的规范,开始泛化得非常严重。近些年,网络上频繁发生侵犯知识产权的事件,由于网络的特性给知识产权的保护增加了难度,这也使得了商家的创新热情受到了严重的挫伤,同时也让消费者对商品真伪无法判别,进一步导致跨境电商市场的混乱。

(三)主体隐私的保护措施欠缺

主体隐私的保护问题是自电子商务诞生之日起便伴随至今的伦理问题,由于跨境电商是在虚拟网络环境下进行交易,互联网隐私保护问题在跨境电商中也会延续。互联网是虚拟的,它具有一些独特的特性——广泛性、开放性、隐蔽性和无约束性,而这些特性使得人们的网上行为也具有这些特点,一些行为便突破了传统道德规范的边界。这意味着需要利用互联网进行信息传递的电子商务活动也难以规避这些特性,电子商务行为主体的信息泄露成为常态,对其保护的措施却难以避开"道高一尺、魔高一丈"的魔咒,主体隐私的泄露问题令人防不胜防。

主体隐私难以保护主要有以下3个方面的原因。

第一,主体的个人信息难以真正隐匿。

在跨境电商活动中,出于对各行为主体的利益保障与隐私保护,第三方交易平台一般都会在后台实名认证之后允许用户在前台以匿名方式进行交易。这在一定程度上保护了电子商务交易中各行为主体的个人信息,但这仅仅只是交易的第一环节,绝大部分实物商品需要通过物流配送的方式到达消费者手中,这就成为另一个隐私泄露的渠道。

第二,主体的个人信息成为交易对象。

随着经济社会的不断发展,市场环境也发生了翻天覆地的变化,对于商家而言,掌握准确的市场信息,特别是客户的信息,对企业发展战略的制定、产品研发方向的选择、商品营销模式的选取等都有着越来越重要的意义。因此,在信息交流十分发达的当下,个人的信息也成为非法交易的对象。例如,第三方平台的员工将消费者和商家的个人信息出售给他人而造成消费者和商家的信息泄露,也有物流公司的员工将积累的快递单号以约定的价格卖给他人,将客户的姓名、电话、住址泄露出去。这些行为都严重侵犯了主体的隐私权。

第三,主体的隐私信息与商家的商业行为关系密切。

跨境电商各平台都拥有各自专属的数据信息库,数据库里存有自身平台所有用户的注册信息、浏览信息及交易数据等重要资料,平台往往利用数据库设置一定的算法,根据用户浏览习惯和对话记录,抓取用户需求动向,为消费者或商家推送相匹配的产品。尽管这为各企业发展提供了未来发展趋势的预测和选品方向,但侵犯了用户的个人隐私权。平台未经用户同意,私自留存和研究用户喜好,窥探了用户的生活状况,已违背了用户的自主选择原则和知情同意原则。

(四)跨境支付结算风险

支付结算是跨境电商的关键环节,现阶段跨境电商支付仍存在流程复杂、收费高等问题。当前跨境电商企业线上收款中间环节多,货款回收进度慢,并且跨境电商支付结算的费率较高,这就增加了企业的资金占用及经营风险。同时,跨境电商属于跨境交易,交易双方通过跨境平台进行沟通,且大多数的交易属于首次交易,彼此之间缺乏信任的基础,所以,优化跨境支付结算系统迫在眉睫。

二、跨境电商贸易安全隐患的治理措施

(一)完善跨境电商交易中的科技保护手段

高速发展的互联网技术是跨境电商的发展的基础,因此要消除跨境电商的贸易隐患,需要建设良好的跨境电商市场环境。首先,需要从完善技术层面切入,即跨境电商作为一种新的交易模式,在技术上还有许多待完善的地方,比如支付系统、交易系统等技术需要优化和改良。从技术上解决问题,有助于减少技术漏洞,增强网络交易安全。此外,跨境电商的发展还可以从加大网络非道德行为和网络犯罪的技术成本与惩罚成本方面入手。

(二)完善跨境电商信用体系

跨境电商交易活动中最突出的问题就是信用风险,主要包括商家对产品进行虚假宣传、电子商务诈骗行为、商家否认电子交易合同、消费者信息安全、网上支付风险等。因此建立一套比较完整的信用体系和信用查询制度,更有利于社会信用、商业信用、企业信用和个人信用的规范,从而使得虚拟的跨境电商交易更加真实并且更具可靠性。从具体措

施来说,可以建设第三方信用服务机构,用以制约、监督市场准入和交易行为,以便在跨境电商市场中建立良好的商业信用体系。

(三)完善跨境电商法律法规

我国跨境电商行业在法律制度方面还存在许多有待完善的地方。例如,随着科技的迅速发展,有些法律法规已滞后电子商务实践的发展,导致出现了许多无矩可循、无法可依的交易行为。因此需要进一步加快电商立法的步伐,整合并梳理现有的法律法规,明确参与者的责任,重新定义网络违法犯罪行为,明确执法主体和执法程序,同时明确规定责任主体行为。依靠法律的强制性和威慑力对网上交易参与主体的行为加以规范,对网上违法犯罪行为进行打击,同时加大网上交易违规主体的经济成本。

第三节 跨境电商中的税务公平

数字化背景下的跨境电商发展迅速,但其虚拟化的行业特点使得税务机关很难将其与现有税收政策对应起来,导致税收管辖权的界定不清晰,适用不准确。从国际上看,跨境交易中各个国家(地区)的税收管辖权都在一定程度上受到了挑战。在国际贸易中,税基侵蚀和利润转移一直是令人困挠的核心问题。跨境交易本身的行业复杂性就已经决定了其税收征管具有一定的难度,不仅需要协调各方的税收利益,还要避免双重征税或者是双重不征税的问题。在各类数字信息技术的加持下,跨境电商的税收征管更显不易。

一、数字化背景下的跨境电商税收征管问题

(一)税收管辖权难以判定

在国际贸易中,我国以收入来源地规则作为确认税收管辖权的政策依据,该原则在国际上也得到许多国家(地区)的普遍认可。但在数字化背景下,跨境电商的交易活动主要依托于虚拟的网络化技术,规避各国(地区)达成的税收管辖协议对于跨境电商企业来说更加容易,实物商品的缺失使所得来源地的判断标准无实际依据可循,造成国际的税收征管漏洞,侵蚀各个国家(地区)的税收利益。各国(地区)实施税收征管时应用最为广泛的居民税收管辖权在数字化新型跨境电商贸易中难以准确应用。数字经济的发展为个人及企业在规避税收上提供了便利,尤其是在实体企业缺失的情况下,税务机关更难以进行有效的税收监管,而个人的经济活动也更多依赖于信息技术等电子化载体,在一定程度上为个人规避居民应缴税款创造了有利条件,加大了地方税务机关对个人监管的难度。

(二)税基侵蚀和利润转移

一方面,新兴的数字产品及服务并未明确纳入我国的税收征管范围中,界定不清晰的结果是数字产品及服务不具有可税性,部分行业的税收"真空"状态引发了行业乱象,扰乱正常的国际贸易秩序。另一方面,无形资产的流动在数字化背景下变得更加隐匿,对于无形商品或者服务的估计,计税政策也存在着诸多不足,相关税收征管政策给予其较为宽广的税收策划空间,无论是纳税人主观筹划还是税收征管措施中的客观条件,都加剧了跨境

电商的税基侵蚀和利润转移风险。

(三)税源监控问题

我国税收制度主要基于传统的经济形式来确认课税要素、税目税率、征管程序,大多仅适用于实体经济交易。在数字经济高速发展的时代背景下,数字产品与无形商品的市场份额逐渐扩大,传统实体经济的税收政策无法将其纳入征税范围,无法对税源进行监控管理,进而影响海关确定纳税人、商品名目、适用税率及相应的应税实体。例如,对于许多新型的数字共享商业模式,我国并没有与之相对应的税收政策,税源的监管出现无理可据、无法可依的困境,税基状况无法得到科学的跟踪。此外,海关对跨境电商零售进口商品的监管水平较低,与井喷式增加的跨境电商交易订单存在不匹配的问题,征管水平的不足也加大了税务机关在税源监控方面的难度。在碎片化的跨境交易中,企业通过拆分订单达到减轻税负目的的动机强烈,从源头上就难以达到监控税源和防止偷逃税的税收目标。

二、完善我国跨境电商税收征管的思考

(一)加强顶层设计

我国跨境电商税收政策在数字化的时代背景下存在较多不足,在顶层设计上还有待加强。一是可以就我国现有的《中华人民共和国电子商务法》《中华人民共和国海关法》进行数字经济方面的补充与修订,在鼓励跨境电商蓬勃发展的基础上增加对数字产品等课税要素的界定,适当新增数字产品及服务相关的税目和税率,更新应税商品品类来适应市场经济的发展,缩小部分商品的境内外价差,降低偷逃税风险,促进税收公平。二是可以从税收管辖权角度出发,积极参与新一代国际跨境电商规则的讨论与制定,虽然我国现在已然成为跨境电商第一大国,但数字经济的发展稍显滞后,加强国际税收合作是降低税基侵蚀与利润转移风险的有效方式。三是完善有关具体的税收原则,如所得来源地原则需要针对跨境电商专门做出新的定义,对于那些没有实体产品及服务的企业,或者是没有常设机构的企业,需要将经济效益显著的企业纳入常设机构的范围,当用户活跃度超过一定的界值就应当将其划为我国的境内非居民企业的常设机构。所有改进措施的目的均在于尽可能地把数字产品融入税收法律范畴内,从税源、税目、税率、程序多方面实现跨境电商税收征管的"有法可依"。

(二)反偷逃税管理体系建设

反偷逃税工作一直是国际贸易中重点关注的问题,做好这项工作既需要全面综合的税收政策,又离不开税收征管信息技术水平的提升。比如无形资产的跨境税收征管,税收政策仍然使用的是估价方法,需要在税法中完善其定义,深入分析数字化背景下无形资产对利润分配的可能影响路径,在税收政策中记入相关参考案例,保障关联企业间的交易有合理依据进行价格调整,进而合理确定计税基础。反偷逃税技术侦查措施受到当前数字经济发展现状的限制,相关的侦查技术人员成为反偷逃税人才建设中的关键一环。建设一支高水平、复合型的专业税务人才队伍,不仅需要提升税务机关人员的专业税务水平,开发和整合应用信息技术也同样重要。只有在顶层设计和技术水平上均紧跟数字时代的

发展步伐,跨境电商的税收征管情况才会逐渐趋于规范化、专业化。

(三)完善跨境电商监管体系

首先,税务部门可以利用市场监管部门注册登记信息完善税务征管体系中的跨境电商平台企业信息,在提高税务登记率的同时获得 IP 地址,从根源上获得相应的税源监控基础信息。其次,充分利用数字经济带给税收监管方面的技术支持,利用大数据、区块链、云计算等信息技术服务于跨境电商的税收征管,提高征管水平及效率。最后,充分关注自然人的税收管理,在我国居民纳税意识普遍薄弱的情况下,推进跨境电商平台经营的自然人个体税收征管尤为重要。在目前以票控税的税收征管体系下,建立和改进我国电子发票平台,逐步构建针对跨境电商海量税收信息的数据库,是促进跨境税收征管的必然要求。

本章小结

随着互联网技术的不断发展和普及,跨境电商作为一种新兴的商业模式,已成为现代商业活动中不可或缺的一部分。然而,随之而来的是跨境电商伦理问题层出不穷。跨境电商中的伦理问题是一个复杂且重要的议题,它涉及商业行为、消费者权益、社会责任和道德价值观等多个方面。在全球化的背景下,跨境电商的发展迅速,但同时也面临着诸多伦理挑战。在跨境电商的运营过程中面临着平台规则风险、知识产权风险、物流风险、支付风险和汇率风险等贸易安全问题。这些贸易安全问题引发了诸多学者对跨境电商中伦理问题的思考。跨境电商的伦理治理需要各方的共同努力。建立和完善伦理规范、强化企业自我监管、加强行业自律和协作、发挥政府监管作用,以及倡导社会监督和参与等措施,可以有效解决跨境电商中的伦理问题,推动行业的可持续发展。同时,跨境电商的迅速发展带来了税务公平的问题,实现跨境电商税务公平是促进跨境电商行业健康发展的重要保障。我们应当重视数字化背景下的跨境电商税收征管问题,进一步思考如何完善我国跨境电商税收征管中存在的问题。

➤ 拓展实训

跨境电商伦理

【实训目的】

巩固跨境电商伦理的相关知识;通过教师讲解,了解跨境电商中的常见伦理问题及其对跨境贸易安全带来的风险与挑战;增强在新技术环境下对跨境交易风险治理的思考意识。

【思考与练习】

1.通过学习相关模块,了解跨境电商伦理问题及交易风险,思考可能存在的治理路径。

2.思考维护跨境电商税务公平的实际意义。

参考文献

LESTER T. The reinvention of privacy[J]. The Atlantic monthly, 2001(3):27-39.

WACLAUSKI J. The real world: the e-business revolution: faster than a speeding bullet[J]. The industrial-organizational psychologist, 2000(37):70-80.

曹旭平. 市场营销学[M]. 北京:人民邮电出版社, 2017.

陈宇红, 梁恒, 杨书琴. 跨境电子商务风险及防范研究[J]. 社科纵横, 2018(3):22-26.

次必聪, 张品一. 基于 ARIMA-LSTM 模型的金融时间序列预测[J]. 统计与决策, 2022(11):145-149.

范圣法, 张先梅, 虞慧群. 基于关联规则与聚类分析的课程评价技术[J]. 华东理工大学学报(自然科学版), 2022(2):258-264.

胡英标. 企业规模经济理论研究[J]. 时代经贸, 2006(4):68.

蒋媛媛. B2B、B2C 和 C2C 电子商务物流的问题与对策研究[J]. 商业经济研究, 2018(9):94-96.

李英, 汤庸. 基于关联规则与相似度的数据挖掘算法研究[J]. 华南师范大学学报(自然科学版), 2021(5):121-127.

刘滨, 刘增杰, 刘宇, 等. 数据可视化研究综述[J]. 河北科技大学学报, 2021(6):643-654.

刘文斌. 关联营销增强品牌亲和力的方法及启示[J]. 中国商论, 2017(11):7-8.

陆晓翠. 大数据分析技术在跨境电商中的应用[J]. 电子技术与软件工程, 2020(1):141-142.

乔萨础拉, 努尔布力, 苏芮. 数据可视分析研究现状与发展趋势的图谱分析[J]. 现代电子技术, 2018(14):161-165, 169.

斯皮内洛. 世纪道德:信息技术的伦理方面[M]. 刘钢, 译. 北京:中央编译出版社, 1999.

斯皮内洛. 铁笼, 还是乌托邦:网络空间的道德与法律[M]. 2 版. 李伦, 译. 北京:北京大学出版社, 2007.

宋铁波, 陈玉娇, 朱子君. 量化文本分析法在国内外工商管理领域的应用对比与评述[J]. 管理学报, 2021(4):624-632.

滕宁宇, 冯润莜, 赵智钰, 等. 回归分析法在销售预测中的应用[J]. 中国乡镇企业会计, 2019(12):107-109.

王倩楠, 葛玉辉, 孔飞. 基于批量销售的分布式库存管理研究[J]. 管理工程学报, 2022

（4）:177-185.

王岳,张一倩.基于 RFM 模型的会员画像描绘研究[J].济南职业学院学报,2021(5):103-105,112.

吴卓钊,林漫芝,杨悦晗.我国 C2C 电商税收征管问题及对策[J].商业文化,2022(12):122-124.

小林俊一.库存管理[M].张舒鹏,译.北京:机械工业出版社,2012.

徐杨.基于大数据分析技术的电子商务供应商选择研究[J].现代电子技术,2020(15):152-154,158.

杨兵,卢国庆,曹树真,等.在线学习系统数据可视化评价标准研究[J].中国远程教育,2017(12):54-61.

杨剑英,张亮明.市场营销学[M].3 版.南京:南京大学出版社,2015.

杨磊,雷开春.跨境电商的 B2B 与 B2C 模式分析[J].电子技术(上海),2021(4):90-91.

张莹.电子商务环境下的物流管理创新[J].商业经济研究,2019(14):98-100.

张宇敬,王柳,齐晓娜,等.基于信息熵的商业银行客户画像属性约简研究[J].河北大学学报(自然科学版),2022(1):98-104.

赵力.基于大数据的跨境电子商务营销活动研究[J].物流科技,2022(13):77-79.

郑小莹,耿庆峰.品牌出海,货通全球:跨境电商选品分析[J].内蒙古财经大学学报,2019(5):60-63.

朱金生,张梅霞.国际市场营销学[M].2 版.南京:南京大学出版社,2019.

图书在版编目(CIP)数据

跨境电商数据分析 / 邹益民，王丹丹，蹇洁主编. — 杭州：浙江大学出版社,2024.1
ISBN 978-7-308-24170-0

Ⅰ. ①跨… Ⅱ. ①邹… ②王… ③蹇… Ⅲ. ①电子商务—运营管理—数据处理—教材Ⅳ. ①F713.365.1

中国国家版本馆 CIP 数据核字(2023)第 169085 号

跨境电商数据分析
KUAJING DIANSHANG SHUJU FENXI
邹益民　王丹丹　蹇　洁 主编

策划编辑	曾　熙	
责任编辑	曾　熙	
责任校对	郑成业	
封面设计	春天书装	
出版发行	浙江大学出版社	
	（杭州市天目山路148号　邮政编码310007）	
	（网址：http://www.zjupress.com）	
排　　版	杭州朝曦图文设计有限公司	
印　　刷	杭州杭新印务有限公司	
开　　本	787mm×1092mm　1/16	
印　　张	11.5	
字　　数	280 千	
版印次	2024 年 1 月第 1 版　2024 年 1 月第 1 次印刷	
书　　号	ISBN 978-7-308-24170-0	
定　　价	39.00 元	